The Healing Power of Play
Working with Abused Children

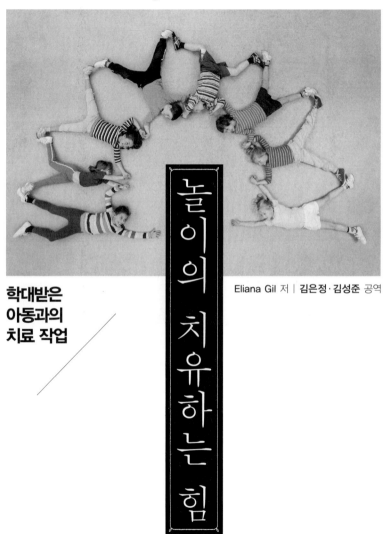

학대받은
아동과의
치료 작업

놀이의 치유하는 힘

Eliana Gil 저 | 김은정·김성준 공역

학지사

The Healing Power of Play: Working with Abused Children
by Eliana Gil

역자 서문

  엘리아나 길(Eliana Gil) 박사는 외상을 겪은 아동을 위한 심리치료, 아동학대 예방, 아동기에 외상을 경험한 성인과 그들의 가족을 위한 심리치료 분야에서 이름이 널리 알려진 심리치료자입니다. 이 책은 길 박사가 1991년에 쓴 책을 번역한 것입니다. 29년 전에 나온 책이지만, 아동에 대한 이해나 치료의 깊이는 최근 나온 치료 서적에 뒤지지 않습니다(사실 인간에 대한 이해의 깊이는 그 도서가 얼마나 최신 도서인지와는 무관합니다).

  책의 전반부에서는 외상과 학대를 겪은 아동을 치료하는 방법에 대해 자세히 설명하고 있습니다. 전반부에서 저자는 견고하고 객관적인 이론적 토대 위에서 치료 작업이 이루어질 수 있도록 외상과 학대를 겪은 아동의 치료에 대한 체계적인 설명을 하는 데 많은 노력을 기울입니다.

  아동이 주도성을 가지는 비지시적 방법과 핵심 문제인 외상성 사건과 관련된 심리적 어려움을 치료하기 위한 지시적 방법을 병행하는 엘리아나 길의 치료 방법은, 치료에서 유연성과 목적성을 균형 있게 추구하려는 치료자들에게 시사하는 바가 클 것입니다. 치료 방법에 대해 설명하면서 'must'라는 단어를 유난히 자주 사용한다는 점이 눈에 띕니다. 그녀는 외상을 겪은 아동에 대한 심리치료 분야의 명장(名匠)으로서 후학들이 잘 준비된 치료자이기를 바라며 '치료자는 ……해야 한다'는 말을 자주 사용하고 있는 것이 아닌가 싶습니다.

외상성 사건으로 인해 해리성 증상을 겪는 아동에 대한 치료 방법이 포함되어 있다는 점도 주목됩니다. 신체적 감각 마비, 무통증, 기억 상실, 다중 인격과 같은 해리성 증상이 외상의 충격을 받은 아동에게 생길 수 있다는 점에서, 이 책은 심한 외상을 겪은 아동을 만나는 치료자들에게 도움이 될 것입니다.

책의 후반부에는 상당한 분량을 할애하여, 학대, 성폭력, 단일 외상, 방임, 만성적 외상을 포함하여 다양한 외상을 겪은 6명의 아동에 대한 자세한 심리치료 과정을 적고 있습니다. 치료 과정에 대한 자세한 기술을 통해 독자들이 외상을 겪은 아동의 마음과 그들을 위한 효과적인 치료 방법을 이해할 수 있도록 돕고 있습니다. 번역을 하며 아이들이 겪은 역경과 상처 입은 아이들의 여린 마음에 가슴이 아팠습니다. 또한 힘든 난관 속에서도 성장과 치유를 향해 나아가는 모습을 보며 마음이 뭉클했습니다.

이 책에 실린 아이들의 마음이 아동심리치료나 아동학대 상담 분야에서 일하는 종사자들뿐만 아니라 '어린이'의 마음을 아끼고 사랑하는 많은 분에게도 전해지기를 기대합니다. 바다 건너 먼 나라에 살고 있는 아이들의 이야기이지만, 어쩌면 우리 주위에 살고 있는 아이들에 관한 이야기일지도 모릅니다.

　마지막으로 이 책이 나오기까지 많은 도움을 주신 학지사 김진환 사장님과 미숙한 번역 원고가 좋은 책으로 거듭날 수 있도록 정성을 기울여 준 편집자 황미나 선생님에게 깊이 감사드립니다.

2020년 봄
역자 올림

한국어판 서문

『놀이의 치유하는 힘(The Healing Power of Play: Working with Abused Children)』은 어린 내담자들과 함께한 저의 작업에 대해 처음으로 쓴 책입니다. 역사적으로 그 시기에는 학대가 아동에게 끼치는 영향에 대한 정보가 점점 더 많아지고 있었습니다. 그럼에도 불구하고 얼마나 많은 연구가 뒤따를지 그리고 그것이 국가적 · 국제적 관심을 얼마나 이끌어 낼 수 있을지를 어느 누구도 상상할 수 없었을 것이라고 생각합니다. 그 시기에 저는 몇 가지를 강조했습니다.

먼저, 우리 임상가들이 최선을 다해 아동을 존중하고 아동에게 친절하게 대할 때에도 아이들은 종종 두려움을 느낀다는 것을 우리가 아는 것이 얼마나 중요한지 전하려 했습니다. 우리가 그들에게 회복적(reparative) 경험을 제공하려고 노력함에도, 우리가 일관되게 인내하지 않는다면 일부 아이들은 안전하다고 느끼지 못할 것입니다. 제가 전달하려고 노력했던 또 다른 사안은 아동에게 맞는 속도로 진행하는 것입니다. 아동으로 하여금 이 과정을 이끌게 하고, 탐색하게 하며, 그들이 우리를 신뢰할 수 있는 사람으로 바라볼 수 있게 하는 것이 얼마나 중요한지 모릅니다. 그 시기에는 때로 아이들이 우리에게 바로 말하는 것을 강조하였지만, 언어적 의사소통이 그들에게 항상 가능한 것은 아니었습니다. 그들의 언어는 놀이였고, 우리가 다양한 방식의 의사소통에 마음을 열었을 때, 그들은 자신이 생각하고 느끼는 것을 우리에게 보여 줄 수 있었습니다. 또한 저는 희망적 시각을 전달하기를 원했습니다. 이 아이들은 점점 더 나아질 것이고, 기회가 주어진다면 대개 강한 회복탄력성을 보일 것입니다.

　제가 고등학생일 때, 저는 도시의 가난한 지역에 사는 일부 아이들의 집을 주말에 방문하는 경험을 하며 마음이 매우 뭉클했습니다. 선생님들이 우리를 데려갔고, 선생님들이 안에서 부모와 이야기하는 동안 우리 몇몇은 밖에 남아 그 아이들과 놀았습니다. 우리는 공을 가지고 잡는 놀이를 하거나, 풍선을 불거나, 시멘트에 분필로 그림을 그리거나, 웃긴 노래를 부르는 등의 단순한 일들을 했습니다. 아이들은 항상 우리를 껴안았고, 우리가 떠날 때면 우리에게 고마워했으며, 우리를 보는 것을 매우 행복해했습니다. 저는 그때 제가 어른이 되면 아이들과 함께하는 일을 하고 싶다고 결심했습니다. 아이들과의 작업의 핵심에 그들과 함께 하는 놀이가 있다는 것은 흥미로운 일입니다. 한번은 한 아이가 저에게 이렇게 말했습니다. "내가 크면 여러분과 같은 일을 하고 싶어요. …… 하루 종일 놀고, 많은 장난감을 가지고 싶어요." 아이들이 자신의 생각과 감정을 건강하게 표현할 수 있도록 아이들에게 웃음,

놀이, 안전, 지침을 제공하는 것은 흐뭇한 일입니다. 양육이 보다 효과적이 되도록 그들의 부모에게 지침을 제공하는 것 역시 매우 중요합니다.

외상의 충격을 받은 아동과의 작업에 있어 제가 드릴 수 있는 최고의 조언은 정서적으로 함께하고 진실해야 한다는 점입니다.[1] 당신이 쌓는 관계는 당신이 줄 수 있는 가장 중요한 선물입니다. 또한 저는 당신이 아동의 문제행동을 충족되지 못한 욕구를 표현하는 아동 나름의 방식으로 바라보기를 바랍니다. 증상은 종종 대처하기 위한 또는 스스로 어떤 식으로 해 보려는 아동 나름의 최선의 시도입니다. 아동이 누구인지를 발견하기 위해 애쓰는 탐정이나 퍼즐을 푸는 사람처럼 되는 것이 중요합니다. 또한 만약 아동이 당신을 신뢰하고 좋아하기 시작한다면, 그 아이들은 대개 자신을 사랑하는 사람이 자신에게 상처를 준다는 것을 배웠기 때문에, 그들이 당신과의 관계에 대해 걱정하고 당신을 두려워할 것이라는 점을 제발 이해해 주시기를 바랍니다. 그래서 안전한 관계를 수립한 이후에 만약 아동이 행동화 문제를 보이기 시작한다면 놀라지 말고, 무슨 일이 있어도 그들과 함께할 것임을 그들에게 확신시켜 주세요.

---

1) 역자 주: 원 표현은 "My best advice in working with traumatized children is to be emotionally present and genuine."이다. 저자는 치료자가 아동과의 치료 시간 동안 아동과 치료자 자신의 생생한 감정에 마음을 열어 두고 그것을 소통하고, 진실함과 진심 어린 마음을 치료에 담아야 함을 말하고 있다.

저는 치료의 가장 중요한 측면이 무엇인지에 대한 질문을 종종 받아 왔습니다. 저는 그것이 사랑하는 관계, 보살피는 관계, 안전한 관계가 무엇인지를 그들에게 보여 주는 것이라고 믿습니다. 세상에는 너무나 많은 치료 계획안, 기법, 개입방법, 접근법이 있지만, 그 바탕에 있는 것은 아동이 경험할 수 있는 관계입니다. 제가 최근에 본 글에는 이렇게 적혀 있습니다. "사람들은 당신이 말한 것은 잊을지 모르지만, 당신이 그들에게 어떻게 느끼게 했는지는 잊지 않는다."

우리는 이제 아이들과의 작업에 도움이 되는 훨씬 더 많은 정보를 가지고 있습니다. 여기에는 아동의 발달하는 뇌에 외상성 사건이 끼치는 영향을 보여 주는 신경과학의 연구 결과가 포함되어 있습니다. 그 연구들은 아동과의 작업이 전인(全人)적이고 전체로서의 온전한 아동을 치료해야 함을 입증합니다. 그래서 우리의 치료법은 다양해야 하고, 여기에는 음악/놀이/운동/놀이치료와 같은 표현적 기법, 감각에 기반을 둔 기법, 요가, 안구운동 민감소실 및 재처리 요법(Eye Movement Desensitization & Reprocessing: EMDR), 부모-아동 애착 증진 치료가 포함됩니다. 동물 매개 치료(animal-assisted therapies), 마사지치료, 원예치료 등과 같은 다른 방식의 치료법도 도움이 될 수 있습니다. 가장 중요한 것은 아동의 안내와 수용 정도를 따라가는 것입니다. 아동이 일단 치료자를 신뢰하고 나면, 어쩌면 이야기치료가 더 나을 수 있습니다. 아

마도 처음에는 좀 더 놀이를 하거나, 마음챙김 훈련을 사용하거
나, 그냥 상담 시간에 와서 아동으로 하여금 탐험할 수 있도록 두
는 것이 좋을지 모릅니다. 제가 보기에는, 철저한 평가를 거친 후
에 시행하는 통합된 치료 모델이 외상의 충격을 받은 아동에게 가
장 적합해 보입니다.

감사의 글

이 책을 쓰는 것은 힘겹지만 행복한 경험이었습니다. 쓰는 동안 저는 저의 아동 내담자들과 그들의 삶에 있었던 외상성 사건들, 그들의 믿기 힘든 능력과 희망, 그들이 대처했던 독특한 방법들을 떠올렸습니다. 그들의 용기, 회복탄력성, 기쁨은 저를 놀라게 했고, 저에게 영감을 주었습니다.

저는 영감과 자극을 준 저의 많은 동료에게 감사하고, 제가 크고 작은 프로젝트와 씨름할 때 제 옆에 있어 준 친구와 가족들에게 매우 고맙습니다. 이 책을 교열해 준 토비 트로프킨(Toby Troffkin)과 저의 연구 조교인 데이비드 파리넬라(David Farinella)와 코코 이시(Coco Ishi)에게 감사합니다. 저의 힘과 기쁨의 원천인 남편 존(John), 시부모님인 놈(Norm)과 에일린(Eileen), 엄마 유제니아(Eugenia), 동생 피터(Peter), 정말 좋은 아이들 에릭(Eric), 테레사(Teresa), 크리스티(Christy), 가장 좋은 친구들인 테레사(Teresa)와 토니 데이비(Tony Davi), 멜리사(Melissa)와 멜린다 브라운(Melinda Brown), 메리 허겟(Mary Herget), 캐시 벡스터-스턴(Kathy Baxter-Stern), 로버트 그린(Robert Green), 제프 보드머-터너(Jeff Bodmer-Turner), 스티브 산티니(Steve Santini), 루 폭스(Lou Fox), 수 스코프(Sue Scoff), 수요 모임 사람들과 스텝 포워드(Step Forward)에 있는 내 동기들에게 특별한 감사를 전합니다.

이 책에 나온 임상 사례는 여러 사례를 복합한 것입니다. 내담자의 비밀보장을 위해 저는 모든 식별 정보를 바꿨습니다. 대화나 예술작품이 제시될 때는 부모의 허락을 받았습니다.

'아동학대의 영향'이라는 제목이 붙은 이 책의 첫 장 일부 내용은 1988년에 출간된 저의 책『Treatment of Adult Survivors of Childhood Abuse』의 첫 장('학대의 행동적 지표')을 개작한 것입니다. 이 자료는 캘리포니아 월넛 크리크(Walnut Creek)에 있는 라운치 출판사(Launch Press)의 허가를 받아 개작하고 전재하였습니다.

차례

01 학대받은 아동: 치료적 관점 • 21

02 아동치료: 학대받은 아동과의 작업에 적용하기 • 55

임상 사례

이 책을 로버트 제이 그린(Robert Jay Green) 박사에게 헌정합니다.

그분은

나를 수련생으로 선택하고

나의 능력을 인정해 주고

나의 지적 능력을 촉진해 주고

나에게 높은 곳에 이르라고 말해 주고

항상 나에게 웃어 주고

나에게 특별한 느낌을 가지게 해 주었습니다.

01

학대받은 아동: 치료적 관점

학대받은 아동

아동은 역사적으로 여러 종류의 학대를 받았고, 그 잔학 행위에 관해서는 많은 기록이 남아 있다(Radbill, 1980; Summit, 1988). 수세기 동안 사회는 영아 살해, 신체 학대, 성 학대, 아동 노동의 착취에 대해 눈감아 왔다.

아동학대는 오랜 세월 동안 이어져 왔고, 아동학대에 대한 사회적 반응을 결정짓는 오래가는 유산이 생겨났다. 이러한 유산에는 아동이 부모의 재산이자 소모품이라는 신조도 포함되어 있다. 이러한 유산은 아동학대를 규정짓고 그에 대응하는 사회적 반응이 늦어지는 데 일조하였다. 더구나 사회는 이 문제의 존재와 유행을 부인해 왔다. 응급실에서 학대의 직접적인 결과를 목도(目睹)했을 의학계조차 사람들이 기대하는 것보다 더 늦게 반응했다. 1940년대에는 병원에서 확인된 신체적 학대 사례에 대한 몇몇 기록이 있었다. 부모에 의해 학대가 일어날 수 있다고 적은 최초의 논문은 방사선사인 캐피(Caffey, 1946)가 썼는데, 그는 사지와 늑골이 비정형적으로 골절된 유아에게 나타나는 경막하혈종을 언급했다. 1962년에 의사인 헨리 캠프(Henry Kempe)가 '매 맞는 아동 증후군'(Kempe & Helfer, 1980)이라는 용어를 만들고 이 지속적인 사회적 문제에 대한 국가적 관심을 불러일으키는 데 마침내 성공할 때까지, 이 문제의 심각성에 대해 회의적인 생각이 팽배했다.

그 이후로 중요한 발전이 이루어졌는데, 가장 주목할 만한 것은 아동을 친부모에게서 보호할 수 있는 법안이 만들어진 것이었다. 1962년에 처음으로 신고법이 만들어졌고, 1964년에는 모든 주에서 신체적 학대가 의심될 때 의사가 이를 보고하도록 요구하는 신고법이 생겼다.

또 다른 중요한 진전은 아동학대(child abuse)의 정의가 확대된 것을 들 수 있다. 대부분의 주는 현재 적어도 신체적 학대, 성 학대, 방임을 포함하는 하위 범위들 안에서 아동학대를 정의한다. 많은 주에서 아동 포르노물과 아동 매매춘 등을 비롯한 성 착취뿐만 아니라 심리적 학대나 정서적 학대가 포함된 정의를 만들었다. 학대가 알려지거나 의심되었을 때 관계 당국에 이를 보고하도록 의무화된 전문직종의 숫자 역시 계속 늘어나고 있다.

1960년대 후반 이후, 말 그대로 수백 개의 연구 프로젝트가 아동학대, 특히 아동 성 학대에 집중되었다(Herman, 1981). 학대의 가족 역동, 학대의 단기적 · 장기적 영향, 피해자와 가해자의 특성, 예방과 치료 전략에 대한 일련의 연구들이 누적되었다.

방대한 경험적 연구가 이루어졌지만, 연구들에는 작은 샘플 크기와 설계상의 난관에 기인한 방법론적인 문제들이 가득했다. 핀켈러(Finkelhor, 1984)는 추가적으로 보다 개선된 연구가 필요한 여러 영역을 밝혔는데, 거기에는 학대가 학령전기 아동과 보다 나이 든 아동에게 끼치는 차별적인 영향, 사법체계 개입의 부정적인 영향, 학대와 영향에 있어서의 문화적 차이, 학대의 유형에 따른 차별적인 영향이 포함된다.

1970년대가 시작되면서 많은 관심이 아동에 대한 성 학대로 모였지만, 신체적 학대, 방임, 정서적 학대가 미치는 차별적인 영향을 포함하여 아동학대에 대한 다양한 주제에 대해 더욱 양질의 연구가 절대적으로 필요하다는 핀켈러(1984)의 의견에 나는 동의한다. 이러한 정보를 통해 임상가들은 보다 정확한 치료 전략을 세울 수 있을 것이다.

나는 연구에서 가장 일관되게 확인된 결과를 짧게 요약하여 제시할 것이다. 아동에 대한 부모의 학대는 그것이 어떤 형태를 취하든 상관없이 아동 피해자에게 특별한 심리적·정서적 여파를 남긴다. 연구 조사와 성인 생존자에 대한 임상 작업 양쪽에서 얻은 최근의 발견보다 이를 더 잘 보여 주는 증거는 아마 어디에서도 찾을 수 없을 것이다(Briere, 1989; Courtois, 1989; Finkelhor, 1986; Gil, 1989).

아동학대의 영향과 관련된 매개요인

아동 성 학대 관련 연구들에서 나온 결과이기는 하지만(Finkelhor, 1986; Lusk & Waterman, 1986; Wyatt & Powell, 1988), 몇 가지 요소가 아동학대의 결과에 영향을 주는 것으로 나타났다. 여기에는 학대받을 당시의 아동 연령, 학대의 만성화 여부, 학대의 심각도, 가해자와의 관계, 아동에 대한 위협의 정도, 학대 이전의 아동 가족의 정서적 분위기, 학대 이전의 아동의 정신적·정서적 건강, 아동이 느끼는 죄책감의 정도, 피해자의 성, 아동이 피해자가 된 것에 대한 부모의 반응이 포함된다.

학대받을 당시의 아동 연령

아동의 연령이 이후의 결과에 미치는 영향에 대한 연구 결과들은 다소 불일치하지만(Adams-Tucker, 1982; Ruch & Chandler, 1982), 어린 아동일수록 손상에 취약하다고 보는 경향이 있다. 반데어 콜크(van der Kolk, 1987)는 아동기 외상은 어린 아동일수록 더 큰 피해를 입히는데, 이는 "중추신경계와 인지 기능들이 아직 완전히 성숙하지 않았을 때, 통제할 수 없는 두려운 경험은 전반적인 손상으로 이어질 수 있는 가장 극심한 영향을 끼칠 수 있기 때문"(p. xii)이라고 언급했다.

학대의 만성화 여부

연구들은 학대가 만성화될수록 그 영향이 더욱 크다는 데에 의견 일치를 보인다. 학대가 일정 기간을 넘어 계속될 경우, 아동의 무력감과 취약성이 증가할 수 있고, 아동이 해리와 같은 방어기제를 활용하거나 아동의 방어기제가 정교화될 가능성이 커지며, 이는 이후 삶에서 문제가 될 수 있다.

학대의 심각도

학대가 심할수록 더 큰 피해를 입을 수 있다. 이는 심각한 신체적 학대를 받은 사례들에서 분명히 나타나고, 신체적 장애, 뇌 손상, 발달 지연을 초래할 수 있다. 방임의 경우, 비기질적인 성장 실패로 이어질 수 있다. 성 학대의 경우, 성기 삽입과 같은 보다 심각한 성기 접촉은 더욱 심한 부정적인 영향과 관련되었다 (Adams-Tucker, 1982; Mrazek, 1980).

가해자와의 관계

일반적으로 가해자와 아동의 관계가 가까울수록 그에 따른 외상이 더욱 크다고 생각된다(Adams-Tucker, 1982; Simari & Baskin, 1982). 집 밖에서 학대받은 아동은 나쁜 것을 집 밖으로 투사하고 가족에게는 보호와 안정을 구할 수 있다. 사랑하는 사람에게 학대받은 아동은 자신을 사랑한 사람이 상처를 주는 사람이기도 하다는 것을 배우게 된다.

위협의 정도

위협, 완력, 폭력의 사용은 잠재적으로 외상을 악화시킬 수도 있다(Ruch & Chandler, 1982). 위협의 존재는 아동에게 범불안과 두려움을 낳을 수 있다. 명백한 위협만이 아동을 좌지우지하는 것은 아니다. 다시 말해, 그 위협이 비언어적으로 전달될 때조차 아동은 위협을 느끼고 비밀을 지켜야 하는 것처럼 여길 수 있다.

아동 가족의 정서적 분위기

아자르와 울프(Azar & Wolfe, 1989)는 "학대와 함께 아동의 행동에 영향을 주는 가정 내 요인들이 학대받은 아동의 심리적·행동적 발달에 끼치는 광범위한 영향은 덜 알려졌지만, 잠재적으로는 아동의 발달에 더욱 해로울 수 있다."(p. 452)라고 언급했다. 가족 기능의 문제로는 세대 간 학대의 반복, 부적절한 아동 양육 방식과 부모 기술, 사회적 무능과 지지체계로부터의 고립, 정서적 고통, 부정확한 지각과 아동에 대한 높은 기대, 아동의 도발에 대한 정서적 각성과 반응성(reactivity)을 들 수 있다. 폴란스키, 차머스, 버튼와이저, 윌리엄스(Polansky, Chalmers, Buttenweiser, & Williams, 1979)는 방임된 가족에 대해 논의하면서, 일반화된 혼돈과 무질서가 모든 영역의 수행에 영향을 끼치는 만연된 기능 저하와 맞물려 있다고 언급했다. 줄리언, 모어, 랩(Julian, Mohr, &

Lapp, 1980)은 근친상간 가족과 가장 자주 연관되는 요인이 가정 불화, 정신건강 문제, 결손가정, 알코올 의존, 배우자 학대, 사회적 고립, 불충분한 수입이라는 것을 발견했다. 배럿, 사이크스, 번스(Barrett, Sykes, & Byrnes, 1986)는 근친상간이 있는 가족이 가족 내에 응집력과 융통성이 부족하고, 효과적이고 정서적인 의사소통이 빈약하고, 조화롭지 않은 위계질서를 특징으로 한다는 것을 밝혔다. 이러한 종류의 문제들은 학대가 일어날 수 있는 분위기를 조성한다. 엠슬리와 로젠펠드(Emslie & Rosenfeld, 1983)는 근친상간을 겪은 학대받은 소녀들을 근친상간을 겪지 않은 학대받은 소녀들과 비교한 연구에서, 이 학대받은 소녀들의 정신병리는 심각한 가족 내 혼란에 기인하며 근친상간에 따른 특정한 영향은 관찰되지 않았다고 결론지었다.[1]

아동의 정신적 · 정서적 건강

아동이 학대를 받기 이전에 심리적 건강이 좋은 경우는, 학대의 해로운 영향을 견뎌 내는 데 있어 보다 유리한 위치에 서게 된다 (Adams-Tucker, 1981; Leaman, 1980). 반 데어 콜크(1987)는 "확고한 정체성을 가지고 있고 좋은 사회적 지지를 받은 성인은 더 낮은 인지 발달 수준을 가진 아동보다 훨씬 잘 보호된다."(p. 11)라고 단언했다.

---

1) 역자 주: 엠슬리와 로젠펠드(1983)의 연구는 연구참여자의 수가 매우 적어서(총 소녀 수 26명, 이 중 근친상간을 겪은 소녀는 7명), 이 결과를 일반화하기는 어렵다.

아동이 느끼는 죄책감

성 학대의 사례에서 성적 접촉이 있는 동안 아동이 즐거움을 느끼거나 학대가 일어난 데 대해 어느 정도 책임감을 느낀다면 죄책감을 느끼기 쉽고, 이는 더 큰 충격으로 이어질 수 있다는 점에 대해 대체로 의견이 일치된다(MacFarlane & Korbin, 1983).

피해자의 성

초기에는 남성 피해자가 여성 피해자보다 외상을 덜 겪는다고 생각했다(Adams-Tucker, 1982; Vander Mey & Neff, 1982). 그러나 이러한 믿음은 아마도 남성 피해자에 대한 지식의 부족에 근거했을 것이다. 이 주제에 대한 최근의 연구(Briere, 1989)는 남성 피해자가 장기적으로 심각한 문제와 더욱 심한 정신병리를 보인다는 이전의 추측(Finch, 1973)을 뒷받침한다. 나스레티(Nasjleti, 1980), 포터(E. Porter, 1986), 리신과 코스(Risin & Koss, 1987), 헌터(Hunter, 1990), 디목(Dimock, 1988), 루(Lew, 1988)는 소년과 남성들에게 성 학대가 미치는 영향에 대한 귀중한 통찰을 제공했다.

아동의 피해에 대한 부모의 반응

리만(Leaman, 1980)과 다른 이들(James & Nasjleti, 1983; Sgroi, 1982; Summit & Kryso, 1978)은 아동의 치유에 있어 비학대 부모가 중요한 역할을 한다는 점을 반복해서 강조했다. 아동의 회복은 아동을 믿고 비난하지 않으며 분명하게 지지해 주고 안심시켜 주는 부모에 의해 크게 증진된다. 지지해 주지 않거나 과잉된 부모의 반응은 더 큰 외상을 야기한다(Tufts, 1984).

아동학대의 영향

성 학대의 영향은 대개 연속선상에서 측정될 수 있다. 프리드리히(Friedrich, 1990)는 다음과 같이 언급했다.

성 학대와 그것의 영향은 뚜렷하지 않은 상태에서 매우 심각한 상태에 이르기까지 연속선상에서 바라보아야 한다. 때로 우리가 한 유형의 아동이나 가족만을 보면, 학대의 영향이 훨씬 불연속적이거나 주로 매우 부정적인 것이라고 믿을 수 있다. 하지만 학대의 영향이 가변적이라는 점을 인식하는 것은 중요한데, 이는 외상성 사건이라 할지라도 그 안에 희망과 긍정적인 변화를 위한 가능성이 있을 수 있음을 우리에게 다시 상기시켜 주기 때문이다. 또한 이는 우리가 이러한 역기능적인 상태들을 치료하는 데 있어 도움을 주는 정도를 뛰어넘는 역량과 회복탄력성의 원천이 개개인 안에 있음을 깨닫게 한다. (p. 102)

어린이들은 학대의 영향을 완전히 이해하거나 설명할 수 없기 때문에, 전문가들은 대개 기저에 깔린 정서적 어려움을 간접적으로 보여 주는 증상적 행동으로 무엇이 나타나는지 살펴본다. 아동 피해자가 보이는 가장 흔한 문제로는 정서장애, 불안과 두려움,

우울증, 신체적 영향(심리적 원인과 관련된 신체적 증상의 호소, 부상, 임신), 인지적 문제와 학교와 관련된 문제, 학습된 무기력, 공격적이고 반사회적인 행동, 사회적 철회, 자기파괴적 행동, 정신병리, 성 문제, 낮은 자존감, 대인관계 문제들을 들 수 있다(Lusk & Waterman, 1986). 다음에서는 학대의 종류에 따라 가장 흔한 증상적 행동들을 범주별로 구분하려고 한다.

성 학대

핀켈러(1986)는 성 학대의 단기적 영향에 대한 경험적 자료를 분석하여, 학대받은 아동들은 일반적으로 다음과 같은 징후들을 보인다고 결론지었다.

- 두려움 또는 불안
- 우울
- 학교에서의 어려움
- 분노 또는 적대감
- 부적절한 성 행동
- 가출 또는 비행

신체적 학대

마틴(Martin, 1976)은 그의 획기적인 책에서 신체적 학대를 받은 아동들이 다음과 같은 징후들을 보인다는 점을 발견했다.

- 삶을 즐기는 능력의 손상
- 정신과적 증상, 유뇨증, 울화 행동(tantrums), 과잉 행동, 기괴한 행동
- 낮은 자존감
- 학교에서의 학습 문제
- 사회적 철회
- 반항
- 과잉 경계
- 강박
- 가성숙 행동(pseudomature behavior)

마틴과 로드헤퍼(Martin & Rodeheffer, 1980)는 다음과 같이 말한다.

신체적 학대는 죽음, 뇌 손상, 지적장애, 뇌성마비, 학습장애, 감각 결손을 비롯한 여러 가지 생물학적 결과를 낳을 수 있다. 신체적 학대로 인한 신경학적 손상은 특히 주목되는데, 이는 개인의 장기적인 기능 수준에 만성적이고 현저한 영향을 줄 수 있기 때문이다. 폭행에서 생존한 학대받은 아동 중 25~30%가 머리에 대한 신체적 외상에서 직접적으로 기인한 뇌 손상이나 신경학적 기능이상을 가진 것으로 추정된다. (p. 207)

또한 마틴과 로드헤퍼는 신체적 학대를 받은 아동들이 대근육 운동 발달, 말하기, 언어에서 결함을 가진다는 덴버의 국립 아동학대 및 방임 예방센터(National Center for Prevention of Child Abuse and Neglect)에서 1976년에 실시한 연구를 인용했다. 그들은 계속해서 신체적으로 학대를 받은 아동들이 다음과 같은 모습을 보인다고 말한다.

- 대인관계에 대한 양가성
- 타인의 행동에 대한 과잉경계적인 집착
- 위험을 예견하면서 계속해서 방어기제를 동원함
- 숙달 과정에서 주변 환경을 지각하고 환경에 맞추어 행동하는 능력의 부족
- 또래와 사회적 관계를 맺는 기술의 손상
- 타인의 기대에 부응하지 못하는 데서 비롯된 좌절
- 사회적 접촉에 대한 방어적 태도
- '카멜레온 같은 특성'(타인에게 맞추어 행동을 변경하는 것)
- 학습된 무기력("어떤 일을 해 보고 실패하는 것은 전혀 시도하지 않는 것보다 더 위험하다.")
- 그들의 부모를 물리적 · 정서적으로 돌보는 경향
- 대상영속성 또는 대상항상성의 결여(정상적인 대상관계의 왜곡)

라이디(Reidy, 1982)는 신체적으로 학대를 받은 아동의 특성을 요약하면서, 그들이 공격성과 미움, 통제하지 못하는 부정적 행동과 심한 분노 발작, 충동조절능력의 부족, 집과 학교 양쪽에서 보이는 정서적으로 혼란스러운 행동, 사회적 철회나 억제된 행동을 보인다는 것을 발견했다. 라이디는 그의 연구에서 학대받은 아동은 ① 주제통각검사(Thematic Apperception Test: TAT)에서 공격적

인 공상을 현저하게 많이 표현하고, ② 다른 아이들보다 공격적인
행동을 빈번히 드러내며, ③ 위탁가정에서보다 그들의 원래 집에
서 공격적인 공상을 현저하게 많이 표현한다는 것을 발견했다.

켄트(Kent, 1980)는 신체적 학대를 받은 아동은 다른 아동보다
① 공격적인 행동을 다루고, ② 또래관계를 맺는 데에 더 많은 문
제를 보이는 경향이 있다고 했다.

마틴(1976)은 다음과 같은 중요한 지적을 했다.

아동의 성격은 아동이 사는 전체 환경에 의해 영향을 받고 형성
된다. 특정한 물리적 폭력이 발생하면 정신적 외상이 된다. 그러나
병원 입원, 분리, 입양과 빈번한 거주 이전뿐만 아니라 거부, 혼돈,
박탈, 왜곡된 부모의 지각, 비현실적인 기대 등을 포함하는 전체 상
황이 궁극적으로는 아동의 발달에 있어 더욱 중요하다. (p. 107)

방임

아동 방임의 역동은 신체적 학대나 성 학대의 역동과는 현저하
게 다르다. 가장 큰 차이를 하나 들자면, 신체적 학대나 성 학대를
받는 아동들은 부모에게서 관심을 받는다는 것이다. 그 관심이 부
적절하고, 과도하고, 가혹하고, 해로운 것이기는 하지만, 그 부모
는 확실하게 아동의 존재를 인식한다. 에너지가 그 아동을 향하고
있다. 방임하는 부모는 그 반대이다. 그들은 압도되고, 무기력하
고, 무능력해져 있어 아동에게는 거의 관심을 느끼지도, 표현하지
도 않는다. 그들은 관심을 철회한다. 그들은 아동을 자극하지도

않고, 물리적 또는 정서적 접촉을 거의 하지 않는다. 극단적인 경우, 방임하는 부모는 아동이 존재한다는 것조차 인식하지 않는 것처럼 보인다.

폴란스키 등(1981)은 방임된 아동들이 다음과 같은 모습을 보인다는 점을 발견했다.

- '박탈-거리 둠'
- 감정에 대한 과도한 억압(정서 억제)
- 타인과 공감하는 능력의 손상
- 폭력
- 비행
- 전반적인 지적 능력의 감퇴(부모에게서 인지적 자극을 받지 못했기 때문)

켄트(1980)도 방임된 아동에게서 발달 지연을 발견했다.

정서적 학대

가바리노, 구트만, 실리(Garbarino, Guttmann, & Seeley, 1986)는 정서적 학대를 받은 아동이 다음과 같은 징후와 증상으로 나타나는 "심리사회적 손상의 증거를 보인다."고 설명한다.

- 행동적 문제(불안, 공격성, 적대감)
- 정서적 장애(사랑받지 못하고, 원치 않고, 가치 없는 존재라는 느낌)

- 부적절한 사회적 장애(부정적인 세계관)
- 유아의 경우 과민성과 함께 일부 사례에서는 비기질적인 발달 실패를 보임
- 부모에 대한 불안 애착
- 두려움 또는 불신
- 낮은 자존감
- 열등감, 사회적 철회, 의사소통의 결여
- 자기파괴적 행동(자해, 우울, 자살 경향)
- 부모에 대해 보호자로서 행동하는 경향
- 비행이나 무단결석

가바리노 등은 그들의 발견을 다음과 같이 요약했다.

> 심리적으로 학대받은 아동은 종종 낮은 자존감, 부정적인 세계관, 내재적 또는 외현적 불안과 공격성을 시사하는 개인적 특성, 지각, 행동에 의해 확인된다. 아동이 어른에게 매달리든 어른을 피하든, 아동의 사회적 행동과 반응은 부적절하고 예외적이다. (p. 63)

아동학대 피해자 중 일부는 아무 탈이 없는 것처럼 보인다는 것에 주목해야 한다. 가바리노 등은 엄하거나 적대적인 훈육을 받았음에도 불구하고 친사회적이고 유능하게 자라난 '스트레스에 강한' 아동에 대해 이야기한다. 그는 이러한 아동들이 "사회적 능력을 개발하고, 자존감을 강화하며, 자신에 대한 긍정적인 사회적 정의를 가지게 해 주는 보상적인 심리적 돌봄과 자양물"(p. 9)을

받는다고 결론지었다.

앤서니와 콜러(Anthony & Cohler, 1987)는 탄력성에 대한 그들의 광범위한 연구에서 다음과 같이 결론지었다.

아동은 다른 유기체들처럼 온전함(wholeness)을 이루려는 생물학적 경향성을 가지고 있다. 이 온전함이란 정적인 것이 아니라 위축, 퇴행, 반동이 생길 수 있는 역동적이고 유연한 균형 상태를 말한다. 활동과 휴식의 생물학적 리듬은 외부로부터 복원이 이루어지는 데 있어 기본 패턴을 제공한다. 모든 종류의 자원이 관여될 수 있는데, 여기에는 호르몬, 엔도르핀, 피질과 피질하 체계 및 자율신경계의 상호작용, 샘 활동(glandular activity),[2] 심리적 역량들이 포함된다. 재생력이 발동하기 위해 이러한 모든 자원이 상호작용한다. 신체적·정서적 혼란 후의 회복 경험은 기분 좋은 느낌을 줄 뿐만 아니라 자신감, 낙관주의, 차후의 위협에 대응하고 도움을 구하는 능력을 강화하는 데 기여한다. 통합감(integrity)을 이루려는 추동(drive)으로 인해 아동의 특정한 발달 단계에서 이용 가능한 다른 추동들과 능력들이 선택되고 조합되고 활용된다. (p. 101)

다음 절에서 나는 학대받은 아동을 치료한 내 경험을 바탕으로 하여 몇 가지 임상적 관찰 결과를 제시한다. 나는 학대의 종류에 따른 행동적 지표를 범주화하려고 시도하지는 않았는데, 이는 그것들이 빈번히 중첩되기 때문이다.

---

2) 역자 주: 샘(gland)은 호르몬이나 모유와 같은 물질을 합성하거나 방출하는 기관을 의미한다.

임상적 관찰 결과

학대받은 아동의 문제 행동은 내재적으로 또는 외현적으로 나타난다. 다음 단락들에서 기술한 행동들은 나와 학대받은 아동의 치료를 전문으로 하는 동료들이 계속 관찰했던 것들이다. 나는 이 행동들이 학대의 지표라고 생각한다. 그러나 이것들이(그리고 앞서 나열했던 것들이) 그 자체만으로 학대를 확증하는 것은 아니다. 학대를 받지 않았지만 역기능적인 가정에서 생활하거나, 이혼이나 부모의 죽음과 같은 위기를 겪은 아동 역시 이러한 행동을 보일 수 있다.

내재화 행동

내재화 행동을 보이는 아동은 고립되어 있고 사회적으로 철회하는 경향이 있다. 그들은 그들 스스로 학대를 처리하려고 한다. 즉, 이들은 다른 사람들과 상호작용하지 않는다. 이러한 아동들은 빈번히 다음과 같은 모습을 보인다.

- 사회적으로 철회되어 보이고 상호작용하려는 동기가 없음
- 임상적인 우울증의 징후를 보임
- 자발성과 장난기가 부족함
- 지나치게 불평이 많음
- 불특정 촉발 자극에 대해 공포증이 생김

- 과민하고 불안해 보임
- 수면장애나 야경증(night terrors)을 경험함
- 퇴행 행동을 보임
- 신체적 호소 문제가 있음(두통, 위통)
- 섭식장애가 생김
- 물질이나 약물을 남용함
- 자살 제스처를 함
- 자해 행동[3]을 함
- 해리

외현화 행동

반대로 외현적으로 문제가 나타나는 아동은 다른 사람들을 향한 행동을 보인다. 이들은 감정을 겉으로 드러나게 표현한다. 이러한 아동들은 공격적이고, 적대적이며, 파괴적이다. 또한 도발적이고(학대를 유도), 폭력적이고, 때로는 동물들을 죽이거나 고문한다.[4] 방화를 포함한 파괴적인 행동을 곧잘 보이고, 성애화된

---

3) 자해는 자살 제스처와 구분되어야 한다. 자해는 다양한 이유에서 사용되는 것으로 보이는데, 여기에는 (해리나 우울한 상태로부터) 현실감을 느끼는 것, 위안을 얻는 것(특히 아동이 학대를 받았거나 사랑과 고통이 함께한다고 믿을 때), 부모의 돌봄을 받고 싶은 욕구를 충족하는 것(위탁가정의 아이들이 그들의 부모를 그리워하지만 볼 수 없을 때) 등이 포함된다. 마지막으로, 일부 아이들은 자해를 그들 자신의 인간성을 확인하기 위해 사용한다. 자해는 대개 청소년들에게 나타나지만, 학대받은 어린 아동들도 더 나이 든 아동이나 어른들에게서 나타나는 보다 전형적이고, 의례적이고, 숨겨진 행동을 보이기 시작할 수 있다. 개입하지 않고 그대로 두면, 이러한 대처기제는 성인기까지 이어질 수 있다. 많은 성인 내담자가 그렇다고 밝혔다.
4) 동물을 죽이거나 고문하는 것은 의미심장한 도움 요청이다. 이러한 아동들은 극심한

(sexualized) 행동을 한다. 이들의 행동이 다른 사람들에게 문제가 되기 때문에, 이들은 종종 눈에 잘 띈다.

내재화 행동과 외현화 행동은 중첩될 수 있다. 아동은 어떤 특정 감정에 대해 다른 반응들을 보일 수 있다. 예를 들어, 위협을 지각했을 때의 두려움은 세 가지 종류의 반응, 즉 ① 회피, 도피, 머뭇거리는 행동과 같은 운동 반응, ② 불편감, 고통, 공포에 대한 언어적 보고와 같은 주관적 반응, ③ 심장 두근거림, 과도한 땀, 가쁜 호흡과 같은 생리적 반응(Barrios & O'Dell, 1989, p. 168)으로 나타날 수 있다. 나의 경험으로 볼 때, 내재화 행동을 보이는 아동은 치료를 받으면서 외현화 행동이 생기거나 드러날 수 있다. 이에 대한 나의 가설은, 이 아동들이 치료자를 믿게 되고 자신의 숨겨진 감정을 표현하도록 격려를 받으면서 분노와 적대감과 같은 감정들을 더 드러낼 수 있게 된다는 것이다.

특별한 사안

학대받은 아동에게는 해리와 성애화라는 두 개의 특별한 행동이 생길 수 있다. 이 둘은 평가와 치료가 중요하지만 자주 오해되고, 진단이나 치료를 받지 않은 채 방치되는 경우가 빈번한 것으로 보인다.

고통에 빠져 있다. 이러한 행동을 설명하는 두 가지 일반적인 임상적 소견은 다음과 같다. ① 그 아동은 자신보다 더 작은 피해자에게 자신이 겪은 학대를 행동으로 재연하고 있다. ② 그 아동은 자살을 리허설하고 있다. 그 동물에 대한 아동의 정서적 애착이 강할수록, 이 행동에 경각심을 가져야 한다.

해리 현상

『정신질환의 진단 및 통계 편람(Diagnostic and Statistical Manual of Mental Disorders: DSM)』에서는 해리 현상을 "정상적으로 통합되어 있어야 하는 기능인 정체성, 기억, 의식이 혼란에 빠져 있거나 임의적으로 바뀌는 것"으로 정의한다(1987, p. 269). DSM-III-R에서는 해리 현상을 ① 다중인격장애(정체성의 혼란), ② 비인화장애(정체성의 혼란), ③ 심인성 기억상실 혹은 둔주(기억의 혼란)[5]라는 세 가지 범주로 나누고 있다. 해리 현상은 연속선상에서 바라볼 수 있는데, 종점에서 일어나는 가장 극단적인 형태의 해리로 다중인격장애가 있다. 최근 발표되는 경험적 연구들은 초기의 심한 아동학대와 다중인격장애 간에 명백한 상관관계가 있음을 보여 준다(Kluft, 1985; Putnam, 1989). 성격의 다중성은 아동기에 시작된다고 믿어지지만, 진단은 대개 훨씬 이후에 내려진다. 역사적으로 볼 때, 성인의 해리와 다중성은 보다 빨리 확인되었다. 심하게 학대받은 아동과 일하는 임상가들은 아동기 다중성의 영역에 대해 연구하는 것이 좋다(Kluft, 1985; Peterson, 1990).

해리 현상은 외상과 명백히 연결되어 있다. 에스와 피누스(Eth & Pynoos, 1985)에 따르면, 심리적 외상은 "개인이 압도적 사건에 노출되어 감당할 수 없는 위험, 불안, 본능적 각성에 직면하여 무력해질 때"(p. 38) 발생한다. 학대는 명백히 아동에게 심리적 외상인데, 아동의 체구, 의존성, 취약성을 감안하면 더욱 그러하다.

---

5) 역자 주: 심인성 기억상실(psychogenic amnesia)은 DSM-5에서 해리성 기억상실(dissociative amnesia)로 명칭이 변경되었다. 둔주는 자신의 정체성이나 다른 중요한 자전적 정보에 대한 기억을 상실한 채 가정과 직장을 떠나 방황하거나 예정에 없는 여행을 하는 것으로, DSM-5에서 해리성 기억상실의 세부 항목으로 들어갔다.

성애화된 행동

핀켈러(1986)는 성 학대에 나타나는 '외상성 역동(traumagenic dynamics)'을 이해하는 데 도움이 되는 4요인의 개념적 모델을 개발했다. 4요인은 외상적 성애화(traumatic sexualization), 낙인화 (stigmatization), 무력감(powerlessness), 배신감(betrayal)인데, 각각은 나름의 역동, 심리적 영향, 행동적 징후를 가지고 있다(〈표

〈표 1-1〉 외상적 성애화

역동
아동의 발달 수준에 맞지 않는 성적 행동에 대해 아동이 보상을 받음
가해자는 관심과 애정을 성과 교환함
아동의 성적 부위에 대한 이상 성욕을 느낌
가해자가 성적 행동과 도덕성에 대해 잘못된 정보를 전달함
성적 활동이 부정적인 기억이나 감정으로 조건화됨

심리적 영향
성 문제가 증가함
성적 정체성에 대한 혼란을 느낌
성적 규범에 대한 혼란을 느낌
성을 사랑과 혼동하거나 돌봄을 주고받는 것으로 혼동함
성적 활동과 흥분감에 대해 부정적인 생각을 가지게 됨
성이나 친밀감에 대한 혐오감을 느낌

행동적 징후
성적 집착과 강박적인 성적 행동을 보임
조숙한 성적 활동을 보임
공격적인 성적 행동을 보임
성적 문란을 보임
성매매를 함
성적인 기능장애를 보임

1-1〉 참조). 핀켈러와 브라우니(Finkelhor & Browne, 1985)는 외상적 성애화를 "성 학대의 결과로서 아동의 성[성적 감정과 성적 태도를 모두 포함]이 발달적으로 부적절하고 대인관계적으로 문제가 되는 방식으로 형성되는 과정"(p. 531)이라고 정의했다. 핀켈러(1986, pp. 186-187)는 아동 피해자의 성애화를 개념화하는 정보를 제공한다(〈표 1-1〉 참조).

성적으로 학대받은 아동에 대해 내가 임상에서 직접 관찰한 결과는, 핀켈러의 외상적 성애화에 대한 개념뿐만 아니라 이 영역에 선구적인 노력을 기울인 존슨-카바노프(Johnson-Cavanaugh, 1988)와 프리드리히(1988)의 결론과도 일치한다. 성적으로 학대받은 아동은 성에 대해 과도하고 비정상적인 관심을 보이는데, 이러한 관심은 조숙한 성적 활동을 통해 빈번하게 나타난다. 아동의 성적 행동을 평가할 때 발생하는 어려움 중 하나는 아동의 성적 발달에 대한 현대적 규준 자료가 부족하다는 점이다. 스로이, 벙크, 와브렉(Sgroi, Bunk, & Wabrek, 1988)은 일반 아동과 어려움을 가진 아동과의 임상 경험을 종합하여, 아동의 성에 대한 발달 체계를 제공했다. 나는 이 틀(〈표 1-2〉에 제시)이 아동의 성적 행동에 대한 개입 여부를 결정하는 데 있어 유용하다는 것을 발견했다.

벌리너, 매나오이스, 모내스터스키(Berliner, Manaois, & Monastersky, 1986)는 아동의 병리적인 성적 행동이 발달적으로 적절한 성적 놀이와 구별된다는 점에 의견을 같이한다. 그들은 그들의 모델에서 심각성의 차원에 따라 장애를 판단한다. 가장 심각한 유형의 성애화 행동은 강제성을 띤 것인데, 여기에는 물리적 힘

〈표 1-2〉 아동의 성적 행동

연령 범위	활동 양상	성적 행동
학령전기 (0~5세)	강한 호기심, 세상을 탐험하는 기회를 이용	자위, 타인의 신체를 주시함
학령기 (6~10세)	또래나 더 어린 아동들과 놀이 활동, 세상을 탐험할 기회를 창출	자위, 타인의 신체를 주시함, 타인에게 자신을 성적으로 노출, 놀이나 게임 같은 상황에서 또래나 더 어린 아이들을 성적으로 만짐
청소년전기 (10~12세), 청소년기 (13~18세)	개별화, 가족으로부터 분리, 부모와 거리 두기, 또래와의 관계 진전, 양쪽 성의 또래들과의 친밀감 연습, '사랑에 빠지기'	자위, 성적 노출, 관음증, 입을 벌리고 키스함, 성적인 애무, 성교하는 시늉, 성기 삽입 행동과 성관계

의 사용과 그로 인한 부상이 포함된다. 벌리너와 동료들은 발달적으로 조숙한 행동으로 구성된 또 다른 차원을 기술하는데, 이것의 예로 강압 없이 이루어진 성관계나 성관계 시도를 들 수 있다. 마지막으로, 그들은 부적절하다고 여겨지는 성적 행동들을 나열하고 있는데, 여기에는 고통이나 염증을 유발할 수 있는 자위 행동을 끊임없이 하거나 공개적으로 하는 것, 다른 사람의 성기를 만지거나 만지게 해 달라고 하는 것, 놀이나 예술 활동 혹은 대화 속에서 성적인 주제에 과도한 관심을 쏟는 것, 성인의 성관계를 흉내 내는 정형화된 성적 행동이 포함되어 있다.

스로이와 동료들이 제시한 체계뿐만 아니라 벌리너와 동료들의 모델에서도 분명히 드러나듯이, 아동의 성적 행동은 시간의 흐름에 따라 발달하는 경향을 보이고, 극단적 행동은 심리적 장애를 나타낸다. 아동의 조숙한 성적 활동은 두 가지 자극물, 즉 경험과 노출이 있었을 가능성을 시사한다. 조숙한 성적 활동을 보이는 아동은 성인이나 더 나이 든 아동과 성적 접촉을 경험했을 수 있다. 또는 노골적인 성적 활동에 노출됨으로써 과잉되게 자극을 받았을 수 있다. 많은 어린 아동이 텔레비전 수상기를 통해 노골적이거나 덜 노골적인 포르노물을 접한다.

많은 성애화된 아동의 부가적인 특징으로 자위 행위에 대한 억제능력의 부족을 들 수 있다. 성 학대를 받지 않았던 아동은 누군가 방 안에 들어올 때 자위 행위를 급히 중단할 것이다. 하지만 성적으로 학대받은 아동은 다른 사람과 성적 행동을 하는 것을 배웠을 가능성이 있기 때문에 자위 행위를 계속할지도 모른다.

임상가들은 성 학대를 받은 아동에게 나타나는 과시적이고 주목을 끄는 성적 행동에 대해 보고해 왔다. 이것은 대개 드물게 나타나지만 매우 우려되는 행동이다. 이러한 아동들은 방으로 들어와 하의를 벗고 자위나 성교를 하려고 하거나 임상가를 성적 활동에 끌어들이려고 시도할 수 있다. 이것은 이들이 그렇게 행동하도록 학습되었다는 점에서 이해할 수 있다. 그럼에도 이 행동은 다양한 이유로 소거되어야 한다. 이러한 아동은 더 어린(혹은 더 나이 든) 아동에게 말 그대로 위협이 될 수 있고, 성적 접촉을 요구하거나 강요할지 모른다. 이 아동은 적절한 한계를 설정하지 못하거나 설정하지 않으려는 사람에게 접근할 가능성이 있다. 즉, 이 아동은 다시금 잠재적인 희생자가 될 수 있다. 게다가 극단적인 자위 행동으로 인해 의학적 조치가 필요한 상처나 감염이 초래될 수 있다. 마지막으로, 이렇게 부적절하고 잠재적으로 위험한 방식으로 행동하는 아동은 다른 이들에게서 부정적인 반응을 이끌어 내고 거부될 수 있다.

그러므로 치료자는 이러한 아동에게 일관되고 직접적인 한계를 설정하여 이를 지체 없이 시행해야 하고, 대안적인 행동을 제안해야 한다. 이러한 개입은 일관된 반응을 유지하기 위해 부모 및 보호자와 공유되어야 한다. 예를 들어, 치료자는 "네가 내 몸의 은밀한 부분을 만지거나 내 입에 키스하는 것은 안 돼." 또는 "이 사무실에서 네가 하의를 벗는 것은 안 돼."와 같이 말할 수 있다. 이러한 한계 설정 뒤에는 "네가 지금 나의 주의를 끌려고 한다는 걸 알고 있어. 그러기 위해서 너는 내 손을 잡거나 내 이름을 부를 수 있어." 또는 "네가 어떻게 느끼는지를 나에게 보여 주려고 애쓴다는 걸 알겠어. 그걸 위해서 너는 나에게 그림을 그려 주거나, 카드를 적어 주거나, 이야기를 들려주거나, 네 감정에 대해 나에게 말할 수 있어."와 같은 대안적인 행동 제시가 즉시 뒤따라야 한다.

행동적 증상은 아동의 고통을 나타낸다. 그것들은 아동이 마음속으로 염려하는 것을 보여 주는 붉은 깃발과도 같다. 증상적 행동은 대개 아동에게 주의가 가게 한다. 부모, 학교 직원, 또는 다른 사람들은 아동의 부적절한 행동을 감지하고 아동을 위해 상담을 요청할지 모른다. 하지만 증상적 행동에 대한 치료 효과가 신속히 나타나는 경우에도, 근본적인 문제들은 종종 추가적인 관심이 요구된다.

외상의 충격

피해자가 된 많은 아동은 외상성 충격 또한 경험했을 수 있다. 두 용어[6]는 종종 서로 교환하여 사용되지만, 그 의미는 사뭇 다르다. 피해자화는 넓게 적용되는 개념으로 발전했다. 사람들은 고된 직장 면접이나 혹독한 시험, 자금 조달 압박에 의해서도 피해자가 된 느낌을 경험한다고 보고한다. 소수 집단에서는 종종 다수 집단의 정책이나 태도에 의해 피해자가 된 느낌을 갖는다. 어떤 학생들은 남성 위주 행정의 피해자로서 자신을 지각했던 일에 대해 언급했다. 외상성 충격을 받지 않았더라도 피해자는 될 수 있다. 그러나 외상을 경험한 사람은 외상성 사건을 겪는 동안 항상 피해자가 된다.

아동학대 피해자를 치료할 때에는 허먼(1981), 켐프와 켐프(Kempe & Kempe, 1984), 마틴(1976), 스로이(1982)가 기술한 것처럼 이러한 '피해자화'의 문제를 치료해야 할 뿐만 아니라, 에스와 피누스(1985), 클러프트(Kluft, 1985), 퍼트넘(Putnam, 1989), 반 데어 콜크(1987)가 설명한 바와 같이 외상의 다양한 충격을 평가하는 것이 매우 중요하다. 그래서 임상가는 피해자화와 외상화 문제 양쪽을 포함하는 치료적 주제를 작업한다.

앞서 언급했듯이, 에스와 피누스(1985)는 정신적 외상이 "개인이 압도적인 사건에 노출되어 감당할 수 없는 위험, 불안, 본능적 각성 앞에서 무력해졌을 때"(p. 38) 발생한다고 보았다. 반 데어

6) 역자 주: 피해자화(victimization)와 외상화(traumatization)를 가리킴.

콜크(1987)는 외상 반응이 폭행의 심각도, 유전적 소인, 발달 단계, 사회적 지지, 이전의 외상, 아동의 기존 성격을 포함한 수많은 요인에 의해 영향받을 수 있음을 언급했다. 반 데어 콜크가 보기에 이 중 가장 중요한 것은 아동의 경우 정체성이 확립되어 있지 않고 대처 행동이 제한되어 있기 때문에 외상성 충격을 받을 위험성이 훨씬 크다는 점이다.

프로이트(Freud)는 처음에는 정신과적 문제들이 초기 아동기의 외상이 발현된 것으로 여기고, 히스테리 환자들의 인지적, 정서적, 행동적 증상들을 초기 외상 사건의 상징적 반복으로 해석했다. 그는 이러한 반복을 과도한 에너지를 방출하고 숙달감을 얻으려는 시도로서 보았다. 프로이트가 아동기 환상의 개념과 '실제 사건에 대한 오해'라는 생각을 선호하면서 이전의 생각을 철회했을 때, 외상에 대한 정신분석적 관심은 일시적으로 사라졌다.

지난 20년 동안 특정한 외상의 결과에 대한 관심이 부활하였다. 반 데어 콜크(1987)는 전쟁, 강제 수용소, 강간과 같은 특정한 외상의 영향이 각기 분리된 실체로 기술되고 있지만, 면밀히 검사해 보면 "비록 외상의 특성, 피해자의 연령, 기존의 성격, 지역사회의 반응이 모두 최종적인 외상 후 적응에 중요한 영향을 끼치기는 하지만, 압도적이고 통제할 수 없는 생활 사건에 대한 인간의 반응은 놀라우리만치 일치한다."(p. 2)라고 지적한다. 이어서 그는 외상 후 증후군의 핵심적인 특징은 상당히 일관된다는 점을 언급한다. 따라서 아동학대로 인한 심리적 영향 중 많은 부분이 미해결 외상의 외상 후 재현이라는 점은 명백하다. 에스와 피누스(1985)는 "정신적 외상에 대한 아동의 초기 반응은 일반적으로 인지(기억, 학교 수행, 학습을 포함한), 정서, 대인관계, 충동조절과 행동, 영양 기능, 증상 형성에 있어 해로운 영향을 끼칠 수 있다."(p. 41)고 본다. 울펜스타인(Wolfenstein, 1965)은 외상성 충격을 받은 어린 아동의 경우 극도의 무력감과 수동성을 경험하기 때문에 마음의 균형을 회복하기 위해서는 외부로부터 가장 많은 지원이 요구된다고 말한다.

테르(Terr, 1990)의 주장에 따르면, "외상성 충격을 받은 아동은 행동을 반복한다. 충격이나 심한 스트레스를 받은 성인이 그것에 대해 말하거나 꿈을 꾸거나 시각화하는 데 반해, 아동은 훨씬 더 행동으로 나타낸다"(p. 265). 또한 테르는 외상성 사건이 외부의 일임에도 불구하고 "재빨리 마음 안으로 섞여 들어가며", 특히 외상성 사건이 일어나는 동안 "철저한 무력감"(p. 8)을 느꼈을 때 그렇다는 점을 언급한다. 다른 사람들(Bergen, 1958; Eth & Pynoos, 1985; Maclean, 1977)도 학령전기에 학대받은 아동들이 외상을 재연하는 놀이에 몰두하는 것을 관찰했다. 월러스타인과 켈리(Wallerstein & Kelly, 1975)는 외상 후 놀이를 "무겁고, 위축되어 있고, 재미가 결여된" 것으로 기술했다.

앞서 나는 성인 생존자에 대한 치료에 있어 핵심은 외상 해소에 대한 평가라는 점을 지적했다. 외상은 긍정적, 부정적, 기능적 방식으로 해소될 수 있다. 긍정적 해소는 다음과 같이 일어난다.

성인은 외상 사건에 대한 명확한 기억으로 인해 생긴 고통, 분노, 상실이 어떤 수준이든, 그것을 경험하면서 현실적인 방식으로 외상을 처리한다. …… 사건을 정확하게 지각하고, 그것이 일어났

다는 것에 대해 비합리적인 책임감을 느끼지 않는다. …… [성인
은] 그 경험이 과거에 일어났음을 이해하고, 마치 그것이 현재에 되
풀이되는 명확한 위험이나 되는 것처럼 그 사건에 대한 기억에 휩
쓸리는 느낌을 더 이상 가지지 않는다. …… 의식적으로든 무의
식적으로든 그 사건을 반복할 필요를 느끼지 않는다. (Gil, 1989,
p. 114)

  이러한 방식으로 해소한 사람은 이전의 무력감 패턴을 깨뜨리
고 삶에 대한 통제감을 더 느끼게 된다. 외상은 더 이상 그들의 정
신적 삶을 지배하지 않는다.

  외상의 부정적 해소는 긍정적 해소와 정반대로, 개인을 파괴하
고 구속한다. 이러한 개인은 외상적 사건의 정서적 환경 속에서
계속 살아가게 된다. 카디너(Kardiner, 1941)는 외상에 대한 인간
반응의 다섯 가지 특징을 다음과 같이 파악한다.

- 놀람 반응과 과민성의 지속
- 폭발적인 분노 표출 성향
- 외상에 고착
- 성격 기능의 전반적인 위축
- 이례적인 꿈 내용

  개인이 외상을 부정적으로 해소했을 때, 이러한 증상은 지속되
고 스트레스에 의해 악화된다. 미해결 외상의 가장 전형적인 부정
적 결과로는 침투적 사고나 꿈을 통해 외상이 재현되는 느낌과 멍

한 느낌을 함께 경험하는 것을 들 수 있다. 현재는 이러한 반응이 심리적이면서도 생리적인 근거를 가진 것으로 이해된다. [외상 후 스트레스 장애(Post-traumatic Stress Disorder: PTSD)의 진단적 범주는 1980년도에 DSM-III-R에 통합되었다.] 미해결 외상을 가진 많은 개인이 PTSD 증상을 가지고 있고, 악몽, 침투적 환각 재현, 과각성, 불편한 신체적 감각 경험, 환청과 같은 증상을 경감하기 위해 상담을 요청한다. 외상 피해자와 작업한 경험을 가진 대부분의 임상가들은 외상성 사건을 결국에는 의식화하여 균형 잡힌 시각으로 보아야 하며, 그렇지 않을 경우 침투 증상이 지속되리라는 점에 동의할 것이다(Figley, 1985).

외상의 기능적 해소는 일시적으로는 효과가 있지만 시간이 지남에 따라 지속하기 힘든 방법이다. 이러한 해결방식이 작동되면 불편한 자극을 성공적으로 회피할 수 있지만, 부인이나 억압과 같은 방어에 의존하게 된다. 외부 상황으로 인해 이러한 해결책이 효과가 없어지면, 생존자는 위기에 빠지게 된다.

앞서 언급했듯이, 해리는 외상과 밀접히 관련되어 있다. 이러한 연결은 매우 일찍부터 인식되었다. 브리켓(Briquet)이 1859년도에 해리 개념을 처음으로 만들었고, 자넷(Janet, 1889)은 해리 상태가 종종 아동기의 성적 또는 신체적 학대로 인해 생길 수 있음을 처음으로 지적했다. 해리는 정보, 지각, 기억, 동기, 정서의 덩어리를 분리하고, 구분 짓고, 격리시키는 과정으로 이해된다. 해리는 심각한 스트레스를 방어하는 역할을 통해 원래의 외상에서부터 개인을 보호해 주지만, 이후 스트레스를 겪거나 비슷한 자극에 접했을 때 마치 외상이 다시 일어나는 것처럼 반응하는 소인(素因)

을 남길 수 있다. 학대를 겪은 외상 생존자가 그들의 내력에서 원래의 외상을 알지 못할 때에도 감정적이고 생리적인 반응을 경험한다는 점이 관찰된다는 것은 주목할 만하다.

학대 피해자를 도우려 하는 임상가들은 해리의 치료에 친숙할 필요가 있는데, 이는 해리가 외상 생존자가 흔히 보이는 양상이기 때문이다. 브라운(Braun, 1988)은 의식의 주된 흐름은 네 가지 과정, 즉 행동, 정서, 감각, 지식이 시간 연속선상에서 기능하는 것이라고 설명하면서 BASK(Behavior, Affect, Sensation, Knowledge) 모델을 기술하고 있다. 전체 BASK 요소들이 시간의 흐름 속에서 일관되게 조화를 이룰 때, 의식은 안정되고 정신 과정은 건강하다. 브라운의 주장에 따르면, "심리치료의 목표는 시간/공간적으로 BASK 요소들 사이에 조화를 이루어, 그 결과 해리된 사고 과정이 감소하고, 해리 방어를 덜 필요로 하고, 환경과의 상호작용에서 더 많은 통제력을 가지게 하는 데 있다"(p. 23).

외상성 충격을 받은 아동과의 치료 작업은 우리로 하여금 외상이 발생한 직후 방어기제가 강화되기 전에 그 외상을 다루는 믿기 힘든 기회를 가지게 한다.

특히 흥미로운 것은 미해결된 외상이 꿈, 기억, 감각, 행동의 재연을 통해 의식으로 새어 나온다는 개념이다. 이러한 사건들은 외상을 드러내고 동반된 감정을 방출하려는 영혼(psyche)의 시도로 볼 수 있는데, 이 감정들은 정서적 불편감을 묵살하거나 회피하기 위해 이전에는 억제되어 왔던 것이다.

안전하고 지지적인 환경이 주어질 때, 아동은 그들의 외상의 근원으로 더 다가가 이전의 외상을 보여 주는 독특한 형태의 놀이를 만들어 낼 수 있다. 테르(1990)는 외상의 충격을 받은 아동이 "놀이하거나 재연하는 두 가지 행동 옵션을 가진 것으로 보인다."(p. 265)라고 분명히 말한다. 그녀는 계속해서, 이러한 종류의 외상 후 놀이는 매우 독특하다고 언급한다. 테르는 캘리포니아 차우칠라에서 버스에서 유괴되어 갇혔던 23명의 초등학생과의 치료 작업에서 이 놀이를 처음으로 관찰했다. 모든 아이가 집으로 안전히 돌아왔고, 테르 박사는 외상 피해자에 대한 종단연구를 할 기회를 가지게 되었다.[7] 테르(1983)는 외상 후 놀이의 11가지 양상을 다음과 같이 정의했다.

강박적인 반복, 놀이와 외상성 사건 사이의 무의식적 연결, 단순한 방어만이 나타나는 상상력 없는 놀이, 불안 경감의 실패, 넓은 연령 범위, 외상 후 놀이가 나타나기까지 걸리는 시간의 상이함, 외상을 겪지 않은 아이들에게 힘을 행사함, 다른 연령대의 아이들에게 전파, 위험성, 반복적인 놀이방식으로 낙서/대화/타자 치기/오디오 녹음 사용, 외상 후 놀이를 통해 선행한 외상을 치료적으로 추적할 가능성이 있음. (p. 309)

---

7) 역자 주: 1976년 7월, 차우칠라에서 마스크를 쓴 3명의 남자에게 26명의 아이들이 27시간 동안 납치되었다. 사건이 종결되고 4~5년 후에 26명의 아이들 중 25명(1명은 못 찾음)을 평가한 결과, 이들은 여전히 그 납치 사건의 여파에 시달리고 있었다. 4~5년의 시간이 흘렀음에도 불구하고 피해 아동들은 납치 사건에 대한 기억을 촉발하는 중립적 자극에 대해 두려움을 느꼈고, 죽는 꿈을 꾸었고, 외상과 관련된 상징적 놀이를 했다. 마치 얼어붙듯이 몸이 마비되거나, 오한을 느끼는 등의 신체적 증상 역시 관찰되었다. 이 설명은 다음을 참조. American Psychiatric Association, Committee on Child Psychiatry, 『In the Long Run... Longitudinal Studies of Psychopathology in Children』, Group for the Advancement of Psychiatry, 1999, pp. 56-59.

테르(1983)는 놀이의 비밀스러운 성격 때문에 아마도 치료실에서 외상 후 놀이를 직접적으로 관찰하는 경우는 매우 드물다고 말한다. 그러나 나의 경험상, 외상 치료 작업을 위한 맥락을 만듦으로써 아동의 외상 후 놀이나 행동 재현을 촉진할 수 있다. 이러한 종류의 놀이를 통해 우리는 아동이 외상을 해결하도록 도울 수 있다. 존슨(Johnson, 1989)은 외상 후 치료의 중심 과제에는 "재경험, 방출, 재조직화"(p. 119)가 포함된다고 언급한다. 불안을 경감할 수 없거나 무미건조한 시나리오를 다시 만드는 것 이상으로 나아갈 수 없는 아동은 임상가가 외상 후 놀이에 참여하는 것이 유용할 수 있다. 맥락을 만드는 기법과 이러한 놀이를 하는 동안 추천하는 개입법에 대해서는 이 장의 이후 부분에서 논의할 것이고, 사례 삽화를 통해 실례를 들어 설명할 것이다.

테르는 이후에 나온 저서(1990)에서 외상 후 놀이가 아동의 불안을 경감시키는 데 실패할 수 있고, 실제로는 "아동이 매우 빈번하게 재현할 경우, 아동의 성장하는 성격에 영향을 끼칠 수 있으며, 이는 '부적응적인 성격 구조'로 이어지는 결과로 나타날 수 있다."(p. 269)고 경고한다. 테르는 "외상성 부적응에 뒤따르는 이러한 성격 재편성을 바로잡는 것은 외상의 충격을 받은 아동의 미래를 위해 정신과 의사가 기여할 수 있는 아마도 가장 중요한 부분이 될 것"(p. 270)이라고 단호히 말한다. 테르에 따르면 외상 후 놀이는 '위험할' 수 있는데, 이는 "외상 후 놀이가 그것을 시작했을 때 예상했던 것보다 더 큰 공포심을 유발할 수 있기"(p. 239) 때문이다. 그녀는 외상 후 놀이에 해석이나 명료화가 통하지 않는다고 보지만, 행동 개입은 효과적인 결과를 낳을 수 있다고 덧붙인다.

이러한 정보는 부모와 아동 피해자 모두에게 두려움과 불안에 대처하는 전략을 가르칠 필요가 있음을 강조한다.

학대받고 외상의 충격을 받은 아동과 치료 작업을 하기로 선택한 임상가에게 외상 해소 작업의 필요성을 평가할 방법을 수립하고, 맥락과 방향을 제시하고, 외상 후 놀이를 촉진시키고, 시기적절한 개입을 할 것을 권고한다. 이는 외상과 그것의 영향에 대한 철저한 이해 없이는 이루어질 수 없다. 또한 임상가는 규칙이나 지침은 거의 얻지 못할 텐데, 이는 학대받은 아동과의 작업 중 치료 결과에 중점을 둔 연구들은 문헌상에 "거의 존재하지 않기" 때문이다(Azar & Wolfe, 1989, p. 481).[8]

---

8) 역자 주: 이 책이 출판된 이후로 외상의 충격을 받은 아동을 위한 심리치료 연구는 눈에 띄는 발전을 거듭했다. 특히 코헨(Cohen), 마나리노(Mannarino), 데블링거(Deblinger)에 의해 개발된 외상-초점 인지행동치료(Trauma-Focused Cognitive Behavioral Therapy: TF-CBT)는 다양한 종류의 외상을 겪은 아동의 외상 관련 심리적 · 정서적 증상을 경감시키는 데 있어 매우 효과적이라는 점이 무선할당된 경험적 연구들을 통해 입증되었다.

02
아동치료: 학대받은
아동과의 작업에 적용하기

달보다도 가까이, 바닷속 깊은 곳보다도
훨씬 가까이 있음에도
아이의 마음은 대부분의 사람에게
수수께끼 같고 불가사의 같다.

- 알렉시스 벌랜드와 시어도어 코헨
(J. Alexis Burland & Theodore B. Cohen)

수어스(Sours, 1980)는 아동치료를 "증상 해결과 적응적 안정성을
획득하는 것을 주된 목적으로 하는 아동과 치료자의 관계"(p. 275)
라고 설명한다. 아동치료는 독립적이고 독특한 종류의 작업으로
서, 프로이트(Freud)가 이제는 역사적인 환자가 된 '꼬마 한스'와
의 심리치료를 처음으로 실시한 1909년 이래로 발달해 왔다. 아동
치료(child therapy)라는 용어는 놀이치료(play therapy)라는 용어와

종종 교체되어 사용되기도 하지만, 헤르민 후크-헬무트(Hermine Hug-Hellmuth)가 아동기 정서적 문제의 진단과 치료에 놀이를 사용하기 시작한 1920년까지는 놀이가 아동의 치료에 직접적으로 쓰이지 않았다(Schaefer, 1980). 멜라니 클라인(Melanie Klein)과 안나 프로이트(Anna Freud)는 10여 년 후에 정신분석적 놀이치료의 이론과 실시 방법을 만들어 냈다.

대부분의 아동 놀이치료사는 아동과 치료를 하는 데 있어 놀이가 가장 효과적인 매개체라는 점에 동의하겠지만, 다른 학자들(Freiberg, 1965; Sandler, Kennedy, & Tyson, 1980)은 놀이의 모호한 특성을 지적하면서 놀이가 구조적 변화를 낳을 수 있는지에 대해 의문을 제기하고 놀이는 꿈 재료가 되지도 못하고 자유연상도 될 수 없다고 일축했다. 쉐퍼(Schaefer, 1983)는 "놀이라는 용어에 대한 단일하고 종합적인 정의가 개발되지 않았기 때문에, 놀이나 놀이치료에 관심을 가진 어느 누구든 놀이라는 단어가 무엇을 의미하는지를 명확히 이해하는 것은 다소 어려운 일"(p. 2)이라고 주장한다. 그러나 놀이의 잠재적 혜택에 대한 증거는 많이 있다. 쉐퍼는 그의 논문 개관에서, 놀이가 '즐겁고' '본질적으로 완전하고' '외부 보상이나 타인으로부터 독립되어 있고' '수단이 되지도 않고 목표를 가진 것도 아니며' '새롭거나 무서운 상황에서는 일어나지 않는' 것으로 기술되어 있음을 찾아냈다. 쉐퍼는 놀이에서 물건보다는 사람이 중요하다고 언급한다.

더 나아가 쉐퍼(1980)는 "심리학에서 가장 굳건히 확립된 원칙 중의 하나는 놀이가 아동을 위한 발달의 과정"(p. 95)이라는 점이라고 단언한다. 놀이는 '문제해결과 기술 숙달'을 발달시켜 주는 기제(White, 1966), 아동으로 하여금 경험과 상황들을 '정신적으로 소화하게 해 주는' 과정(Piaget, 1969), 자신의 환경에 대처하는 법을 배우는 '정서적 실험실'(Erikson, 1963), '장난감을 자신의 단어로 써서' 아동이 말하는 방식(Ginott, 1961), '놀기'를 통해 행동과 관심사를 다루는 방법(Erikson, 1963)으로 대신 설명되기도 한다. 니커슨(Nickerson, 1973)은 놀이가 자기표현을 위한 자연스러운 매개체이고, 아동의 의사소통을 촉진하고, 카타르시스적인 감정 방출을 허용하고, 새롭게 하고 건설적인 것이 될 수 있으며, 어른이 아동의 세계를 관찰하는 창문이 된다는 점에서 놀이 활동을 아동을 위한 중요한 치료 방법으로 보았다. 니커슨은 아동이 놀이 상황에서 편안함을 느끼고, 기꺼이 장난감들과 관계를 맺고, 이를 통해 관심사를 놀이로 표현한다고 언급한다. 체딕(Chethik, 1989)은 치료로서 놀이를 사용하는 것에 있어 중요한 점에 대해 "놀이 그 자체로는 일반적으로 변화를 낳지 못할 것이다. …… 치료자의 개입과 놀이의 활용이 매우 중요하다."(p. 49)라고 언급한다. 덧붙여, 임상가는 놀이 친구보다는 참여자-관찰자로서의 역할을 해야 한다. 나는 치료에서의 놀이는 의미 있는 방식으로 관여하는 임상가에 의해 촉진되어야 한다고 믿는다. 아동치료에서 가장 빈번히 발생하는 실수로는 장기간에 걸쳐 아동이 닥치는 대로 놀게 하거나, 아동의 놀이를 무시하거나, 자기표현을 촉진하지 않는 장난감을 주는 것을 들 수 있다.

아동치료에 대한 관심이 높아지고 아동에 대한 상담 의뢰가 늘어남에 따라 다양한 치료 기법, 게임, 장난감이 발전해 왔다. 놀이치료는 다양한 측면을 가진 흥미로운 연구 분야로 꽃피게 되었다.

놀이치료의 역사적 발달

앞서 언급했듯이, 1909년에 프로이트는 그의 내담자의 무의식적 두려움과 관심사를 밝혀내기 위해 놀이를 처음으로 사용했다. 헤르민 후크-헬무트는 1920년에 아동에 대한 치료의 일부로서 놀이를 사용하기 시작했다(Hug-Hellmuth, 1921). 그리고 10년 후, 멜라니 클라인과 안나 프로이트는 정신분석적 놀이치료의 이론과 실시 방법을 고안했다. 이러한 종류의 놀이치료는 가장 높이 평가되는 아동치료 방법의 하나로서 계속 이어져 오고 있으며, 대개 분석가에 의해 실시된다.

정신분석적 놀이치료

안나 프로이트와 멜라니 클라인은 그들이 어떻게 놀이를 그들의 정신분석적 기법에 통합시켰는지에 대해 폭넓게 집필했다. 안나 프로이트가 놀이를 주로 아동과 치료자 사이에 확고한 긍정적 관계를 맺는 데 주로 사용했다면, 멜라니 클라인은 언어적 표현의 직접적인 대치물로서 놀이를 사용할 것을 제안했다. 그들의 접근법의 주된 목표는 "아동으로 하여금 통찰을 얻게 함으로써 어려움이나 외상을 작업하도록 돕는" 것이었다(Schaefer & O'Connor, 1983). 안나 프로이트는 반복해서 "[치료의] 핵심적인 과제는 [아동의] 발달을 방해하는 장애물을 제거하고 성장해 가는 발달상의 능력들과 자아 역량들(ego resources)을 통해 발달 과제를 완수할 수 있게 하는 것"(Nagera, 1980, p. 22)이라고 지적했다. 클라인(1937)은 아동이 치료자에 대해 가진 전이관계를 분석하는 것이 아동 저변의 갈등을 통찰하는 중요한 원천이 된다고 느꼈다.

안나 프로이트와 클라인은 성인 분석의 기본 수칙 중 하나인 자유연상의 기본 개념을 가져와서 이것을 놀이하려는 아동의 자연스러운 경향으로 대체했다(Nagera, 1980). 그들은 놀이가 아동의 무의식적 갈등과 갈망을 밝혀 주고 또한 놀이가 자유연상을 하는 아동의 방식이라고 주장했다. 클라인은 아동의 놀이가 성인의 자유연상과 '완전히 상응하고' 그래서 '동일하게 해석할 수 있다'고 제안했던 데 반해, 안나 프로이트의 이론에서는 놀이를 성인의 자유연상과 동급으로 보지는 않았으나 그 대신 '상당한 양의 정보를 얻을 수 있는' 자아가 매개된 행동 양식으로 보았으며, 부모를 포함한 다양한 정보원으로부터 보충이 필요하다고 여겼다(Esman, 1983). 정신분석적 놀이치료는 저항과 전이의 분석에 입각하여 해석의 사용을 강조한다. 이때 내면의 관심사를 나타내기 위해 상징적으로 놀이를 사용하는 아동의 능력을 인정한다. 나게라(Nagera, 1980)는 안나 프로이트와 클라인 사이에 초기에는 이론적 원리에 있어 현저한 차이가 존재했지만, 시간이 흐르면서 두 이론 사이에는 보다 많은 합일점이 생겨났다고 언급한다. 안나 프로이트의 제자인 프라이스(Fries, 1937)는 안나 프로이트가 해석을 보류하는 것을 선호했음을 강조하면서 두 이론 사이의 차이를 설명한다.

에스먼(Esman, 1983)은 정신분석적 아동치료에서 놀이의 초점이 "아동이 소망, 환상, 갈등을 감정적으로 감당할 수 있는 방식으로 의사소통하고 아동의 인지적 능력 수준에 맞추어 표현할 수 있게 하는 데"(p. 19) 있다고 말한다. 그는 계속해서 치료자의 기능이 "아동이 자신의 갈등을 이해할 수 있도록 아동 놀이의 의미를 관찰하고, 이해하려 시도하고, 통합하고, 결국에 가서는 그것에 대해 의사소통함으로써 보다 적응적인 해결이라는 목표를 지향하는 것"(p. 19)이라고 언급한다.

구조화된 놀이치료

1930년대 후반에 '구조화된 치료'로 알려진 보다 목표지향적인 치료가 개발되었다. 이 치료는 정신분석적 틀에서 나왔고, 놀이의 정화적 가치와 치료 과정 및 치료의 초점을 결정하는 데 있어 치료자가 능동적인 역할을 맡아야 한다는 신념을 바탕으로 한다 (Schaefer & O'Connor, 1983).

안나 프로이트는 처음에는 정서적 이완(emotional release)[1]을 사용하는 것이 유용하다고 생각했지만, 이후의 경험을 토대로 심한 외상성 신경증 사례의 경우에만 이러한 종류의 작업을 권했다. 데이비드 레비(David Levy, 1939)는 안나 프로이트의 결론과 지크문트 프로이트(Sigmund Freud)의 '반복 강박' 개념에 자극을 받아, 외상을 겪은 아동을 위한 '이완치료(release therapy)'의 개념을 내놓았다. 레비는 놀이를 통해 외상성 사건을 재연하도록 도왔다.

---

1) 역자 주: 무의식적 갈등이나 외상성 경험에 의해 무의식의 영역으로 억압된 기억, 감정, 감각은 개인에게 지속적으로 심리적 고통을 줄 수 있다. 정신분석에서는 무의식적인 기억들을 의식화하여 통합하는 치료 과정을 통해 마치 얼음처럼 오랫동안 굳어 있던 억압된 감정들을 풀어 주고, 마음의 짐을 덜고, 현재의 삶을 더 잘 살아갈 수 있도록 돕는다. 정서적 이완이란 이러한 정서적 치료 작업을 의미한다.

이러한 종류의 놀이가 가진 목적은 외상을 반복해서 재연함으로써 외상과 관련된 부정적인 사고와 감정을 아동이 소화하도록 돕는 데 있다. 레비는 굳건한 치료관계가 형성되기 이전에 치료에서 이 기법을 너무 일찍 사용하는 것에 대해 경고했다. 덧붙여, 그는 아동이 강한 감정들에 압도되어 그것들을 소화할 수 없게 되는 '범람(flooding)' 상태에 빠지지 않도록 주의했다.

구조화된 치료에 기여한 것으로 잘 알려진 다른 사람으로 햄비지(Hambidge)와 솔로몬(Solomon)을 들 수 있다. 솔로몬(1938)은 아동이 두려워하는 부정적 결과를 겪지 않고 놀이를 통해 분노와 두려움을 표현하도록 돕는 것이 정화의 효과가 있을 것이라고 생각했다. 햄비지(1955)는 레비보다 훨씬 지시적이었는데, 그는 외상에 대한 아동의 재연을 촉진하기 위해 장난감을 제공했다. 햄비지는 놀이에서 직접적으로 그 사건이나 생활 상황을 재연하게 함으로써 아동의 정화를 촉진했다.

관계치료

비지시적 치료자로 간주되는 오토 랑크(Otto Rank)와 칼 로저스(Carl Rogers)는 관계치료의 주요 지지자였는데, 관계치료는 "개인이 자기 안에 자신의 문제를 해결할 능력뿐만 아니라, 미성숙한 행동보다는 성숙한 행동에서 보다 만족감을 얻으려는 성장 능력을 가지고 있다고 가정"하는 특정한 성격 이론을 바탕으로 한다(Schaefer, 1980, p. 101). 이러한 종류의 치료는 아동을 있는 그대로 온전히 수용하는 것을 장려하고 치료관계의 중요성을 강

조한다. 아동치료 분야의 또 다른 중요한 지도자인 무스타커스
(Moustakas, 1966)는 치료 성공의 중추로서 치료자의 진실성을 강
조한다. 그는 치료적 성공의 핵심으로 지금-여기의 중요성을 강
하게 주장한다. 엑슬린(Axline, 1969) 역시 치료관계의 중요성을
믿고, 그것을 "결정적 요인"(p. 74)으로 여긴다. 널리 알려진 책인
『딥스(Dibbs in Search of Self)』(1964)를 포함한 엑슬린의 작품들은
비지시적 치료의 장점과 바람직함을 명확히 보여 주었다.

행동치료

1960년대에는 학습 이론의 원칙에 기반을 둔 행동치료들이 개
발되었다. 이 치료들은 아동의 행동 문제를 경감시키기 위해 강화
와 모델링의 개념을 적용한다. 행동적 접근법은 행동에 선행했던
과거나 동반되는 감정이 아닌 바로 문제 행동 자체에 관심을 둔
다. 카타르시스적 또는 정화적 작업을 하기 위해서나 아동이 감정
을 표현하도록 돕기 위해 정서적 이완을 완수하려는 어떤 시도도
하지 않는다. 행동적 접근법은 놀이치료실에서 아동에게 직접 적
용하거나 집에서 사용하도록 부모에게 가르친다. 이러한 종류의
치료는 아동기 문제에 폭넓게 적용할 수 있는데, 특히 어른의 지
도나 제한 설정이 부족한 데서 비롯되는 문제에 사용된다. 이 체
계 내에서 놀이는 그 자체로 본질적인 가치가 있다고 여겨지지 않
고, 목적을 위한 수단으로 사용된다.

집단치료

슬라브슨(Slavson, 1947)은 1947년도에 집단 상황을 실험했는데, 그것은 아동의 "감정적·신체적 긴장을 이완하는 것"(p. 101)을 돕기 위해 고안된 활동, 게임, 예술, 공예를 통해 잠재기 아동을 집단 상황에서 지도하는 것이었다. 1950년에는 쉬퍼(Schiffer)가 "치료적 놀이 집단"(Rothenberg & Schiffer, 1966)이라고 알려지기 시작한 것을 개발하였는데, 이는 임상가의 최소한의 개입 속에서 아이들이 자유롭게 상호작용할 수 있게 한 것이었다. 쉐퍼(1980)에 따르면, 이러한 종류의 치료의 독특한 측면은 "아동이 다른 아이들과 한 어른을 공유하는 법을 배우게 된다는 점이다" (p. 101). 집단치료는 현대에도 어느 정도 인기를 누리고 있는데, 이는 부분적으로 더 낮은 비용으로 치료가 제공될 수 있기 때문이고, 부분적으로는 이 방식의 효과성에 대한 신뢰가 향상되었기 때문이다. 얄롬(Yalom, 1975)은 집단치료가 줄 수 있는 수많은 '치유적' 혜택에 대해 언급하고 있는데, 여기에는 희망의 부여, 보편성, 정보 전달, 이타주의, 일차 가족 집단의 교정적인 발생반복(recapitulation),[2] 사회적 기술의 발달, 행동 모방, 대인 간 학습, 집단 응집성, 카타르시스, 실존적인 요인들이 포함된다. 크래프트(Kraft, 1980)는 효과적인 집단치료는 다음의 요소들을 포함해야 한다고 설명한다.

---

[2] 역자 주: 발생반복(recapitulation)은 개체가 성장하는 동안 거쳐 온 진화의 단계를 반복한다는 에른스트 헤켈(Ernst Haeckel)의 이론이다. 여기서는 출생 이후 성장 과정에서 겪은 부정적 경험들이 집단 과정 속에서 다시 드러나고, 집단치료를 통해 이 경험들에 대한 치유적인 재경험이 이루어질 수 있음을 언급하는 것으로 보인다.

지도자는 남성과 여성 공동 치료자가 함께 있으면 더 바람직하며, 응집력을 키우고, 집단을 위한 목표를 세우고, 집단이 어떻게 기능해야 하는지를 보여 주고, 집단으로 하여금 과업에 집중하게 하고, 본보기가 되고, 가치체계를 제시하는 데에 관여한다. 이러한 과제들을 수행할 때, 지도자는 현실을 명료화해서 제시하고, 교류 과정을 분석하고, 짤막한 교육적인 조언을 하고, 지도자 자신의 감정과 다른 성원들의 감정을 인정하는 공감적인 진술을 하고, 때로는 집단에 머무는 감정 상태를 기술한다. (p. 129)

집단치료는 전통적으로 학대하는 부모의 치료에 적용되는 것으로 여겨졌다(Kempe & Helfer, 1980). 학대하는 부모에게 효과적으로 사용되었던 치료적 접근 방법은 1970년에 캘리포니아에서 창설된 **익명의 부모 모임**(Parents Anonymous: PA)으로 알려졌다. 익명의 부모 모임에서는 이전에 학대 부모였던 사람을 정신건강 전문가와 함께 집단 촉진자로 사용한다. 미국에는 현재 1,200개가 넘는 익명의 부모 모임이 있다.

잘 알려진 또 다른 치료 모델인 **부모 연합**(Parents United)은 집단 형식에 크게 의존한다. 부모 연합은 1975년에 의사인 행크 지아레토(Hank Giarretto)에 의해 아동 성 학대 치료 프로그램 중 자조(self-help) 부분으로 창설되었는데(Giarretto, Giarretto, & Sgroi, 1984), 현재는 확장된 가족의 의미를 띤 공동체로 알려져 있다. 근친상간 가해 부모와 학대에 참여하지 않은 배우자 각각에 대해 개별 집단을 만든다. 아동 집단은 딸과 아들 연합(Daughters and Sons United)으로 알려져 있고, 성인 생존자를 위한 집단은 어린 시절 추행당한 성인 집단(Adults Molested as Children: AMAC)으로 알려져 있다. 현재 미국 전역에 걸쳐 135개가 넘는 부모 연합 프로그램이 운영되고 있다.

맨델, 데이먼 등(Mandell, Damon, et al., 1989)은 학대받은 아동을 위한 집단치료에 대해 유용하고 시기적절한 책을 썼는데, 여기에는 보호자를 위한 병행치료가 포함되어 있다. 책 전체에 걸쳐 저자들은 아동이 자신의 학대 경험에 대해 개방하고 서로 신뢰를 쌓을 수 있도록 돕는 다양한 놀이 기법을 사용한다. 그들은 집단치료의 목적을 다음과 같이 정의했다.

- 집단 성원의 용인 가능한 행동을 정의하고 경계에 대한 존중을 소개함
- 집단 상호작용을 촉진하고 공동노력을 강화함
- 아동과 보호자 양쪽 모두에서 연대감을 강화하고 집단 응집력을 증진시키기 위해 공통적인 경험에 대한 논의를 도입하고 장려함
- 집단 경험에 있어 각 성원의 중요성을 인정함과 동시에 개인의 감정과 생각을 수용해 줌으로써 자존감을 향상시킴
- 집단의 목적을 이해하도록 집단 성원을 도움
- 보다 섬세하고, 공감적이고, 이해심 있는 태도로 아동을 바라볼 수 있도록 보호자의 능력을 향상시킴

코더, 헤이즐립, 드보어(Corder, Haizlip, & DeBoer, 1990)에 의해 이루어진 또 다른 시범 연구에서는 성적으로 학대받은 6~8세 아

동을 치료하기 위해 구조화된 집단치료를 사용하였는데, 맨덜과 동료들이 제시한 것과 비슷한 사안들에 중점을 두었다. 시범 연구의 목표에는 외상의 통합, 자존감 향상, 문제해결 기술의 개선, 미래를 위한 자기보호, 도움을 구하는 능력의 향상, 학대하지 않은 부모와 아동의 관계 증진이 포함된다.

성적으로 학대받은 소년들을 대상으로 한 또 다른 예비 집단 연구에서 프리드리히, 벌리너, 우르퀴자, 베일케(Friedrich, Berliner, Urquiza, & Beilke, 1990)는 개방형 치료와 또래 간 상호작용을 증진시키기 위해 (생활연령이 아닌) 발달 수준에 따라 집단 성원을 선택하는 방식을 옹호한다.

집단치료에 대해 논쟁이 없는 것은 아니다. 나는 종종 집단이 의도치 않게 아동을 피해자 역할에 과잉동일시하게 부추길 수 있고 집단을 통해 다른 아동이 가진 감정적인 사안들에 의해 악영향을 받을 가능성이 있다고 걱정하는 소리를 듣는다. 또 다른 걱정되는 부분으로, 이에 대해서는 나도 생각을 같이하는데, 때때로 집단이 임의적인 방식으로 운영되고, 한없는 기간 동안 지속하고, 명확한 목적이 부재하며, 비일관적이고 경험 없는 리더십에 의해 시달리는 것을 들 수 있다. 그러나 이러한 우려사항들은 맨덜과 동료들의 책에 논의된 것이며, 이러한 점들이 집단 경험을 통해 얻을 수 있는 잠재적 혜택을 손상시키지는 않는다.

모래상자치료

모래치료를 창안한 도라 칼프(Dora Kalff, 1980)의 중요한 기여에 대한 언급 없이는 아동치료의 주요 모델에 대한 요약이 완성될 수 없다. 모래치료는 융(Jung) 학파의 치료 원칙에 기반을 두고 있으며, 모래상자를 아동의 영혼을 상징하는 것으로 바라본다. 모래치료사는 상자 안에서 아동의 상징 사용과 물체 배치를 해석하고, 특징적인 치유 단계를 거쳐 가는 아동의 경과를 관찰한다. 많은 아동치료자가 그들의 치료에서 모래놀이를 사용하기는 하지만, 이러한 종류의 놀이치료는 독자적인 이론과 기법을 가지고 독립되어 있다.

아동치료의 기법

앞서 살펴본 이론적 체계—정신분석적, 실존주의적, 행동적, 융학파 이론—는 아동치료를 이끄는 주요 체계들이다. 알려진 거의 모든 기법은 이 체계들 중의 하나에 포함될 수 있다. 아동치료와 아동치료 기법을 구분하는 것은 중요하다. 아동치료는 이론적 체계를 바탕으로 하고 있다. 기법은 이러한 이론적 체계를 바탕으로 한 치료를 시행하기 위해 선택되는 것이다. 일부 아동치료는 다양한 기법을 포함할 정도로 충분히 유연한 반면, 다른 것들은 치료적 방법을 제한하고 있다.

지시적 놀이치료와 비지시적 놀이치료

아동에게 사용되는 치료의 종류를 분류하는 또 다른 방법은 지시적 방식과 비지시적 방식의 놀이치료를 구분하는 것이다. 비지시적 혹은 내담자 중심적 놀이치료는 관계에 중점을 둔 치료자들이 장려하는 것으로, 비침투적(nonintrusive)이라는 특징을 가지고 있다. 이는 칼 로저스에 의해 창안된 내담자 중심적 방법과 아주 유사하다. 엑슬린(1969)은 이러한 특정한 종류의 놀이치료를 창안한 공로자로 생각되는데, 그녀는 비지시적 치료와 지시적 치료를 다음과 같은 간단한 설명을 통해 구분했다. "놀이치료는 지시적인 형태를 띨 수 있는데, 이는 치료자가 방향 설정과 해석에 책임을 지는 경우이다. 또는 비지시적이 될 수도 있는데, 이 경우에는 치료자가 책임과 방향을 아동에게 맡긴다."(p. 9) 비지시적 놀이치료에서는 아동으로 하여금 가지고 놀 장난감을 스스로 선택하도록 허용하고 이를 격려한다. 어떤 특정 주제를 진전시킬지 또는 중단시킬지에 대한 자유가 아동에게 주어진다. 구어니(Guerney, 1980)는 아동 중심적 치료의 두 가지 주된 특징을 ① 아동 중심적 방법은 "성장과 정상화의 과정을 촉진하는 것으로 보인다.", ② 치료자는 "아동이 자신의 속도에 따라 이 과정을 진행해 나간다는 것을 믿어야 한다."(p. 58)라고 한다. 비지시적 치료자는 아동의 놀이를 관찰하면서 종종 자신이 관찰한 것을 말로 확인한다. 구어니는 "자신의 지도(map)를 통한 자기(selfhood)의 실현이 비지시적 놀이치료의 목적"(p. 21)이라고 말한다.

비지시적인 치료자는 시간이 지남에 따라 검증될 가설들을 세운다. 해석은 충분한 관찰을 한 이후에만 드물게 사용한다. 비지시적 치료자는 아동에게 집중적인 주의를 기울이고, 질문에 답하거나 지시를 내리는 것을 자제한다. 엑슬린(1964)은 그녀의 대표작인 『딥스』에서 비지시적 치료의 사용법을 보여 준다. 비지시적 기법들은 치료의 진단 단계에서 항상 도움이 되며, 구어니(1980)가 지적하듯이 넓은 범위의 문제들에 효과적이라는 것이 확인되었다.

비지시적 접근 방법과 지시적 접근 방법 사이의 기본적 차이는 치료에서 임상가가 하는 활동에 달려 있다. 지시적 치료자는 놀이 상황을 조직하고 창안하는데, 이는 아동의 방어기제에 도전하거나 유익해 보이는 방향으로 아동을 격려하거나 이끌어 감으로써 아동 무의식의 숨겨진 과정이나 명시적 행동을 끌어내고, 자극하고, 개입하기 위함이다. 비지시적 치료자들은 "정말 자제하면서, 항상 아동에게 집중하고, 아동의 의사소통이 아주 미묘한 것일지라도 거기에 동조(attune, 同調)한다"(Guerney, 1980, p. 58). 지시적 치료는 그 특성상 비지시적 치료에 비해 단기간에 이루어지고, 증상에 초점을 두며, 치료적 전이에 덜 의존한다.

지시적 치료에는 여러 가지가 있는데, 그중에는 행동치료, 게슈탈트치료, 부모-자녀 놀이치료(filial therapy), 가족치료가 포함된다. 인형놀이, 스토리텔링 기법, 특정한 보드게임, 다양한 형태의 예술적 시도와 같은 특정한 기법들이 다양한 방법으로 치료에 차용(借用)된다. 즉, 비지시적 치료자가 아동에게 예술 작업이나 인형을 통한 스토리텔링을 할 풍부한 기회를 제공할 수도 있고, 지시적 치료자가 아동에게 특정한 것을 그려 보게 하거나 정확한 이야기를 말하도록 요청할지도 모른다.

03
학대받은 아동에 대한 치료

학대받은 아동과 작업을 할 때의
치료적 고려사항

학대받은 아동에 대한 치료에서 필요한 부분들을 평가하고 치료 계획을 세울 때, 여러 사안 중에서도 학대의 현상학적 영향, 가족의 역기능 수준, 환경의 안정성, 아동의 연령, 아동과 가해자의 관계와 같은 많은 이슈에 대한 고려가 필수적이다.

실제 학대 행위는 아동이 견뎌 내는 무수한 경험 중의 하나에 불과하다. 종종 학대 사실이 관계 당국에 확인되고 보고되면, 아동에게 당혹스럽고 불안감을 유발시키는 수많은 법적·보호적 조치가 취해진다. 결과적으로 학대받은 아동에 대한 치료는 다원적이며, 여기에는 개인치료, 부모-아동치료, 집단치료, 가족치료를 포함하는 다수의 서비스가 아우러질 것이다. 이 모든 것은 사회복지서비스와 법체계의 맥락에서 제공되며, 각자의 규정과 제한 사항 내에서 운영된다.

학대받은 아동에 대한 치료는 위험요인에 대한 모니터링, 다양한 기관과의 연계, 정기 보고 요청에 대한 준수, 아동과 가족의 외상 처리에 주력하는 것뿐만 아니라 복잡한 가족 역동에 대한 개입, 부모-아동 상호작용에 대한 관찰, 아동의 입양 가족이나 다른 임시 보호자와의 작업, 옹호 노력, 필요한 경우의 법정 증언, 그리고 이 책의 마지막 장에서 논의하는 여타의 특별한 활동이 포함된다.

현상학적 경험

다른 무엇보다도 각 아동의 경험을 유일무이한 것으로 바라보는 것이 꼭 필요하다. 이 책의 앞부분에서 '학대의 매개요인'에 대한 참조사항을 적었는데, 학대의 지속 기간, 심각도, 얼마나 많은 증상을 보이는지, 가해자가 누구였는지, 아동의 외양은 어떤지와 같은 특정 잣대를 가지고 학대의 영향을 판단하고픈 유혹을 느낄 수 있다. 하지만 현실을 보면 아동은 저마다 다르게 반응한다. 연구 결과는 흔히 나타나는 영향을 알려 주는 일종의 전체 지도로서 도움이 될 수 있지만, 면밀한 조사를 통해서만 미묘한 지형지물을 파악할 수 있다.

내가 한번은 각각 2세, 4세, 7세, 10세, 15세인 다섯 명의 아이가 있는 가족과 치료 작업을 한 적이 있다. 그들의 집은 가스 누출 폭발로 불타 버렸다. 그 부모는 아이들에게 그들의 애장품과 똑

같은 것을 다시 사 주고, 그 경험에 대해 그룹으로 아이들과 이야기하고, 아이들과 함께 몇 번의 가족 상담 회기를 받으러 갔다. 그 부모는 권위를 발휘했고, 그들의 스트레스에 잘 대처했으며, 모두 생존했다는 점과 그것이 가장 기적적이고 중요한 점이라는 것에 중점을 두면서 아이들에게 긍정적인 감정을 전달했다. 또한 부모는 편안한 집을 임대할 수 있는 경제력을 가지고 있었고, 그들의 보험회사는 새로운 집을 세우는 데 상당한 보상금을 제공했다. 아이들은 이 계획에 참여했고, 관심이 있으면 그들만의 공간을 '디자인'할 권리를 받았다. 부모가 아이들과 효과적인 언어 소통을 해 왔기 때문에 상담 회기는 거의 불필요해 보였다. 친밀하고 소통이 잘되는 가족이라는 점이 명백했고, 위기를 겪는 동안 그들의 기술은 잘 적용되었다. 화재와 무너진 빌딩을 그린 데서 알 수 있듯이, 더 어린 아이들의 예술작품과 놀이 중 일부에는 재연의 요소가 담겨 있었다. 이 아이들은 잠투정도 부렸는데, 이는 특히 자신이 얼마나 죽음에 가까이 갔는지를 더 잘 이해한 것으로 보이는 나이 든 아동들에게 나타났다.

6~8회기에 걸쳐 가족과 합동 만남을 가진 후, 부모와 나는 앞으로 어떤 걱정거리가 생기면 아이들이 나를 만날 수 있다는 것에 동의했다. 6개월 후 부모는 그들의 7세 아들을 치료에 데려왔는데, 이는 그 아이가 잠을 잘 수 없었고, 식욕을 잃어버렸으며(체중이 5.4kg 줄어듦), 공황 상태와 구석에서 손가락을 빨며 한곳을 뚫어지게 바라보는 모습(부모는 이를 '멍한' 행동으로 기술)을 번갈아 보였기 때문이다. 게다가 그는 (사용한 적이 없었던) 스토브나 벽난로뿐만 아니라 심지어 욕조에 있는 뜨거운 물도 두려워했다. 그는

어떤 작은 소리에도 움찔했고, 밖에 나가서 노는 것을 멈췄다. 그의 형제자매들은 대화나 놀이에 그를 참여시킬 수 없었다. 이것은 아동들 사이에 현저한 성격 차이를 보여 주는 지표가 이전에 전혀 없었음에도, 비슷한 반응을 초래한 동일한 사건이 한 아동에게는 다른 아동들과 다르게 경험될 수 있음을 보여 주는 예이다. 유일한 설명은 단일 혹은 축적된 사건에 대한 개인의 지각, 통합, 처리가 현상학적인 특성을 띤다는 것이며, 이러한 독특성에 대한 깊은 존중이 필요하다.

어떤 초기 개입이 이루어졌든 간에, 향후 작업을 위한 치료적 맥락을 만들어 두는 것은 본질적으로 이득이 된다. 나의 아동 내담자 중 많은 수가 '비연속적인 치료'를 했었는데, 이 경우에는 필요할 때 '점검(checkups)'을 위해 치료로 복귀하는 것을 가족에게 허용하고 장려했다. 그러나 외상 피해자는 치료를 빨리 받을수록 좋다는 것이 내 신념이다.

테르(Terr, 1990)는 아동과 그 가족들이 얼마나 빨리 외상으로부터 회복될 수 있는지를 지적하면서 치료를 미루는 것에 대해 이렇게 주의를 준다.

외상에 대한 치료를 미루는 것은 우리가 할 수 있는 최악의 선택이다. 일반적으로 외상은 저절로 '좋아지지' 않는다. 그것은 아동의 방어와 대처 전략 아래로 점점 더 깊이 파고들어 간다. 억제, 대치, 과잉일반화, 공격자와의 동일시, 분리, 수동의 능동 전환, 취소, 자기마취가 자리를 잡는다. 이러한 모든 대처 및 방어 기제가 작동한 이후에는 외상이 실제로 더 좋아진 것처럼 '보일 수' 있다. 하지만

외상은 아동의 성격, 꿈, 성에 대한 감정, 신뢰감, 미래에 대한 태도
에 계속해서 영향을 줄 것이다. (p. 293)

학대받은 아동에 대한 모든 가정은 새로운 아동 피해자 앞에서
중단되어야 한다. 아동이 분노, 슬픔, 배신감, 우울감 또는 다른
어떤 것을 느낄 것이라고 가정하는 것은 역효과를 낳는다. 우리는
피해자화 또는 외상화의 일반적(general) 영향에 대한 선입견을 배
제한 채 평가 단계로 들어가야 하며, 각 아동의 유일무이한 경험
을 통해 배우는 영역으로 들어가야 한다. 오직 아동만이 그 경험
이 그들에게 어떤 의미인지를 말하거나 보여 줄 수 있다. 오직 그
들만이 우리로 하여금 피해자/생존자의 놀라운 생존 본능을 이해
하게 해 줄 수 있다. 비록 언어를 통한 직접 설명은 흔하지 않겠
지만, 그들은 그들이 필요한 것을 우리에게 보여 주거나 말할 것
이다.

임상가는 그/그녀 자신의 계획표는 한쪽으로 치워 두고, 개인
에 맞게 치료 계획을 지속적으로 설계하고 수정해 가야 한다.

가정의 역기능 수준

치료자는 학대받은 아동과의 치료 작업이 끝났을 때, 학대 가정
과 만날 수도 있고 만나지 않을 수도 있다. 학대 가정, 특히 방임
하는 가정은 심각한 수준의 역기능과 다양한 문제를 보이는 경우
가 빈번하다.

임상가가 그런 가족과 만나는 경우, 그들의 기능 수준이 너무

낮아서 치료의 효과가 최소화될 수도 있다. 그러므로 임상가에게
는 기대 수준을 더 낮추고 현실적인 목표를 수립하는 것이 대단히
중요하다. 또한 임상가는 아동의 진전이 가정 내에서 어떻게 비춰
질지를 확인하는 것에 많은 주의를 기울여야 한다. 예를 들어, 임
상가는 아동에게 자신의 감정을 표현하도록 격려하고는 감정을
말로 표현하면 처벌을 받는 환경으로 그 아동을 보낼지도 모른다.
만약 가족이 반응이 없고 계속해서 다양한 위기에 봉착해 있다면,
가장 도움이 되는 개입은 아동이 실제 처한 상황에 대처할 수 있
도록 도와주기 위해 고안된 방법들일 것이다.

위험요인들을 감찰하기

학대받은 아동, 특히 가정으로부터 분리되지 않은 아동에게 치
료를 제공할 때는 부모와 아동 내담자 양쪽에 있는 위험요인에 특
별한 주의를 기울인다. 그린(Green, 1988)은 "아동학대 치료를 위
한 어떤 계획이든 아동을 위한 안전한 환경을 만들고 학대의 기저
에 있는 잠재적 요인들을 변화시킬 수 있도록 고안해야 한다. 효
과적인 치료 프로그램은 부모의 학대 경향, 아동을 취약하게 만드
는 특성, 학대적인 상호작용을 촉발하는 환경적 스트레스를 분명
히 다루어야 한다."(p. 859)라고 언급하고 있다. 그러므로 학대로
이어지는 요인들을 명확하게 이해하고, 부모와 함께 이 요인들을
종합적으로 검토하는 것은 필수적이다. 예를 들어, 학대의 촉발요
인 중의 하나가 부모의 알코올 남용인 경우에는 부모가 알코올 치
료 프로그램을 준수하는지 모니터하는 노력이 요구된다. 만약 법

정의 요구사항 중 하나가 아동이 아동 돌봄 프로그램에 매일 참여하는 것이라면, 이것이 실제로 이루어지는지를 확인하는 것이 중요하다. 부모에 대한 치료가 다른 임상가에 의해 이루어지고 있다면, 아동을 담당하는 임상가는 관련된 전문가들과 접촉해서 치료적 개입 과정에서 위험 관리 측면을 함께 의논하는 것이 좋다.

환경의 안정성

앞서 언급했듯이, 학대 가족은 특징적으로 다양한 범위의 문제를 가지고 있다. 그들은 주택 문제를 가지고 있거나, 빈번하게 주거가 이전되거나, 쉼터에 거주하거나, 집이 없을 수도 있다. 치료의 일차적인 초점은 가족과 아동에게 자원과 대처 기술에 대해 가능한 한 많은 정보를 제공하는 데 있다. 학대 가족을 위해 일하기로 선택한 임상가들은 지난 15년 동안 나온 다수의 예방 및 치료 프로그램에 익숙해져야 한다. 최신 정보는 지역에 있는 아동학대위원회(Child Abuse Council)를 통해 얻을 수 있는데, 전화번호부에서 쉽게 찾을 수 있다. 덧붙여, 국립 아동학대 긴급전화(National Child Abuse Hotline)에서도 지원 자원에 대한 최근 정보를 유지하고 있다(1-800-4-A-CHILD).

아동의 연령

2세 이하의 아동과 놀이치료를 하는 것은 어렵다. 3세 아동에 비해 2세 아동은 인지, 운동, 언어 능력에서 엄청난 차이가 난다. 이 연령 집단의 아이들은 그들이 치료를 얼마나 잘 받아들일 수 있는 지를 결정하기 위해 평가가 이루어져야 한다. 비록 몇몇 전문가가 이에 대한 전문지식을 쌓고 그것을 나누기 시작했지만(MacFarlane, Waterman, et al., 1986), 어린 아동의 치료에 대해서는 쓰인 것이 거의 없다. 이 연령대의 어린 아동들도 외상 후 놀이를 보이고 그들의 놀이를 통해 무의식적인 두려움과 걱정을 드러낼 수 있다.

아동과 가해자의 관계

앞서 적었듯이, 아동과 가해자의 관계가 가까울수록 아동에게 그 사건은 잠재적으로 더욱 외상적일 수 있다. 임상가는 가해자에 대한 아동의 개인적 판단을 유보하면서, 다시 한번 신중을 기하는 것이 좋다. 아동이 가해자에 대해 가질 수 있는 어떠한 감정도 임상가에게 수용될 수 있다는 것을 아동이 느낄 수 있어야 한다.

그러나 아동이 그저 한 감정에만 고착되어 있는 것처럼 보이는 경우에 임상가는 이에 대해 언급하면서 아동에게 다른 가능한 감정들을 부드럽게 알려 줄 수 있다. 한번은 어머니에게 사실상 버림받고 이따금씩만 어머니를 만나던 어린 소녀를 만난 적이 있다. 그녀는 자신이 어머니를 미워하고, 어머니가 쓸모없으며, 어머니와는 어떤 관계도 결코 맺고 싶지 않다는 점을 단호하게 나타냈다. 어느 날 나는 부드럽게 말했다. "네가 얼마나 네 엄마에게 화났는지를 나에게 정말 잘 말해 주는구나. 엄마에 대해 네가 가지고 있거나 가졌던 다른 감정에 대해서도 네가 틀림없이 잘 말할 수 있을 거야." 그녀는 즉시 반박했다. "나는 엄마에 대해 다른 어떤 것도 느끼고 싶지 않아요." 나는 덧붙였다. "어쩌면 지금은 아닐 거야. 하지만 네가 어렸을 때는 다른 감정들이 틀림없이 있었을 수 있어." "음, 네. 저는 제대로 알지 못했으니까요." 그리고 나는 계속해서 그 감정들이 무엇이었는지를 물었고, 그녀는 어디든 어머니와 함께 가고 싶어 했던 기억과 어머니가 술을 마시러 나갈 때 어머니를 걱정했던 기억을 이야기하며 조금 울었다. 아동이 하나의 주된 감정을 강조한다는 것이 마음 저변에 다른 감정을 가지고 있지 않다는 것을 의미하지는 않는다.

자기 어머니에 대해 공공연하게 적대적이었던 또 다른 아이는 다른 감정에 대한 질문에 반응하지 않았다. 나는 '감정 그림' (Communication Skillbuilders, 1988)이 그려져 있는 내 카드를 꺼내와서는, 손 안에서 그것들을 펼쳤다. 나는 "하나를 집어 보렴."이라고 촉구했다. 그가 그렇게 하자, 나는 그에게 어머니에 대해 그 (선택한) 감정을 느꼈던 때를 말해 달라고 부탁했다. 이것은 게임이었고 명백한 규칙이 있었기 때문에 그 아동은 이를 잠자코 따랐고, 많은 풍부한 자료가 나왔다.

아동의 환경 내에서 아동을 치료하기

이 집단에 대한 치료에 있어 또 다른 차이점으로 환경이 불안정한 경우가 빈번하다는 것을 들 수 있다. 종종 아동들은 입양가정 (혹은 여러 입양가정을 거쳤을 수 있다), 그룹홈, 거주 시설에 맡겨진다. 나는 아동 내담자가 다른 군(county)이나 주(state)로 갑작스레 이주하면서 치료가 중단된 적이 여러 번 있었다.

위탁가정들은 그 질에서 차이가 난다. 나는 뛰어난 자질을 갖춘 전문가들과 접촉을 했는데, 그들은 치료팀의 일원이 되었다. 자신의 집에서 분리된 아동들은 부모와 익숙한 환경으로부터 분리된 데 따른 충격을 추가적으로 받게 되고, 대개는 분리불안, 그들의 부모에 대한 걱정, 충성심 갈등[1]을 다루는 데 있어 도움을 필요로 한다(Itzkowitz, 1989).

치료에는 아동의 환경에 대한 평가와 대안 가정과의 정기적인 정보 교환을 조직적으로 하려는 시도가 포함되어야 한다. 내 경험으로는 대부분의 입양부모는 치료자와의 접촉을 환영하고, 자신이 전문적 팀의 일원으로 간주되는 것을 고맙게 여기고, 많은 가치 있는 통찰을 제공하고, 아동과 관련된 제안에 대해 잘 반응한다. 위탁가정이나 다른 보호자들과 접촉하지 않는 경우가 너무 자주 있는데, 이럴 경우 도움이 되는 정보를 임상가가 이용하지 못하게 된다.

비연속적인 치료

앞서 언급했듯이 학대받은 아동과의 치료 작업에 아동이 간헐적으로 참여할 수 있다. 부모는 법원의 명령이 더 이상 없을 때 아이를 치료에서 빼낼 수도 있고, 재정적 제한이 부모의 치료 중단 결정에 영향을 끼칠 수도 있다. 덧붙여, 아동이 한동안 치료를 잘 활용하다가 이후 더 이상 오려고 하지 않거나 치료적 놀이를 하

---

1) 역자 주: 아동이 친부모와 위탁부모 사이에서 누구에게 주된 정서적 애착을 가질지 고민하면서 생기는 스트레스와 마음의 부대낌을 의미한다.

지 않으려는 시기로 바뀔 수도 있다. 이것들은 비연속적인 치료를 하게 되는 상황 중 일부일 뿐이다. 말할 것도 없이, 아동은 이러한 단기의, 과제 해결에 중점을 둔 치료에 참여하는 것으로도 많은 혜택을 볼 수 있다.

임상가의 젠더

학대받은 아동은 그들의 학대 행위자와 동일한 성의 사람에 대해 개인 특유의 반응을 나타낼 수 있는데, 여기에는 임상가도 포함된다. 어떤 경우에는 이러한 문제가 해결될 수 있도록 아동을 다른 치료자에게 의뢰하는 것이 이로울 수 있다. 예를 들어, 1년 넘게 아버지에게 강간을 당한 소년 피해자와 치료 작업을 한 적이 있다. 이 아동은 2년 넘게 나와 치료를 했고, 장기 입양 위탁에 잘 적응했으며, 외상과 관련된 사안들을 처리했고, 유능감과 안전감과 행복감을 가지게 되었다. 안전한 환경과 치료의 조합은 경이로운 결과를 낳았다. 하지만 여전히 그 소년은 항상 남자들을 피했고, 내가 관찰하기로는 내 사무실에서 남자 치료자를 보았을 때 놀람 반응을 보였다. 그의 놀이는 그가 남자들에 대해 조심하고 있고 여자와 접촉하는 것을 더 선호함을 알려 주었다. 불행하게도, 위탁부모는 미혼인 여성이었고, 체육 교사를 제외하고는 소년의 학교 선생님들도 여성이었다. 그 소년은 체육 교사 때문에 체육 수업을 하지 않으려 했는데, 학교에서는 그의 내력을 감안하여 이를 특별히 허가했다. 그리하여 그 소년은 그의 삶에서 모든 남성을 효과적으로 몰아낼 수 있었다.

나는 그 소년을 남자 치료자에게 의뢰하기로 결정했다. 처음에 그는 격렬히 저항했지만, 남자 치료자와의 합동 회기는 그에게 흥미를 가지게 했고, 나는 그 소년이 남자 치료자에게 질문을 하고, 남자 치료자에게 장난감을 건네고, 그가 좋아하는 것을 분명히 이야기하는 식으로 새로운 상황의 경계를 탐색하는 것을 느리지만 확실히 볼 수 있었다. 마침내, 소년이 처음으로 '혼자' 남자 치료자를 방문하는 날이 왔다. 나는 사무실 밖의 지정된 장소에서 기다렸다. 소년은 내가 그곳에 있는지를 확인하기 위해 두 번이나 사무실 밖으로 나왔지만 그 방문을 매우 잘 견뎠다. 그 치료는 1년 더 지속되었고, 나는 그 아동이 이미 크게 향상되었다고 느끼기는 했지만, 남자 치료자와 함께 이루어 낸 그의 진전은 보람된 것이었다. 아동은 신체적으로 활발해졌고, 보다 똑바른 자세를 취하면서 더 자란 것처럼 보였고, 축구팀에도 가입했다. 그는 더 이상 남자들을 피하지 않았고, 축구 코치와 좋은 관계를 맺었다.

고통의 증상과 치료 양식

최근 2년 동안 성적으로 학대를 받거나 외상적 충격을 입은 아동에 대한 치료서들이 반갑게도 증가하고 있지만, 상대적으로 학대받은 어린 아동의 치료에 대해서는 거의 쓰여지지 않았다(Friedrich, 1990; James, 1989; Johnson, 1989; Terr, 1990). 성적으로 학대받은 아동에 대한 치료는 아마도 가장 널리 연구되고 기록되었을 것이다. 여기서 나온 많은 결과가 다른 종류의 학대 피해자들에게 적용될 수 있다. 예를 들어, 롱(Long, 1986)은 성적으로 학대받은 아동의 치료와 관련된 다음의 사안들, 즉 아동의 어머니와 팀을 이루는 것의 중요성, 부적절한 애착 행동, 유아 퇴행 행동, 신체적 접촉에 대한 요구와 신체 인식, 감정에 대한 교육의 필요성을 논의한다.

이러한 모든 영역이 학대받고 방임된 아동에 대한 치료에서도 일반적으로 다루어진다. 포터, 블릭, 스로이(Porter, Blick, & Sgroi, 1982)는 성적으로 학대받은 아동과의 치료 작업에서 다루어야 할 심리적 사안들로 '하자품(damaged goods)' 증후군, 죄책감, 두려움, 우울증, 낮은 자존감, 빈약한 사회적 기술, 억압된 분노감, 적대감을 꼽았다. 이에 덧붙여 근친상간 피해자의 가장 특징적인 특질로는 신뢰하는 능력의 손상, 희미해진 역할 경계와 역할 혼란, 발달 과제·자제력·통제력을 성취하지 못한 것과 연결된 가짜 성숙(pseudomaturity)을 들 수 있다. 다시 말해, 임상가는 이러한 문제들에 주력함으로써 아동학대와 방임의 피해자들을 도울 수 있을 것이다.

버제스와 홀스트롬, 매커즐랜드(Burgess, Holstrom, & McCausland, 1978)는 치료 과정의 첫 단계로서 아동의 불안을 감소시키고 신뢰감을 불러일으키는 것의 중요성을 강조한다. 맥비커(MacVicar, 1979)는 성 학대를 받은 아동들이 종종 성과 애정을 혼동하며 성을 이해하는 데 있어 도움이 필요함을 강조한다. 워터맨(Waterman, 1986)은 성 학대를 받은 아동에 대한 문헌을 개관하면서, 많은 치료 방법이 사용되어 왔음을 언급한다. 여기에는 가족체계 개입, 가해자에 대한 행동치료와 부부치료와 가족치료의 결합, 단기 또는 장기의 개인 아동치료, 집단치료, 예술 혹은 놀이치료가 포함되어 있다. 테르(1990)는 외상성 충격을 받은 아동들이 공포와 분노의 감정, 부인과 무감각, 미해결된 슬픔, 수치심, 죄책감을 특징적으로 보인다고 언급한다. 그녀는 또한 이러한 아동들에게 '외상공포증(traumatophobia)' 또는 두려움 자체에 대한 두려움이 생겨날 수 있다고 말한다. 그녀의 말에 따르면, 정신적 외상에서 생겨난 이러한 두려움은 "이전에 융통적이었던 아동을 극단적으로 조심하게 만들 수 있다"(p. 37).

비즐리, 마틴, 알렉산더(Beezeley, Martin, & Alexander, 1976)는 1년 넘게 치료를 받은 신체적으로 학대를 받은 열두 명의 아동에 대한 연구에서 신뢰할 수 있는 능력의 향상, 만족 지연 능력의 증가, 자존감 향상, 감정을 언어로 표현할 수 있는 능력의 향상, 즐거움을 누릴 수 있는 능력의 증가를 통해 아동의 진전을 확인할 수 있음을 발견했다. 비즐리와 동료들은 아동의 변화를 부모가 기꺼이 수용할 수 있고 부모 스스로 기꺼이 변화하려고 하고 치료자가 환경, 즉 학교 환경, 놀이실, 아동과 타인의 관계에 영향을 줄 수 있을 때 가장 큰 진전이 일어난다는 것을 발견했다(p. 210). 만과 맥더모트(Mann & McDermott, 1983)은 임상적 주의가 요구되는 심리적 장애의 공통된 영역으로 물리적 공격에 대한 두려움 또는 버림받음에 대한 두려움(우울이나 불안으로 이어질 수 있음), 부모의 왜곡된 기대를 충족시키는 데 실패함(결함 있는 대상관계로 이어질 수 있음), 의존과 관련된 분투, 낮은 자존감을 동반한 '나쁜 아이'라는 자기상의 내면화, 분리와 자율성을 성취하는 것의 어려움, 여러 차례의 파양과 집에서 분리되는 경험(예: 입원)으로 인한 분리불안과 보호자와의 애착에 대한 양가성의 지속과 심화를 든다(p. 285).

나는 학대받은 아동이 개인치료를 필요로 하지 않거나 개인치료가 도움이 되지 않는 상황을 상상할 수 없다. 피해자화나 외상화의 경험은 신속한 개입이 당연히 필요한 고통스럽고, 두렵고, 혼란스러운 것이다. 개인치료에는 지속적인 평가가 포함되어 있는데, 단기간이 될 수도 있고 가족이나 집단 작업에 대한 필요성이 생겨날 수도 있다. 하지만 나의 견해로는 모든 학대받은 아동은 훈련된 전문가와 일대일 경험을 가져야 마땅하다.

동시에, 만약 아동이 이전에 학대를 했던 가족과 재결합한다면—그 학대가 신체적 학대, 성 학대, 방임, 정서적 학대 중 무엇이든 간에—아동이 동석한 채 그 가족을 확인하는 것이 필수적이다. 덧붙여 아동이 집 밖에서 학대를 받았다면, 전체 가족이 외상성 사건의 충격을 경험한 것이므로 모든 가족 성원에 대한 지원이 필요하다.

아마 그 어느 곳에서도 아동학대 상황만큼이나 부모-아동 관계에 대한 직접적인 관찰이 필수적인 곳이 없을 것이다. 경험이 부족한 많은 임상가는 부모가 더 나은 훈육 방법을 사용하고 있고 눈에 띄는 갈등이 없다고 열성적으로 보고한 이후에 새로운 학대 사건이 발생한 것을 알고서 당황하곤 한다. 부모는 아동에게 차분하고 합리적인 요구를 한다고 말하지만, 직접 관찰을 해 보면 다른 결론에 이를 수 있다. 임상가는 어느 정도 진전이 이루어지기는 했지만 비언어적 의사소통과 결부된 부모 목소리의 음색과 고조가 계속해서 아동을 겁에 질리게 하고 자발적인 순응을 방해할 정도로 가혹하다는 점을 발견하게 될 수도 있다.

가족치료자는 치료 회기에 모든 가족 성원이 참여할 것을 권하지만, 아주 어린 아동과 함께 가족치료 회기를 진행하는 방법을 제시하는 데 있어서는 부족한 부분이 많다(Scharff & Scharff, 1987). 가장 전형적인 가족치료 시나리오는, 어린 아동이 구석에서 장난감이나 그리기 물건을 가지고 노는 동안 가족치료사가 가족 내 성인들과 만남을 가지는 것으로 이루어진다. 샤르프와 샤르프(Scharff & Scharff, 1987)는 매우 어린 아동이 함께하는 가족치료에 대해 논의하면서, 흥미롭고도 유용한 제안들을 제시한다(p. 285).

사회복지기관과 법정

학대가 일어나는 가족과의 치료 작업에는 종종 아동 보호에 대한 감독의 책임을 지는 법원이나 사회복지서비스 기관 종사자와의 연락이 필요하다. 이러한 종류의 연락은 비자발적인 치료 내담자인 부모에게 배신 행위로 보일 수 있다. 이러한 내담자와 치료 동맹(종종 모순 어법일 수 있지만)을 맺을 기회를 최대화하기 위해, 나는 대개 사회복지서비스 기관과의 연락을 문서 통신으로 제한하고 우편을 보내기 전에 내담자에게 보여 준다. 이러한 방법을 통해 삼각관계를 피할 수 있고, 내담자는 무력감을 덜 느낄 수 있다. 이러한 단순한 행동이 전적인 신뢰를 이끌어 내리라 여기는 것은 너무 큰 기대일 수 있지만, 대부분의 내담자는 관계기관과 이런 식으로 협조하는 것에 대해 긍정적인 반응을 보인다.

학대가 일어나는 가족 및 아동과 치료 작업을 할 때, 관계기관들이 그들에게 무엇을 기대하는지 확실히 하는 것이 중요하다. 다시 말해, 아동의 거주 이전을 피하기 위해 또는 가족과의 재결합을 위해, 법원이나 사회복지서비스 기관이 그 가족에 대해 어떤 특정한 행동이나 활동을 기대하는지를 파악할 필요가 있다. 행동목표는 폭넓은 목표가 아니라 구체화된 것이어야 한다. 예를 들어, "부모는 더 잘 지내야 한다."라는 문구는 모호하며, 이보다는 "부모는 때리는 것을 멈추고, 서로 대화를 시작하고, 그 결과 아동에 대해 한 주에 두 개의 결정을 내리고, 그들의 돈을 어떻게 사용할지에 대해서도 한 주에 두 개의 결정을 내려야 한다."라는 명시적인 문구로 설명하는 것이 더 낫다. 이러한 구체성은 임상가가 진전을 평가하고 목적에 맞는 방식으로 치료를 진행하는 데에 큰 도움이 된다.

비밀보장과 학대신고법

정신보건 전문가는 학대가 의심되거나 학대가 확인된 아동을 치료할 때 심각한 딜레마에 직면한다. 이 딜레마는 아동이 자신의 내적 생각, 걱정, 두려움을 나눌 수 있을 만큼 충분히 안전하고 편안한 환경을 임상가가 조성한 데서 비롯된다. 이러한 환경이 유능한 전문가에 의해 조성되고 아동이 언어적 또는 비언어적으로 자신이 학대받은 사실을 나누거나 그런 신호를 보낼 때, 치료자는 이 정보를 관계기관에 전달할 법적인 의무를 가진다. 아동은 이 명백한 신뢰의 위반에 대해 배신감을 느낄 수 있고, 어떤 정보를 밝힐 수 있고 밝힐 수 없는지를 결정해야 하는 불편한 혹은 익숙한 위치로 후퇴할지도 모른다. 그럼에도 아동학대법이 취약한 아동에게 필요한 보호조치를 취하기 위한 장치로 개발된 것이 현실이다.

　나는 아동에게 처음부터 비밀보장에는 제약이 있고 임상가는 비밀보장의 의무를 대체하는 특정한 법적 의무를 가지고 있음을 말하는 것이 필요하고 바람직하다는 것을 알게 되었다. 이는 평이한 언어를 사용하여 사무적으로 전달할 수 있다. "여기에서 우리가 이야기하는 모든 것은 비공개란다. 몇 가지 염려되는 사안을 빼고는, 네가 나에게 말한 것을 누구에게도 말하지 않아. 네가 너 자신을 다치게 하거나, 네가 다른 사람을 다치게 하거나, 너의 부모나 형제자매를 포함하여 다른 사람이 너를 다치게 한다고 생각될 때는 나는 그 사실을 누군가에게 말해야 해. '다치게 한다(hurting)'는 건 때리거나 몸의 은밀한 부분을 만지는 것과 같은 여러 가지를 의미해." 그리고 아동에게 질문을 하도록 격려하거나 또는 더 상세한 설명을 듣게 한다. 임상가의 대답은 알고 있는 것에 국한되어야 한다. 아이들이 틀림없이 배신감을 느낄 만한 것으로 하나를 꼽아 보면, 임상가가 특정 결과, 예를 들어 아동이 집이나 사회복지기관에 머무를지나 경찰이 학교를 방문할지의 여부에 대해 예측하거나 약속하는 것을 들 수 있다.

　아동학대 보고에 따른 영향을 최소화하기 위해 얼마나 많은 조치를 취했는지와 상관없이 아동은 거의 항상 어떤 것을 말한 것에 대해 후회하는데, 이는 학대 행위자가 아동이 사랑하거나 의존하는 사람인 경우에 특히 그렇다. 임상가는 아동의 곤경에 대해 세심해야 하고, '모든 일이 이제는 괜찮을 거야.'라는 식의 가짜 안심을 주는 것을 피해야 한다.

법체계

학대받은 아동과의 치료에 있어 가장 힘 빠지는 부분 중 하나는 아마도 법적 절차의 예측 불가능함과 길이일 것이다. 아동이 증언해야 하는 경우, 아동 자신에게는 말할 것도 없고 전문가에게도 이 과정이 끝없이 이어진다고 느껴질 수 있다. 빈번히 재판이 연기되고, 아동이 증언 요청을 받은 경우조차도 바쁜 일정이나 다른 외부요인으로 인해 아동이 실제로 법정에 서기까지는 몇 번이고 헛걸음하게 될 수 있다.

임상가는 피고측 변호인에게서 때때로 증언을 위해 아동을 준비시켰다는 비판을 받는다. 아동이 미리 치료자와 증언을 준비했다고 말하는 경우에는 아동의 증언을 믿지 않을 수 있다. 이 때문에 나는 치료 회기 동안에는 아동의 증언 내용을 논의하지 않을 것을 제안한다. 그러나 임상가는 아동을 법정에 가도록 준비시킬 때에 도움을 줄 수 있다. 카루소(Caruso, 1986)는 법정, 판사, 대기실, 아동이 앉는 장소를 묘사하는 일련의 그림들을 개발했다. 이 그림들을 통해 아동은 법정 분위기에 익숙해질 수 있다. 특히 아동은 자신이 어디에 앉아서 증언할 것이고 가해자와의 거리는 얼마나 되는지에 대한 구체적인 감을 가질 수 있어야 한다. 증언하는 아동이 가해자와 대면하게 되는지와 가해자를 확인하라는 요구를 받을 가능성이 있는지를 알 수 있다면 도움이 된다. 또한 가해자를 보는 것이 불편하거나 불안할 때에는 아동의 변호인이나 다른 곳을 볼 수 있다는 점을 안다면 도움이 될 것이다.

법정 지시에 따른 평가   법정에서 '독립적인(independent)' 평가를 요구했을 때 아동에 대한 치료는 관례적으로 연기되고, 평가가 완료되면 치료는 재개된다. 아동의 치료자와 평가자는 아동을 평가 과정에 준비시키고, 예상되는 시간을 명확히 설명한다. 평가 과정 동안 아동의 치료 회기를 유예하는 것은 평가자가 아동에게서 중요한 정보를 얻을 가능성을 극대화할 수 있다. 치료를 연기하면 안 되는 상황들도 존재한다.

리포트 작성   학대받은 아동 및 그 가족과의 작업에는 기록을 요청하는 끊임없는 호출장이 종종 수반될 수 있다. 아동 보호와 관련하여 염려되는 부분에 한해 짤막한 사실 위주의 기록을 적는 것이 내 관행이 되었다. 충분히 협력하면서도 호출장을 '차단하기 (block)' 위해 나의 변호사에게 연락하는 등 내 내담자의 비밀보장을 위해 항상 할 수 있는 모든 노력을 기울이는 것 역시 나의 관행이다.

증언   학대받은 아동의 치료에서 또 다른 관행적인 부가물로는 임상가가 법정에서 진술을 하거나 증언을 할 가능성이 있다는 것을 들 수 있다. 임상가가 거기에 얼마나 익숙해졌는지와 상관없이 이 일은 항상 정신 사납고 스트레스를 주는 일이다. 전문가 입회자 역할을 하거나 법정에서 증언을 하는 임상가에게 없어서는 안 될 최신 정보가 이용 가능하게 되었다(Myers et al., 1989). 나는 임상가에게 가족 양육권 문제에 정통한 변호사를 확보할 것을 조언한다.

옹호 노력　　마지막으로, 학대받은 아동과의 작업은 사회복지 서비스, 법체계 그리고 그것들의 운용 방식에 대한 많은 우려를 촉발할 수 있다. 일부 임상가는 이러한 우려를 입법부에 편지를 쓰거나, 이러한 사안에 전념하는 주(州) 전체 조직에 참여하거나, 지역 아동학대 위원회의 회원이 되는 것으로 돌리는 것이 유용하다고 여긴다.

학대받은 아동 및 그 가족과의 작업은 도전적이고 스트레스를 많이 주기는 하지만, 좋은 기회가 될 수 있다. 많은 장애물이 있으나, 미리미리 준비한다면 이러한 작업과 관련된 전형적인 문제들 중 많은 부분을 방지할 수 있을 것이다. 전형적인 문제로는 기대사항이 무엇인지 파악하지 못하는 것, 관계기관 사이의 갈등에 연루되는 것, 주어진 사례에 새로운 사회복지사가 배정되었다는 것을 갑작스레 알게 되는 것, 무력하고 헛되다는 느낌을 경험하는 것 등을 들 수 있다. 임상가는 팀의 일원으로 일하고, 다른 전문가들과 정규적으로 대화하고, 서면을 통해 지침사항을 요청하고, 주어진 사례의 현황에 대해 논의하기 위해 정기적으로 만날 때에 가장 성공적인 작업을 해 나갈 수 있을 것이다.

정립된 아동치료 방법들을
학대받은 아동과의 치료 작업에 적용하기

역사상 어떤 다른 시기에도 현재처럼 아동치료 분야에 치료자가 쓸 수 있는 풍부한 심리치료 도구와 소품이 있은 적이 없었다.

이는 아마도 아동기 문제(약물 남용, 비행, 아동학대, 자살, 청소년 성매매)의 증가에 따른 반응이자, 정신건강 종사자들과 일반 대중 사이에서 아동기 문제에 있어 치료의 필요성과 효과에 대한 인식이 깊어진 데 따른 것일 수 있다. 학대받은 아동과 작업하는 현재의 임상가들은 많은 전문가의 획기적이고 헌신적인 작업이 담긴 늘어나는 문헌들을 활용할 수 있는 부러운 상황에 있다. 이렇게 쌓인 지식은 우리가 보다 세심하고 효과적인 치료 프로그램을 만드는 것을 도와준다.

정립된 아동치료 방법 중 일부는 학대받은 아동에 대한 치료에 적용될 수 있다. 이 아동들은 특별한 반응을 요하는 다수의 독특한 행동을 가지고 정신건강 전문가들에게 도전해 왔다. 개입은 그것이 어떤 방식이 되었든 경직되거나, 융통성 없거나, 변경할 수 없는 식으로 제공되지 않는다. 전반적인 놀이치료 분야와 학대받은 아동과의 특정적인 놀이치료 모두 발전하고 있는 상태이다. 임상가가 보다 숙달되고 경험을 갖추고 연구 탐색을 통해 자신의 이해와 생각을 다듬어 감에 따라, 효과적인 치료 방법들에 대한 더 많은 지침을 이용할 수 있을 것이다. 현재로서는 이러한 종류의 치료에 대해 매우 적은 '규칙'만이 있으므로, 우리는 가능한 한 더 많은 지식과 경험으로 자신을 무장해야 한다.

치료 계획

앞서 언급했듯이, 학대받은 아동은 기저의 문제를 나타내는 각종 임상적 증상들을 가지고 치료에 의뢰된다. 치료의 근본적인 목적은 아동을 위해 **교정적**(corrective)·**회복적**(reparative) 경험을 제공하는 것이다. 교정적 접근법에서는 아동에게 안전감, 신뢰감, 안녕감을 낳는 안전하고 적절한 상호작용 경험을 제공한다. 다른 말로 하면, 이는 아동에게 대인 간 상호작용이 만족스러울 수 있음을 보여 주려는 시도이다. 회복적 접근법은 아동이 외상 사건을 의식적으로 이해하고 견뎌 낼 수 있도록 그것을 처리하기 위해 고안된 것이다. 놀이의 치유하는 힘은 과소평가될 수 없다. 마찬가지로, 인간의 생존 본능은 과소평가될 수 없다. 보살펴 주는 안전한 환경이 제공된다면, 아동은 어김없이 회복적 경험을 추구하는 방향으로 자연히 나아갈 것이다. 아동이 학대가 한창 일어나는 가정 내에 묶여 있거나 일시적 위탁보호를 받은 다음 너무 이르게 가정으로 복귀하는 불행한 상황에서도, 회복적 임상 경험은 마음속에 저장되고 기억되어 이후 동기를 주는 요인으로 작용할 수 있다. 물론 회복적 경험의 영향은 치료적 환경의 연속성 정도, 부모나 보호자의 협조 정도, 아동의 미래를 위한 계획을 수립하는 데 있어 사회복지서비스 기관과 법정이 얼마나 철저한 노력을 기울이는지와 같은 많은 외부요인에 의해 좌우될 것이다.

학대받은 아동을 위한 치료 계획을 세울 때에는 현재 보이는 증상만을 단독으로 고려해서는 안 된다. 초기에는 아동 증상의 감소를 위한 적절한 조치가 이루어져야 하지만, 치료적 노력은 증상이 경감된 이후에도 오랫동안 계속되어야 한다. 너무 많은 아동이 안심한 부모나 근시안적인 임상가에 의해 성급하게 종결된다.

앞서 말한 바와 같이, 각 아동은 유일무이하고, 치료 계획 역시

아동의 필요, 손상의 정도, 치료에 대한 지속적인 반응, 접근 용이
성에 따라 달라질 것이다. 이후부터 여러 치료 영역에 대해 논의
하는데, 여기에는 각 영역에 대한 구체적인 치료적 제안들도 포함
되어 있다.

관계치료

학대는 상호작용을 통해 일어나고 대개는 가족의 틀 내에서 발생하기
때문에, 아동은 믿을 수 있는 타인과 안전하고 적절하고 만족스러운 상호
작용을 경험하는 기회를 통해 이득을 얻을 수 있다.

치료에 들어온 아동은 호기심을 느끼면서도 쉽게 입을 열지 않
고, 종종 불안해하거나 두려워하기도 한다. 신체적으로 또는 성적
으로 학대받은 아동이나 가정폭력을 목격한 아동은 그들에게 취
약감을 느끼게 할 수 있는 배경을 가지고 있다. 그들은 세상이 안
전하지 않다는 것을 배웠고, 과잉경계나 극도의 순종과 같은 방어
기제를 구축함으로써 시련에 대응해 왔다. 반대로, 방임된 아동은
치료 받으러 오는 것에 거의 저항을 보이지 않을지 모르나, 새로
운 주위 사물에 대해 흥미가 없어 보이거나 무심할 수 있다. 방임
된 아동은 주의를 기울이지 않는 상태에 익숙하고, 가장 기본적인
자극조차도 아마 부족했을 것이다. 방임된 아동은 조용히 앉아,
아무런 기대도 하지 않을 수 있다. 이러한 사례에서는 임상가가
아동의 관심을 무리하게 끌려고 하지 말고, 점차적으로 자극을 늘
려 가는 것이 중요하다. 예를 들어, 아동 옆에 앉아 다른 곳을 바
라보면서 색칠하기를 하거나 물건을 좀 가지고 노는 것이 좋은 시

작이 될 수 있다. 그런 다음, 아동이 한 것에 대해 언급하고, 아동의 주의를 장난감으로 향하게 하고, 종내에는 아동을 마주 보고, 질문을 하고, 색칠하기와 같은 단순한 과제에 아동이 참여하도록 권하는 것이 효과적일 수 있다.

임상가는 안전감을 증진하는 기반을 신중하게 쌓아 가면서 항상 조심스럽게 진행한다. (나는 종종 이 과정을 일종의 안식처를 만드는 것으로 상상하곤 한다. 조용하고, 수용적이고, 안정되고, 일관되고, 외부의 갈등으로부터 벗어난 장소를 말이다.) 안전감을 만드는 방법 중의 하나는 안정된 구조를 만듦으로써 특정한 측면들이 지속된다는 점에 아동이 의지할 수 있게 하는 것이다.

구조는 많은 것을 의미한다. 회기의 길이, 위치, 놀이실의 장난감, '규칙들', 치료자의 존재, 치료 시간 동안에 뒤따르는 절차들은 모두 튼튼한 구조를 세우기 위해 사용될 수 있는 특징들이다. 심지어 치료자가 자신을 아동에게 소개하는 방식도 신중하게 만든다. 나는 항상 아동과의 모든 의사소통에서 짧게 요점을 말하는 것이 최선이라고 생각한다.

> 내 이름은 엘리아나야. 나는 아이들과 이야기하고 놀이하는 사람이란다. 어떤 때에는 나는 아이들과 함께 그들의 생각과 기분에 대해 이야기해. 또 어떤 때에는 나는 무엇이든 아이가 원하는 놀이를 해.

규칙에 관해서는 나는 이렇게 말한다.

여기에는 네가 할 수 있는 많은 것이 있어. 보이는 것 무엇이든 네가 가지고 놀 수 있어. 네가 원한다면 이야기를 할 수 있어. 놀이를 하거나 그림을 그릴 수도 있어. 무엇을 할지 네가 고를 거야. 때때로 나는 너에게 좀 질문을 할 수도 있어. 네가 대답을 할 수도 있고 하지 않을 수도 있어.

몇 가지 규칙이 있어. 장난감을 때리거나 부수는 건 안 돼. 너 자신이나 나를 상처 주는 건 안 돼. 모든 장난감은 여기에 둘 거야.

우리는 50분 동안 함께 만날 거야. 나는 이 타이머 시간을 맞춰 둘 거고, 벨이 울리면 다음에 만날 때까지 이제 멈춰야 할 시간이야.

우리가 이야기하는 모든 것은 비밀이 지켜져. 네가 너 자신에게 상처를 주거나, 다른 누군가에게 상처를 주거나, 다른 사람이 너에게 상처를 주지 않는 한 나는 네가 말한 것을 너의 부모님이나 형제자매를 포함해서 누구에게도 말하지 않아. 만약 그런 일이 일어난다면, 네가 괜찮은지를 확인할 수 있도록 나는 다른 사람에게 말할 필요가 있어. 하지만 나는 그것에 대해 너와 먼저 상의할 거야.

확실히 이 모든 규칙을 첫 회기에 알리지는 않는다. 첫 회기에 나는 대개 나 자신을 소개하고 어떤 일이 일어날지에 대한 대강의 방향을 설명한다. 그런 다음, 나는 이어지는 회기들 여기저기에서 규칙들을 전한다.

임상가는 아동의 필요에 초점을 맞추고 아동에게 자기탐색, 적응, 새로운 (기능적) 행동을 하기 위한 기회를 제공한다. 비지시적인 내담자 중심 치료는 치료의 초기에 가장 유익하다. 여기서 아동은 존중받고 수용된다. 무엇을 할지와 무엇에 대해 말할지를 아동이 선택한다. 치료자는 (적극적으로) 관찰하고 아동의 행동, 정서, 놀이 주제, 상호작용 등에 대해 기록한다. 치료자는 아동의 신뢰를 얻기 위해 많은 노력을 기울이고, 정직하게 반응하고, 약속한 것을 행하고, 매주 치료에 참석한다.

치료자는 아동을 지나치게 만족시키거나 지나치게 자극하려는 유혹을 이겨 내야 한다. 찬사와 지나친 관심은 줄여야 한다. 사실적인 진술이 최선이다. "오늘 새로운 구두를 신었구나."라고 말하는 것이 "네 새 신발이 예쁘네."라는 말보다 더 건설적인 표현일 수 있다. 아동이 어떻게 느낄지에 대해 아동에게 말하는 것보다는 아동이 사물을 어떻게 바라보는지를 묻는 것이 항상 더 낫다. "새로운 신발이 너는 어떠니?"라고 말하는 것이 "너는 새 신발을 좋아하는 게 분명해."라고 말하는 것보다 의사소통에 더 낫다. 이 아동들은 어른의 의견에 동의하지 않는 것을 어려워할 수 있다.

비슷하게, 질문이 필요하다면(때때로 필요하다), 그렇다/아니다 반응을 피할 수 있게 표현해야 한다. 개방형 질문으로 바꾸는 것이 어려울 수 있지만, 그렇게 했을 때 아동에게 가장 도움이 된다. 덧붙여, 나는 질문보다는 아동의 흥미를 유발하는 코멘트 사용의 상대적인 장점을 시행착오를 통해 배울 수 있었다. 내가 선호하고 또한 가장 결과가 좋았던 코멘트는 "음, 그것이 어떤지 궁금하구나……." 또는 "거기에 다른 어떤 감정이 있는지 궁금해……." 이다. 어떻게 생각할지에 대해 묵시적인 자유가 주어졌기 때문에, 아동은 자신의 생각을 자유롭게 말할 수 있다.

치료적 구조가 잘 받아들여지고 아동이 보다 자발적으로 회기에 참여하기 시작하면—이는 아마도 아동에게 기대하는 일이지만―아동은 임상가에게서 오는 긍정적인 관심을 알아챌 수 있을 것이다. 이제 도전이 시작되는데, 이는 친밀감이 위협을 의미한다는 것을 학대받은 아동들이 빈번히 배워 왔기 때문이다.

신체적, 성적, 정서적 학대로 인해 서서히 가지게 되는 교훈 중 하나는 '나를 사랑하는 사람이 나에게 상처를 줄 것'이라는 점이다. 방임된 아동은 '나를 사랑하는 사람이 나를 버릴 것'이라는 것을 배운다. 어느 쪽이든 친밀감은 위협을 의미하고, 위안이나 위로를 받은 아동은 불가피하게 위험에 빠졌다고 느낄 것이다. 위험에 빠졌다고 느끼면, 학대받은 아동은 감정적으로나 신체적으로 도망치려고 하거나 어떤 돌출 행동을 통해 달아나려고 할 수 있다. 임상가로부터 도망치거나 임상가에게서 학대하는 반응을 자아내려는 아동의 욕구를 이해할 때, 임상가는 침착하면서도 끈기 있는 반응을 보일 수 있다. 그린(Green, 1983)은 학대를 유발하려는 아동의 경향이 "다른 식으로는 얻을 수 없는 신체적 접촉과 관심을 받으려는"(p. 92) 욕구에 기여하는지 모른다고 가정했다.

잊지 못할 한 6세 아이는 치료를 한 지 네 달이 지난 어느 날 나에게 주걱을 가져왔다. "이게 뭐니?"라고 나는 물었다. 그녀는 이 질문에 놀라면서 "이건 주걱이에요."라고 말했다. "어디에 쓰는 거니?" 나는 계속 물었다. "선생님이 절 때리는 데요."라고 그녀는 알렸다. 나는 어안이 벙벙한 채 "왜 내가 너를 때리고 싶겠니?"라고 물었다. 그녀의 대답은 단순했다. "선생님은 절 좋아하잖아요. 그렇지 않나요?" 그것은 단순한 만큼이나 슬픈 말이었다. 그녀는 자신에 대한 나의 호의에는 공격이 뒤따를 것이라고 추정했다. 그녀는 공격을 기다리며 예기 불안을 감내하기보다는, 주도권을 가지고 나에게 무기를 주기로 결심했다. 두말할 나위 없이, 이어진 네 달간의 치료는 상당한 의지를 시험하는 기간이었다. 그녀는 계속 도발했고, 나는 계속해서 이렇게 단순히 말했다. "나는 너를 때리지도 않을 거고, 너에게 고함을 치지도 않고, 화내지도 않을 거야. 나는 다른 식으로 너에게 마음을 쓴다는 걸 보여 줄 거야." 나는 또한 이렇게 말했다. "만약 내가 너를 때리거나 지금 당장 너에게 고함을 친다면 네 기분이 정말 더 좋아질지도 몰라. 하지만 그것은 일어나지 않을 일이야. 어른들이 너에게 상처를 줄 것이라고 네가 예상하고 있다는 걸 알지만, 내가 너를 때리거나 상처 주지 않을 거라는 걸 네가 배우게 될 거라는 점도 나는 알고 있어." 이 작은 소녀는 공격을 예상하는 데 따르는 불안을 감내하는 법을 배울 필요가 있었다. 그녀의 긴장이 감지되면 나는 이렇게 말하곤 했다. "내가 너에게 지금 당장 상처를 줄지도 모른다고 걱정하고 있구나. 네가 안전할 거라는 걸 깊이 알게 될 때까지는 약간 걱정하는 것도 괜찮아. 때때로, 잠깐 동안 걱정하고도 아무 일도 일어나지 않는다면, 그 걱정은 점점 작아질 거야." 치료가 끝날 때에 그녀는 한 땀 한 땀 바느질해서 만든 작은 지갑을 나에게 주었고, "엘리아나, 나를 좋아해 주고 때리지 않아서 고마워요. 영원한 당신의 친구가."라고 적힌 카드를 주었다.

방임되거나 애정에 굶주린 아동에게 있어 애착에 대한 소망은 강렬하게 나타날 수 있다. 이 아동은 무분별한 관계를 맺으려 하고, 치료자에게 특별한 존재가 되기 위해 필사적인 모습을 보인다. 그들은 "선생님이 보는 아이들 중에 저를 가장 좋아하나요?" 또는 "제가 여기에 없을 때 저를 그리워해요?"라고 단도직입적으로 질문할 수도 있다. 이들에게 있어 친밀감은 위협감에 의해 방해받지 않는다. 이들에게 친밀감은 갈망하나 붙잡기 힘든 느낌이다. 나는 이러한 질문들에 대해, 내가 어떻게 느낄 거라고 상상하는지를 물어본 다음, 내가 좋아하고 그리워하는 것이 그들에게 얼마나 중요한지를 언급하는 방식으로 대답한다. 아동이 끈질기게 질문할 경우 나는 "너를 좋아해." "너는 특별해." "한 주 동안 너에 대해 가끔 생각해."라고 말할 것이고, 이 이야기를 듣고 어떤지를 그들에게 물어볼 것이다.

이 아동들에게 치료관계의 특징을 부드럽게 전달함으로써 한계를 설정하는 것은 중요하다. 한계를 짓지 않는 것은 이 아동과 그 가족에게 역효과를 낳을 수 있다. 임상가가 아동의 요구에 과도하게 부응하려고 하거나 흔치 않은 방식으로 행동하기 시작한다면(아동에게 옷이나 다른 선물을 사 주는 것과 같이), 학대하거나 방임하는 부모에게 의도치 않게 영향을 끼칠 것이다. 한 치료자는 그녀의 7살짜리 내담자가 "저는 선생님이 제 엄마가 되어 주면 좋겠어요. 선생님만큼 제 엄마를 좋아하지 않아요."라고 말했을 때 나에게 상의하러 왔다. 아동을 전혀 부추기지 않았어도 아동에게 이러한 감정이 생겨날 수 있지만, 그럼에도 나는 아동과의 치료관계에서 명확한 경계를 유지하는 데 실패한 것을 후회하는(그리고 명확한 경계를 유지하는 것이 아이들과는 더 힘들다고 고백하는) 좋은 의도를 가진 치료자들을 빈번히 만나 왔다.

'전이'의 정신역동적 개념은 학대받은 아동과의 치료 작업에도 적용될 수 있다. 샤르프와 샤르프(1987)는 프로이트(Freud)의 전이 개념을 개관하면서, 프로이트가 전이를 "과거의 심리적 경험이 의사 개인에게 반복되어 적용되는 것이다. 이때 의사는 단순히 환자의 리비도나 성적 에너지가 배부되는 현재의 장소가 된다." (p. 203)라고 정의했다고 설명한다. 그러므로 전이는 아동 생애에서 중요한 사람에 대해 가졌던 생각들과 감정들이 임상가에게 이전되는 것을 말한다. 학대받은 아동은 임상가에 대해 불신, 두려움, 분노, 갈망과 같은 감정을 경험하기 쉽다. 이러한 감정은 부모와의 관계에서 비롯된 것으로, 아동에게 보다 안전하게 느껴지는 사람 혹은 돌봄이나 충성심을 덜 요구하는 사람에게 옮겨진다. 결과적으로 치료자는 어떤 정형화된 방식으로 행동하는 것을 삼가야 한다. 학대받은 아동과 작업하는 일부 치료자는 그들의 행동에 영향을 주는 역전이 문제를 인정한다.

앞서 넌지시 말했듯이, 학대받은 아동은 익숙지 않은(학대하지 않는) 임상가의 행동에 대해 불안해하거나 위협을 느낄 수 있다. 이 아동들은 비학대적인 행동에 대해 무력감이나 당혹스러움을 느끼고, 보다 통제감을 느끼고 불안을 줄이기 위해 도발적이 될 수 있다.

학대받은 아동과의 첫 수련과정 동안, 나는 내 미숙함과 역전이로 인해 보살피려는 강한 욕구를 지녔다. 많은 아이가 말 그대로 나를 공격했다. 내 정강이뼈를 걷어찼고, 나의 팔을 주먹으로 쳤고, 나를 깨물었다. 그린(1983)은 외상을 반복하려는 강박과 공격자와의 동일시가 "두려움과 무력감을 전능감(feelings of omnipotence)으로 대체한다."(p. 9)라고 제안했다. 아동의 이러한 공격 행동은 임상가에게 불편한 반응을 유발할 수 있다. 종종 강의에서 이야기했듯이, 내가 이런 행동에 처음 맞닥뜨렸을 때 나는 아이들을 향해 적대적인 감정들을 가졌다는 것을 처음으로 인정하게 되었다. 나는 이러한 분노감이 새로운 직업을 찾을 필요가 있다는 신호가 아니라, 아동들이 그들의 욕구를 돌보기 위한 시도로서 그들에게 익숙한 반응을 나에게 유발하고 있음을 알려 주는 신호라는 것을 나중에 깨닫게 되었다. 아마도 학대받은 아동과 성인에게서 내가 배운 최고의 교훈은, 학대를 당한 이후 그들이 하는 모든 것은 계속 자신이 안전하다고 느끼기 위해 고안된 것이라는 점이다. 이 개념은 심지어 가장 힘들거나 거슬리는 행동을 평가할 때에도 도움이 된다. 치료 초기에 나는 단순히 아동의 반응을 기록하고 필요한 경우에 제한을 설정하지만, 일단 치료관계가 형성되면 아동의 행동과 저변의 문제 사이의 연관성을 아동에게 설명함으로써 내가 관찰한 바를 분명히 전달한다.

비침투적인 치료

신체적 학대와 성 학대는 침투적인 행위이기 때문에, 임상가의 개입은 충분한 물리적 · 정서적 공간을 허용하는 비침투적인 것이어야 한다.

신체적 학대와 성 학대는 아동의 경계를 훼손하는 침투적 행위이다. 신체는 맞거나 삽입당하고, 부모에 대해 '너무 많은 것'을 느낀다. 이러한 가정에서 학대는 정서적 침해나 정서적 거리감을 동반하는데, 어느 쪽이든 학대를 보다 복잡하게 만든다. 학대받은 아동은 무엇을 생각하고, 무엇을 느끼고, 무엇을 할지에 대해 극단적이고 비합리적인 지시를 빈번히 받는다. 그 부모는 아동과 얽혀 있거나 아동을 멀리하고, 아동의 어떤 사생활도 다 제한하려고 하거나 완전히 무관심한 모습을 보일 수도 있다. 학대하는 부모는 산발적으로 아동의 위생에 대해 신경을 쓸지 모르나, 방임하는 부모는 아동의 위생 습관을 전혀 감독하지 못할 수 있다. 더구나 학대하고 방임하는 부모의 행동은 변덕스러울 수 있는데, 약물이나 알코올 남용이 있을 경우에 특히 그렇다.

이러한 경계의 문제 때문에, 임상가의 초기 개입은 아동이 경계를 결정하도록 허용하는 비침투적인 것이어야 한다. 아동이 자유롭게 돌아다니고 원하는 활동을 선택할 수 있게 해야 한다. 아동이 놀이를 하는 동안, 아동이 움직이는 대로 치료자가 따라다니기보다는 가까이에 앉아 있을 것을 권한다. 묻고 답하는 형식을 피하고, 그 대신 아동이 원하는 대로 자발적으로 의사소통하게 하는 것이 최선이다. 임상가는 즉시 가치 있는 정보를 얻을 수 있을 것이다. 예를 들어, 어떤 아동은 물건을 던지고, 부수고, 방 안팎을 헤매고 다니고, 타이머를 다시 맞추는 등 대체로 모든 규정을 도전하려 들 것이다. 다른 아동들은 반대로 행동할 수 있다. 즉, 어떤 종류의 상호작용도 피하면서 구석에 조용히 앉아 있는다. 이들은 은둔하기 위해 치료자로부터 움츠러드는 것처럼 보인다. 즉, 반응이 없고 억제되어 있다. 때때로 이러한 초기의 행동들은 시간이 지나면서 점차 줄어들지만, 이러한 행동이 예상보다 오래 지속되는 경우도 있다. 아동의 모든 행동은 유용한 정보를 주고 뜻이 있다. 아동이 하는 것과 하지 않는 것 모두 아동의 내면세계에 대한 세부 정보들을 제공한다. 아동이 말하지 않는 상태에 계속 머물거나 말하는 것에 대해 부담을 느끼는 것 같다면, 임상가는 명확히 아동에게 말을 걸지 않으면서 그냥 소리 내어 말할 수 있다.

이 기법은 '벽에게 말 걸기'라고 부르는데, 저항하는 아동이 엿들을 수 있게 해 주며, 어쩌면 아동이 반응할 수도 있다. 치료가 진행되어 가면서 아동이 계속 회피하거나 너무 경계하는 경우(특히 학대에 대해), 보다 지시적이 되는 것이 필요할 수도 있다.

어떤 임상가들은 치료에서 아동이 학대의 주제를 피할 때 어떻게 해야 할지를 질문한다. 나는 그런 사례를 상세히 살펴보았을 때 종종 그 임상가들이 구두 확인에만 의존하고 있음을 발견하게 된다. 아동의 정교한 외상 후 놀이를 기술했던 한 임상가는 그 아동이 자신의 학대에 대해 결코 말로는 언급하지 않는다는 것에 좌절했다.

아동치료에서 하는 실수 중 하나는 능동적이기보다는 수동적으로 아동을 관찰하는 것이다. 능동적 관찰을 위해서는 치료자가 아동의 놀이에 꼭 물리적인 방식일 필요는 없지만 정서적인 방식으로는 확실히 참여하는 것이 요구된다. 치료자는 관심을 가지고 관여하면서 놀이가 진전됨에 따라 나타나는 놀이의 순서, 테마, 갈등과 해결, 아동의 정서, 언어적 논평을 마음속에 기록한다.

임상가는 아동이 '임의적 놀이(random play)'나 상징이 차단된 놀이를 과도하게 하는 것을 무심코 격려하거나 허용하는 것을 삼가야 한다. 최근 치료자들 사이에서는 컴퓨터 게임을 치료실에 구비하는 경향이 나타나고 있다(나는 이것이 오래가지 않기를 바란다). 아동은 이러한 게임에 몰두하지만, 이것은 치료적 유용성이 결여되어 있다. 치료자들은 이러한 게임을 부모가 하는 것과 동일한 방식, 즉 아동을 즐겁게 해 주거나 긴장을 푸는 용도로 사용하는 것으로 보인다. 이보다는 덜하지만 똑같이 쓸모없는 것으로, 변신 로봇이나 무선 자동차와 같은 인기 장난감을 치료실에 구비하는 것을 들 수 있다. 이러한 장난감은 아동에게서 한정된 놀이를 끌어낼 뿐 내면의 걱정을 상징적으로 재연하는 데 도움을 주지 못한다.

아동이 치료를 유효적절하게 사용하고 있다면, 아동의 놀이가 설령 임상가에게는 이따금씩만 특별한 의미를 띤다 해도, 아동에게 그것은 거의 항상 풍요로운 경험이 될 것이다.

지속적인 평가

아마도 어떤 종류의 치료에서든 지속적인 평가는 매우 필요할 것이다. 아동은 치료가 진행되면서 마음을 드러낼 것이다. 즉, 신뢰하기 시작하면서 자신의 감정과 기분을 나눌 것이다. 또한 아동은 계속해서 발달적으로 변화하는 상태에 있으며, 이 과정에서 성격 변환이 동반된다.

성인 내담자와 달리, 아동의 성격은 치료 과정 동안 성숙해 간다. 아동은 종종 "급속하고도 지속적인 발달적 · 환경적 변화의 한복판"(Diamond, 1988, p. 43)에 있다. 체딕(Chethik, 1989)이 설명하듯이, 아동은 미성숙한 자아, 취약한 방어, 쉽게 자극되는 불안감을 지니고 있고, 종종 마법이 일어나는 것 같은 느낌과 전능한 느낌을 경험한다. 그런 와중에 "아동의 성격은 진화하고 변화하는 상태에 놓여 있다"(p. 5). 아동의 자아는 확장 중인 상태이며, 아동의 의식과 자의식은 발달하는 과정에 놓여 있다. 아동은 조심스럽게 정체성을 만들어 가고, 방어와 대처 기술의 목록을 개발한다. 치료의 길이에 따라 다를 수 있지만, 관련된 발달 과제와 씨름

하면서 아동은 엄청난 변화를 보일 수 있다. 아동은 또래에 의해 크게 영향받기 때문에, 그들의 행동은 친구나 교사의 영향 아래 급격히 변화할 수 있다. 따라서 치료 전략은 때때로 이러한 변화에 맞추어 바꿀 필요가 있다. 예를 들어, 급작스럽게 반항적이고 도전적인 태도를 보이는 아동에게는 단호한 한계 설정이 필요할 수 있다. 자신의 능력에 대해 의문을 가지기 시작하는 아동에게는 성공할 수 있는 단순한 과제에 초점을 두는 것이 필요할지 모른다. 갑작스레 외향적이고 호기심이 많아진 아동에게는 정보를 전달해 주고 지시적인 방식으로 반응하는 치료자가 유용할 수 있다.

하지만 임상가가 전략에 변화를 줄 때는 그것이 어떤 것이든 간에 세밀한 계획과 목적을 가지고 진행해야 한다. 나는 아동치료를 배우는 학생들에게 임상가는 자신이 어떤 행동이나 말을 한 이유를, 특정 순간에 그것을 하거나 말한 이유를 설명할 수 있어야 한다고 빈번히 말해 왔다. 이는 사고, 행위, 행동에 있어 억제가 잘되지 않고 충동적으로 행동하는 아동과의 작업에서는 더 힘들 수 있다. 이처럼 차분히 응답할 시간이 부족할 경우에 임상가는 "잘 모르겠구나." "그것에 대해 잠시 생각해 보자." "그것에 대해 두 가지 생각을 가지고 있어. 나에게 잠시 시간을 줘."라고 말할 수 있는 능력이 필요하다.

효과적인 평가에는 또한 능동적인 관찰에 기반을 둔 명확하고도 측정 가능한 치료 계획이 요구된다. 명확하고 구체적인 **행동적 목표**(behavioral objectives)를 가진 치료 계획을 통해 임상가는 진전을 평가할 수 있다. 앞서 넌지시 말했듯이, 아동과의 작업에서 하는 가장 흔한 실수 중 하나는 아동의 놀이를 무시하는 유감스러운 태도이다. 일부 임상가는 아동과의 치료 시간에 수동적으로 참여하는 정도로 안심하는 것 같은데, 이는 아마도 아동이 놀이에 혼자 몰두해 있기 때문일 것이다. 하지만 많은 아동이 놀이를 하는 동안 드문드문 상호작용을 필요로 한다. 그린스팬(Greenspan, 1981)은 능동적인 관찰이 다양한 수준에서 일어난다고 주장하는데, 여기에는 아동의 신체적 상태, 아동의 정서적 분위기, 아동이 임상가와 관계 맺는 방식, 아동의 특정 정서와 불안, 아동이 환경을 활용하는 방식, 아동 놀이 주제의 발달(깊이, 풍부함, 조직화, 흐름의 측면에서 주제가 발달하는 방식), 아동에 대한 치료자의 주관적인 감정이 포함된다(p. 15). 쿠퍼와 워너먼(Cooper & Wanerman, 1977)이 말하듯이, "인간 행동의 세세한 부분들을 점점 더 깊이 경탄하고 존중할 수 있도록 마음을 열라"(p. 107). 이러한 다양한 수준의 정보를 받아들이는 임상가는 필연적으로 관찰자-참여자로서 치료에 관여하게 된다. 치료자가 이러한 역할을 맡지 못한다면, 치료자는 유리(遊離)된 채 치료를 그것의 최대 가능성까지 이끌어 내지 못한다. 만약 아동이 더 이상 놀이를 치료적인 방식으로 활용하지 못하거나, 정체되어 있거나 무작위적이고 혼란스러운 놀이가 이루어진다는 것을 치료자가 발견하는 경우, 치료자는 개입해야 한다. 그러나 치료자에게 아동의 행동이 너무 뻔하다는 생각이 들기 시작할 때에도 치료를 재검토해 보는 것이 마땅하다. 쿠퍼와 워너먼(1977)은 "아동의 놀이 행동의 의미를 당신이 이해하기 시작했다고 느낄 때 속도를 늦추라."(p. 107)라고 주의를 준다.

촉진 노력

학대받거나, 방임되거나, 정서적 학대를 받은 아동들은 자극을 덜 받거나 과잉된 자극을 받은 경우가 빈번하기 때문에, 탐험하고 실험하는 능력뿐만 아니라 놀이하는 능력도 부족하다. 임상가는 현재는 억제되거나 혼란스러운 상태에 놓인, 이러한 자연스러운 능력이 되살아나도록 도와야 한다.

신체적으로나 성적으로 학대받은 아동은 불안하거나, 과민하거나, 해리 경향을 보이고, 우울하거나, 발달적으로 지체되어 있을 수 있다. 그들은 사회적으로 미성숙하고, 행동 단서를 얻기 위해 환경에 의지할 수 있다. 또한 정서적으로 황량하거나 혼란스럽고 비일관적인 환경을 겪어 왔을 수 있다. 어떤 경우이든 놀이에 대한 그들의 자연스러운 경향이 방해를 받아서 불안하거나, 무질서하거나, 혼란스러운 놀이가 생겨났을 수 있다.

임상가는 아동과 만나기 전에 아동의 흔한 놀이 패턴에 대해 물어보는 것이 좋다. 부모, 위탁부모, 주간 돌봄 선생님, 교사에게 아동의 주의력 폭, 선호하는 놀이, 기타 관련된 문제에 대한 정보를 얻을 수 있을 것이다. 그리고 이러한 지식은 놀이실의 종류나, 아동에게 가능한 놀이 재료 등을 선택할 때에 사용된다. 혼란스럽고 무질서한 아동에게는 선택폭이 좁은 보다 제한된 세팅이 필요할 것이다. 이러한 제한을 위해, 미리 정해 둔 장난감들이 구비된 넓고 열린 공간을 제공하거나 한정된 수의 장난감들을 선택할 수 있는 보다 작은 방을 제공할 수 있다. 무질서하고 격정적인 놀이를 하는 아동에게 있어 최악의 조합은 수많은 장난감과 활동을 선택할 수 있는 큰 방이다.

과소자극된 아동의 경우에는 아마도 어느 세팅에서든 비슷한 작업을 할 수 있을 것이다. 이러한 아동에게 임상가는 보다 지시적으로 장난감을 선택하고 아동의 흥미와 놀이를 북돋울 필요가 있다. 치료자는 처음에는 놀이 행동을 시범 삼아 보여 줌으로써 아동을 촉진하려고 시도할 수 있다. 이를 통해 암묵적으로 아동의 참여를 허용한다. 아동이 계속해서 놀이로부터 철수해 있다면, 치료자는 보다 직접적으로 아동을 천천히 격려할 수 있다. 놀이의 주된 기능 중 하나는 "불안한 시기에 아동에게 생기는 날것 그대로의 압도적인 정동을 변화시키고, 이러한 정동을 표현하는 자연스러운 수단을 제공해 준다는 점이다"(Chethik, 1989, p. 14). 아동이 놀이에 지속적으로 참여하지 못하는 것은 또 다른 종류의 문제가 있을 가능성을 시사하며, 이 경우 의학적·신경학적 검사를 권고한다.

놀이치료를 위한 장난감의 선택은 매우 중요하다. 엑슬린(Axline, 1969)은 다음의 것들이 포함된 필수 재료 목록을 제안한다.

> 젖병, 가족 인형, 가구가 있는 인형집, 장난감 군인과 군 장비, 장난감 동물, 테이블/의자/아기침대/인형/침대/난로/조리기/그릇/인형옷/빨랫줄/빨래집게/세탁물 광주리를 포함한 놀이집 도구들, 인형 아기, 커다란 헝겊인형, 꼭두각시인형, 꼭두각시인형 무대, 크레용, 점토, 핑거페인트, 모래, 물, 장난감 총, 비행기, 테이블, 이젤, 핑거페인팅이나 점토 작업을 위해 윗부분에 에나멜이 칠해져 있는 테이블, 장난감 전화, 선반, 대야, 작은 빗자루, 대걸레, 걸레, 도화지, 핑거페인팅용 종이, 오래된 신문, 저렴한 종이재단기, 사람/집/동물/다른 물체에 대한 사진, 찌그릴 수 있는 작은 바구니. (p. 54)

분명히 이 모든 항목이 동일하게 효과적이지는 않을 것이다. 최소한 인형집, 가족 인형, 젖병, 손가락인형, 미술재료들은 필요하다.

학대받은 아동과의 작업에서, 나는 다음에 소개하는 장난감이나 기법들이 아동의 언어적 의사소통이나 놀이를 통한 의사소통을 촉진하는 데 있어 좋은 결과를 낸다는 것을 반복적으로 발견했다.

- 전화
- 선글라스
- 감정 카드(즉, 감정을 표현하는 얼굴 그림)
- 치료적 이야기들
- 돌아가며 이야기 만들기 기법(mutual story-telling technique)
- 인형놀이
- 모래놀이
- 젖병, 그릇, 가정용품
- 비디오치료

전화는 아동에게 친밀한 언어적 의사소통을 의미한다. 나는 대개 아동과 등지고 앉아서 전화 통화를 하듯이 소곤소곤 말하는 시늉을 한다. 그러면 아동은 대개 이를 따라 몸을 돌리고, 보다 은밀한 대화가 이어진다.

선글라스는 마술적이다. 아동은 선글라스를 쓰기만 하면 자신이 안 보이게 된다고 믿는다. 선글라스 착용은 아동에게 거리낌

없이 의사소통할 수 있는 편안한 익명성을 준다. 이는 특히 아동이 쑥스러워하거나 말수가 적을 때 도움이 된다.

치료적 이야기들은 자주 아동치료에서 설득력 있게 사용된다. 아동의 상상력과 동일시 능력은 매우 강력해서, 그들은 이야기 속으로 쉽게 들어갈 수 있고, 영웅, 갈등, 해결 과정과 자신을 무의식적으로 연결한다. 이야기라는 익숙한 매체를 통해 아동에게 기본적 개념들을 가르치고 아동의 흥미를 북돋울 수 있다.

학대받은 아동을 위한 치료적 이야기가 담긴 훌륭한 책이 최근에 나왔다(Davis, 1990). 에릭슨 학파의 최면(Ericksonian hypnosis)을 수련받은 저자는 치료에서 비유를 사용하는 것이 무의식적 마음을 직접적으로 사로잡고 지속적인 변화를 촉진한다는 것을 발견했다. 아동과 관련된 다양한 문제를 위해 특별히 고안된 그녀의 이야기들은 특히 잠재기[2] 아동과 청소년기 이전 아동에게 통찰력을 주고 매우 효과적이다(그리고 일부 이야기는 더 어린 아동에게도 도움이 된다).

가드너(Gardner, 1971)의 돌아가며 이야기 만들기 기법 역시 좋은 결과를 낼 수 있다. 하지만 이 기법은 아동의 이야기 창작이 필요하다. 학대받은 일부 아동은 창의성이 제한되어 있고, 자신의 수행에 대해 불안해한다. 그래서 이 기법은 치료 후기에 보다 성과를 낼 수 있을 것이다.

---

2) 역자 주: 잠재기는 프로이트의 심리성적 발달의 네 번째 단계로서 아동기에 해당한다. 출생부터 유아기까지 아동이 겪는 심리적 갈등들이 잠잠해지고 상대적으로 안정된 시기이다. 이 시기에는 성적인 충동이 억압되고, 주로 또래들과 놀고 경쟁하고, 인지적·사회적 기술을 배우고, 학교생활을 포함한 세상살이를 통해 사회문화적 규범을 습득한다.

인형놀이는 여러 가지 이점이 있다. 아동은 이야기를 만들지만 익명으로 그것을 상연한다. 말하자면, 특정한 인물을 사용하여 숨겨진 갈등이나 걱정을 나타낸다. 나는 아동이 숨은 채로 이 놀이를 상연할 수 있도록 뒤에 앉을 수 있는 판을 아동에게 주는 것이 특히 유용하다는 것을 알게 되었다.

모래놀이는 마음속에 담긴 것을 강하게 불러일으킬 수 있다. 아동은 모래를 좋아하는 경향이 있고(아마도 이는 모래가 바닷가를 생각나게 하기 때문일 것이다), 모래로 무언가를 만들거나 손가락 사이로 단순히 모래를 흘러내리게 하는 촉각적인 경험을 즐긴다. 어떤 아이들은 모래놀이를 돌봄과 위로를 받는 방법으로 사용한다는 인상을 준다. 즉, 그들은 이 놀이를 통해 안정감을 느낀다. 다른 아이들은 풍부한 상징이 담긴 복잡한 시나리오를 즉시 만들어 낸다. 모래놀이는 그 자체로 치료적이고, 아동에게 회복적 경험을 할 수 있는 충분한 기회를 제공한다.

비디오는 치료에서 매우 가치 있게 사용될 수 있다. 학대받은 아동은 그들의 걱정, 두려움, 자기의심을 개방하는 것을 조심스러워할 수 있다. 그들은 종종 손상된 자기상(self-image)을 가지고 있고, 통찰력 혹은 자유롭게 자신을 인정하거나 표현하는 자신감이 결여되어 있다. 자존감, 정서적 학대, 비밀, 약물 남용, 감정에 대한 대처 등과 같은 주제에 대해 논의하는 비디오를 보는 것은 두 가지 이유에서 아동에게 매우 도움이 될 수 있다. 먼저, 이는 아동이 다른 경우라면 회피했을 개인적 문제들을 약간 거리를 두고 생각해 보게 한다. 둘째, 아동의 매체인 스토리텔링을 통해 문제가 제시됨에 따라 아동의 관심을 끌 가능성이 있다. 나는 자기를 공감하는 첫 단계가 타인을 공감하는 것이라고 믿는다. 비디오 테이프에 나오는 인물을 보는 아동은 그 인물의 곤경에 공감하면서 그 인물과 동일시할 선택권을 가지게 된다. 그런 다음 테이프에 나오는 정보에 대해 임상가와 아동은 함께 논의한다. 나는 게리 미첼(Gary Mitchell)이 만든 시리즈물(MTI Productions, 1989)에 깊은 인상을 받았는데, 여기서는 '슈퍼 퍼피(Super Puppy)'라고 불리는 인물이 앞서 언급한 것과 같은 다양한 중요한 문제를 아동에게 안내한다.

놀이 패턴이 확립된 아동에게는 그들이 사용하는 장난감들이 일관되게 주어져야 한다는 점에 주목할 필요가 있다. 장난감들을 보호하고 지속적으로 유지해야 한다. 어떤 상황에서든 장난감들은 놀이실을 벗어나지 않게 한다. 덧붙여, 치료자는 아동이 장난감을 편안하게 사용하게 해야 한다(나는 놀이치료실에 비싸거나 대체할 수 없는 골동품들을 사서 박물관처럼 꾸며 둔 치료자들을 만난 적이 있다).

표현을 돕기 위한 노력

학대받은 아동들은 학대를 비밀로 하라는 강요나 위협을 빈번히 받거나 어떻게든 학대가 폭로될 수 없을 것이라고 느낀다. 그렇기 때문에 자기표현을 이끌어 내고 촉진하기 위해 노력해야 한다.

표현을 고무하는 여러 가지 방법을 시도해야 한다. 미술활동, 모래놀이, 스토리텔링, 인형놀이는 모두 유용한 시도이다. 그러나 자신을 표현하는 것을 명백하게 싫어하는 아동에게는 상당한 노력이 필요할 수 있다.

내가 유익했다고 생각한 한 기법은 비밀의 필요성과 사용을 명확히 하는 것이다. 나는 종이가방에 '비밀들'이라고 표시하고 그것을 가지고 아동과 게임을 하는데, 우리는 때때로 접혀 있는 종이에 쓰인 비밀들 중 하나를 각자 꺼낸다. 아동은 다른 비밀 종이를 선택해서 소리 내어 읽을 수도 있다. 아동은 이를 게임으로 보고 무섭거나 불편한 비밀을 밝히는 것에 대해 덜 저항한다.

때때로 나는 만화 인물들을 그리는데, 예를 들어 어린아이와 성인을 그리고, 그들의 머리 위에는 만화가가 하는 식으로 비어 있는 구름을 둔다. 그러면 그들이 무슨 말을 할지를 아동이 채워 넣는다.

카루소의 투사적 이야기 만들기 카드(Projective Story-Telling Cards; Caruso, 1986)도 효과적인데, 그것은 이 카드들이 역기능적 가족 내에 살고 있는 아동들에게 매우 익숙한 상황들을 묘사하고 있기 때문이다. 거기에 나오는 인물들은 갈등, 위험, 두려움, 불편을 분명하게 경험하고 있다. 아동은 그들 자신의 걱정이나 근심거리를 그림 속의 인물에게 투사할 수 있는 기회를 가지게 된다. 아동의 투사된 근심거리가 뚜렷해지면, 임상가는 그 아동에 대해 배우고 아동의 근심거리에 반응할 수 있다.

아동으로 하여금 내면의 생각과 감정을 드러낼 수 있도록 촉진하기 위해 사용할 수 있는 기법에 대한 엄격한 규칙은 없다. 임상가는 아동이 나타내는 관심 영역이 무엇이든 활용하면서, 가능한 한 창의적이어야 한다. 아마도 제임스(James, 1989)만큼 그렇게 다양한 창의적 아이디어를 낸 임상가도 없을 것이다. 이용할 수 있는 기법이 많으면 많을수록 더 좋은데, 이는 학대받은 아동이 여러 외적·내적 이유로 자기개방에 저항할 수 있기 때문이다.

내 인상으로는 많은 아동이 분노를 표현하는 것에 어려움을 가지고 있었다. 그들은 그 감정을 두려워하는데, 이는 아마도 그들의 내력 때문일 것이다. 그들은 분노를 부적절하고 위험한 방식이 아닌, 건설적이고도 안전하게 표현할 수 있는 정상적인 감정으로 바라볼 필요가 있다.

대부분의 학대받은 아동은 분하고 화난 감정을 가지고 있다. 하지만 그들은 안전하게 지내기 위해 이러한 감정들을 억누르는 경우가 빈번하다. 그들이 분노를 표현하게 허용하면 여러 가지 실험적인 행동이 나타날 수 있는데, 이 중에는 다른 행동에 비해 안전한 행동들이 있다. 적절한 한계를 설정하면서 분노를 안전하게 표현하는 방법을 본보기로 보여 주는 것이 유용하다.

아동이 다른 감정보다 특정한 종류의 감정을 더 많이 보인다면, 임상가는 다양한 범위의 감정에 대해 물어보기 시작해야 한다. 예를 들어, "너는 화난 기분을 매우 잘 보여 주는구나. 슬플 때는 어떻게 하니?"와 같이 말할 수 있다. 때로 감정은 몸으로 드러날 수 있다. 아동이 경직되어 있을 수도 있고, 입술을 깨물거나, 치료에서 특정한 논의를 하는 동안 스스로를 할퀼 수도 있다. 아동의 자세는 임상가가 어떤 사안에 주의가 필요한지를 결정하는 데에 도움을 줄 수 있다.

학대는 아동의 신체에 영향을 끼친다. 신체적 학대의 경우, 아동은 커다란 고통을 받는다. 생리적 반응이 몸에 나타날 수 있는데, 여기에는 근육 긴장과 움찔거리는 것과 같은 불안 증세가 포함된다. 학대받는 아동은 변덕스러운 폭력 속에서 살아가기 때문에, 말 그대로 공격에 대비하기 위해 움직이지 않고 가만히 있지만 얕은 호흡, 심장 박동 수의 증가, 얼굴 홍조와 같은 신체적 고통의 증후들을 경험하고 있을 수 있다. 성 학대의 사례에서 대개 아동의 몸은 삽입당하기 때문에 취약감이 생길 수 있다. 이러한 아동의 몸은 불안전감을 느끼고, 성 학대를 받은 아동은 신체적 통제감을 가지지 못한다.

마지막으로, 일부 정서적으로 학대받고 방임된 아동들은 정상적인 신체적 관심이나 애정을 받지 못한다. 아동에 대한 신체적 돌봄은 영양 섭취만큼 중요하다는 점이 명백히 증명되었으며, 방임된 아동은 접촉에 대한 두려움이나 갈망으로 인해 혼란스러워하거나 허우적댈 수 있다.

학대받은 아동에게 나타나는 특유의 신체적 문제들을 고려할 때, 부모와 보호자가 이러한 아동의 신체적 활동을 독려하게 돕는 것은 필수적이다. 이러한 아동은 가장 기본적인 신체적 운동에 참여할 필요가 있다. 걷기, 기어오르기, 달리기는 아동에게 자신의 신체적 한계를 알게 할 뿐만 아니라 성취감과 자부심을 줄 수 있다. 아동이 개인의 속도에 맞추어 시도해 보게 하면서, 아동이 잘 해낼 때까지는 최소한의 기대를 유지하는 것이 중요하다.

아동이 보다 신체적으로 편안해지고 덜 긴장하고 신체적 활동을 보다 쉽게 하게 되면, 학교, 공원, 레크리에이션 단체에서 하는 단체 경기에 참여하게 하는 것이 유익할 수 있다. 단체 활동에 참여하는 것은 안녕감과 소속감을 불러일으킬 수 있다.

덧붙여, 이전에 학대받았던 아동은 자기방어 강좌가 유익한 배움이 되고 가치 있다는 것을 발견하게 될 것이다. 자기방어의 원칙들을 배운 학대받은 아동은 자신이 강해졌음을 경험하고 환경에 의해 덜 위협받는다고 느낄 것이다. 자기방어 강좌의 대부분은 폭력을 가르치지 않는다. 그것은 자기보호와 타인에 대한 존중을 가르친다. 자기방어를 배우는 것은 자기동기부여와 자기훈련이 상당히 관련되어 있는데, 나와 작업했던 많은 아이가 이 교육에 잘 반응했다.

선호하는 활동과 관련하여 어느 정도 성차가 존재하지만(남자아이는 자기방어를, 여자아이는 무용이나 동작을 선호한다), 다른 흥미를 개발하도록 아동을 고무시킬 수 있는데, 이는 그 활동이 일반적인 것으로 받아들여졌을 때 가능하다. 예를 들어, 무용 수업을 들은 두 명의 소년과 한 집단이 된 한 소년은, 이 활동을 좋아하는 소년들을 만난 이후에 무용 교실에 관심을 가지게 되었다.

직접적인 노력

학대받거나 또는 외상성 충격을 받은 아동들은 무섭거나 고통스러운 기억이나 생각들을 억누르려는 경향 또한 가지고 있으며, 일부 사례에서는 부인이나 회피가 전면적으로 사용될 수 있다.

억압은 감당할 수 없는 내용을 무의식에 저장함으로써 그것이 더 이상 현재의 기능을 방해하지 않게 해 주는 불가피한 방어이다.

결국, 학대받은 아동은 외상과 관련된 특정한 충동, 생각, 감정을 억압하거나 의식적으로 억제하려고 할 것이나, 외상성 기억은 그것이 잘 처리되고 이해된 후에야 제대로 억압될 수 있다. 이것이 이루어졌을 때, 그 개인은 파편화, 분리, 해리를 덜 겪게 된다. 억압되거나 무의식적으로 저장된 기억들은 외상 후 증상을 통해 의식으로 새어 나올 수 있다.

아동에게 우선적이면서도 가장 자연스러운 경향은 부인이나 억압의 방어를 사용하는 것이 될 것이다. 가족들 역시 불쾌하거나 고통스러운 기억을 뒤로하기 위해 이에 빈번히 동참한다. 가족들은 외상을 겪은 후에 그 기억을 촉발하는 개인이나 상황을 피하기 위해 신경 쓰면서 가정생활을 신속히 재건하려 한다.

치료자는 아동이 외상성 사건을 이해하고, 느끼고, 처리하고, 소화할 수 있도록 외상성 사건을 철저하지만 한시적으로 검토하게 함으로써 외상성 내용에 대한 처리를 회피하는 아동을 도울 수 있다. 이 과정이 얼마나 오랫동안 미루어지든 간에 결국 (대부분의 사람들에게 있어) 무의식은 그 사건을 환각 재현, 악몽, 청각적 환청, 행동적 재연을 포함한 외상 후 스트레스 증후군의 증상들을 통해 의식으로 돌려보낸다.

많은 성인 생존자가 삶의 대부분의 시간 동안 학대에 대한 기억을 상실한 채 지낸다는 증거가 문헌을 통해 점점 더 확인되고 있다. 이는 방어기제가 얼마나 강력하고 효과적인지를 보여 준다. 만약 학대받고 외상성 충격을 받은 아동이 외상을 처리하도록 우리가 도울 수 있다면, 그 아동들에게 진정한 이익이 될 것이라고 나는 믿는다. 이는 이 아동들이 인지적·정서적으로 성숙해 감에 따라 그에 맞는 설명이나 안심을 제공할 필요가 없다는 것을 의미하지는 않는다. 이는 향후의 탐색을 위한 기초를 세우는 것을 뜻한다.

비밀보장

집에서 일어난 신체적 · 성적 학대와 방임은 가족 문제이고 아동은 그들의 부모에 대해 충성심을 느끼고 부모를 보호하려고 하기 때문에, 아동의 침묵을 예상하면서 아동 자신의 속도에 맞추어 정보를 드러낼 기회를 만들어 가는 것이 중요하다.

일부 학대받은 아동은 남에게 모든 가족 간 상호작용을 알리지 말라는 위협을 가족이나 보호자에게서 받는다. 이 아동들은 자신이나 자신이 사랑하는 사람이 다칠 것이라는 말을 듣는다. 나와 작업했던 아이들 중 일부는 다른 사람에게 비밀스러운 가족 상황을 말했을 때 무엇이 벌어지는지를 분명히 목격했다. 한 아동은 그의 개가 살해되는 것을 보았다. 그의 아버지는 개를 벽에 던지고, 벽돌을 가지고 잔인하게 개의 머리를 뭉갰다. 이 사건이 시발점이 되어 그의 어머니는 이 아동과 함께 도주했다. 이 아동은 이 일로 수년간 매우 고통스러워했다. 이 아동의 환경이 매우 열악했기 때문에, 이 아동은 그의 반려동물과 강한 유대감을 형성했었다.

명백한 위협을 받지 않은 경우에도, 많은 아동이 가정폭력이나 성 학대를 비밀로 해야 할 일이라고 느낀다. 그들은 자신이 겪은 학대에 관련된 감정에 대해 말할 수 없다고 느낄 수도 있다.

사생활(privacy)은 아동에게 매우 중요하다. 하지만 비밀유지(secrecy)는 아니다. 사생활을 지키는 것은 아동에게 힘을 주지만, 비밀을 지키는 것은 무력감을 낳을 수 있다. (내적 혹은 외적 압력을 통해) 비밀을 지키라는 요구를 받은 아동은 부담감을 느끼고,

그 비밀은 그들에게 굉장한 중요성을 띠게 된다. 비밀 엄수에 대한 부담감은 그들을 타인으로부터 소외시키고, 편안하게 소통할 수 있는 관계를 줄어들게 한다.

사생활을 보호하는 것과 비밀을 유지하는 것 사이의 차이를 명확히 하기 위해 여러 기법을 사용할 수 있다. 때로 학대받은 아동은 불안하게 만드는 생각이나 감정을 밝힐지를 두고 갈림길에 선다. 나는 말을 잇는 것을 거부하는 아동에게 이렇게 묻곤 한다. "네가 더 말한다면 무슨 일이 일어날까?" 아동이 "잘 몰라요."라고 말한다면, 나는 무슨 일이 일어날지를 아동이 '추측해' 보게 함으로써 가능한 대안을 탐색할 것이다. 말하지 않는 구체적인 이유를 가진 경우가 빈번히 있으며, 아동이 "아빠가 나에게 화낼 거예요." 라든가 "내가 말하면 나쁜 일이 일어날 거라고 엄마가 말했어요." 라고 대답할지도 모른다. 나는 대개 다음과 같이 말한다. "우리가 두려울 때, 어떤 것에 대해 이야기한다는 건 정말 어려운 일이야. 네 기분을 안전하게 말할 수 있는 방법이 뭐가 있을까?"

일부 아동은 놀이치료실에서 봉제인형에게 말하는 것을 선호한다. 아동에게 말하고 싶은 동물을 고르게 한 다음, 아동이 그 동물에게 귓속말로 말할 수 있게 한다. 그렇게 하고 나면, 나는 아동에게 이러한 감정들을 말하고 나니 기분이 어떤지를 묻는다. 대부분의 경우 아동은 말한 것에 대해 기분 좋게 느끼지만, 때로는 무관심해 보이기도 한다. 또한 나는 봉제인형이 아동의 비밀에 대해 무슨 말을 해 줄 것 같은지 상상해 보도록 요청하기도 한다.

나는 가끔 테이프녹음기를 가져가서, 아동을 혼자 놀이실에 두고는 말하고 싶지만 말할 수 없는 것을 테이프에 녹음하게 한다.

아동은 대개 내가 그 테이프를 들을 것인지를 묻는데, 나는 그 테이프는 아동의 것이고, 아동이 원할 때 내가 그것을 듣도록 아동이 허락해 줄 수 있다고 대답한다. 이것을 할 때마다 매번, 아동은 녹음한 테이프를 재생해서 나에게 들려주려고 했다. 그러면 나는 그 비밀에 대해 언급할 기회를 가지게 된다. 나는 "그런 비밀을 혼자 간직하고 있으니 힘들겠구나." 또는 "혼자만 그걸 간직하는 건 힘들 거야."와 같은 말을 하기도 한다. 나는 대개 누구에게 말하면 더 안전하게 느껴질 것 같은지와 그런 것들을 혼자만 지니는 데 따르는 어려움에 대해 계속 말해 보도록 아동에게 요청한다.

분명 아동의 비밀이 신체적 학대나 성 학대와 같은 사건과 관련된다면, 신고의무법을 고려해야 할 수 있다. 하지만 그 비밀들 중에는 아동에게 부담은 되지만 반드시 위험하지는 않은 상황들이 많이 포함되어 있다.

외상 후 놀이

외상 후 놀이는 종종 몰래 벌어지기 때문에, 치료적 환경을 통해 이러한 종류의 놀이를 위한 여건을 조성해야 한다. 일단 외상 후 놀이가 시작되면, 변화를 주의 깊게 관찰하고, 어느 지점에서는 적절한 개입을 통해 이를 중단시켜야 한다.

외상성 충격을 받은 아동은 종종 그것을 숙달하기 위해 외상성 사건을 재연하려는 압박감을 가진다. 이 개념은 지크문트 프로이트(S. Freud)에 의해 '반복 강박(repetition compulsion)'으로 처음 소개되었다. 테르(1990)가 단언했듯이, 이러한 재연은 행동적 징후

뿐만 아니라 놀이를 통한 극화라는 형태를 띨 수도 있다. 재연은 대개 아동이 이해하지 못하는 무의식적 강박의 결과이다. 일부 아동들은 그들이 아무리 노력해도 외상에 대한 생각을 멈출 수 없고 그 일이 마치 다시 일어나고 있는 것처럼 느껴질 때가 자주 있다고 말한다. 또 다른 아동들은 그들이 더 이상 외상성 사건에 대해서는 어떤 것도 기억나지 않는다고 주장하면서 그 사건과 관련된 그 어떤 감정도 완강히 부인한다. 외상에 대한 처리는 다양한 방식으로 이루어질 수 있다. 어떤 아동들은 자신의 감정이나 걱정거리에 대해 보다 잘 논의하고, 자신이 겪은 학대에 대해 솔직한 질문들을 할 수도 있다.

놀이는 의사소통의 도구가 될 수 있기 때문에, 심리치료적인 놀이는 걱정을 드러내고 억눌린 감정들을 풀어 내는 방법이 될 수 있다. 어떤 아이들은 기분이 더 나아지기 위해 그들에게 필요한 작업을 그냥 시작한다. 그들에게는 그렇게 하기 위한 허락과 소품만 있으면 된다. 이 경우 임상가는 관찰하고, 기록하고, 결국에는 일어난 일에 대해 언급하고 아동의 질문이나 관심사에 대해 대답할 수 있다.

다른 아동의 경우에는—아마도 외상성 사건에 의해 더 큰 피해를 입은 아동일 수 있는데—공포스럽고 압도적인 감정과 감각을 아동이 직면할 수 있게 되기까지 임상가의 지도와 자극이 필요할 것이다. 이러한 사례에서, 아동이 감당할 수 없는 감정들을 다루도록 돕기 위해서는 굳건한 치료관계 수립이 어떤 조심스러운 탐색보다도 선행되어야 한다. 이 치료 작업의 목적은 궁극적으로 아동으로 하여금 외상성 사건을 처리하고, 그것에 적절하고 현실적인 의미를 부여하고, 감당할 수 있는 기억으로 그것을 저장하게 하는 데 있다. 외상성 사건에 대해 끝없이 다루도록 아동에게 강요하는 것은 적절하지 않은데, 이는 특히 아동이 외상성 사건을 부인하거나 회피하지 않고 이제는 정신적 에너지를 발달적 과제로 돌리려고 할 때 그러하다.

외상성 충격을 받은 아동의 재연놀이는 매우 독특하다. 아동은 의례적으로 동일한 광경을 만들고, 동일한 결과로 끝나는 일련의 순차적인 움직임을 실연한다. 외상 후 놀이는 매우 무미건조하며, 분명한 기쁨이나 표현의 자유가 담겨 있지 않다. 이러한 놀이의 잠재적 이득은 아동이 두렵고 불안을 유발하는 기억을 경험하는 동안 그 재연 과정을 통제함으로써 아동이 수동적인 입장에서 벗어나 능동적인 입장을 취할 수 있다는 점이다. 이에 더해, 이전에 압도적이었던 사건이 이제는 아동이 안전하고 통제된 환경에 있을 때 일어난다는 것을 들 수 있다. 이러한 종류의 놀이치료를 통해 아동은 숙달감과 힘이 강해지는 느낌을 가질 수 있다. 체딕 (1989)은 한 임상 사례를 언급하면서 "반복적인 놀이, 참여자-관찰자의 언급, 아동 자신의 새로운 해결책은 그가 과거의 압도적인 경험을 동화시킬 수 있도록 도왔다."(p. 61)라고 언급했다.

외상 후 놀이는 고착된 상태로 남아 있을 수 있다. 테르(1990)는 아동이 장기간 외상 후 놀이를 계속하게 하는 것은 위험할 수 있다고 경고한다. 아동은 어떤 불안도 이완하지 못하고, 아동의 공포감과 무력감이 심해질 수 있다. 이러한 이유로, 나는 외상 후 놀이가 일정한 횟수(8~10번) 동안 변화 없이 지속되는 것을 관찰한 뒤에는, 이러한 의례적인 놀이에 다음과 같은 방식으로 개입하려고 시도한다.

- 아동에게 일어서거나, 팔을 움직이거나, 깊이 숨 쉬는 것 같은 신체적 움직임을 해 보도록 요청한다. 신체적 움직임은 정서적 위축을 풀어 줄 수 있다.
- 아동이 외상 후 놀이에 경직된 방식으로 몰두하는 것을 멈출 수 있도록, 아동의 외상 후 놀이에 대해 언어적 언급을 한다.
- 아동에게 놀이에 나오는 인물들 중 한 명의 생각과 감정을 설명해 보게 함으로써 놀이의 흐름을 잠시 중단시킨다.
- 인형을 조종하여 이리저리 움직이면서 "만약 ……라면, 어떤 일이 일어나겠니?"라는 질문을 아동에게 한다.
- 아동으로 하여금 치료 시간에 배운 내용을 바탕으로 하여 외상성 사건과 지금의 현실을 구분하게 하고, 또는 안전성의 측면에서 외상성 사건과 현재 상황을 구별하게 한다.
- 외상 후 놀이를 비디오로 녹화해서 아동과 함께 그 비디오테이프를 본다. 이때 중간중간 재생을 멈추고 관찰한 것에 대해 논의한다.

외상 후 놀이를 중단시키는 목적은 통제감을 증진시킬 수 있는 대안을 찾고, 파편화된 생각과 감정을 표현하도록 돕고, 아동이 미래를 지향할 수 있게 하는 데 있다. 외상 후 놀이를 변화시키려는 치료자의 개입을 아동이 받아들이기까지 수차례의 중단 시도가 필요할 수도 있다.

만약 아동이 집에서 외상 후 놀이에 몰두하고 부모나 보호자가 이를 목격했다면, 두 개의 가능한 방법이 있다. 임상가가 가정을 방문하여 아동의 놀이를 직접 목격할 기회를 가지거나 임상가가 치료 시간에 (부모나 보호자가 설명한) 외상 후 시나리오를 만드는 것이다. 아동은 외상 후 놀이를 하는 동안 해리될 수 있다. 이 경우 해리에 맞는 치료 전략(이후 논의함) 또한 실시해야 한다.

아동의 놀이가 임의적이고, 혼란스럽고, 상징이 결여되어 있을 경우에는 더 큰 자극이 필요할 수 있다. 만약 아동이 계속해서 마음 저변의 문제를 자연스럽게 다루지 못한다면, 치료자는 주도적인 입장을 취하면서 치료에서 자극을 도입해야 한다. 여러 가지 기법이 도움이 될 수 있다. 놀이의 중심인물이 아동이 겪은 것과 동일한 외상을 경험하는 인형놀이를 임상가가 들려줌으로써 아동에게서 반응을 끌어낼 수도 있다. 이 아동은 인형의 역경에 공감할지도 모른다. 타인에 대한 공감은 자기탐색과 자기공감을 위한 첫걸음이 된다.

둔감화 시도를 해 보는 것도 도움이 될 수 있다. 내가 치료했던 한 아동은 공원에서 강간당했고, 그때까지 외상에 대한 언어적·비언어적 의사소통을 할 수 없었다. 집에 바로 갔어야 했는데 공원에 들르느라 강간을 당했다는 생각에서 비롯된 두려움은 그녀의 침묵을 더욱 부채질했다. 그 소년들은 그녀가 강간당하기를 원했다고 그녀에게 말했고, 그녀는 정말로 그 소년들에게 주목을 받고 싶었고 그들이 학교 끝나고 어디로 간다는 이야기를 우연히 듣고서는 그 소년들의 눈에 띄기 위해 공원에 간 것이었기 때문에 그녀는 매우 혼란스러워했다. 나는 공원이 그려진 색칠하기 책의 한 페이지를 그 소녀에게 그려 보도록 했다. 나는 인형들이 장난감 그네를 타고 있는 공원 장면을 만들었다. 나는 모래상자 안에도 공원을 만들었다. 나는 자동차를 타고서 여러 공원을 방문하고는, 끝으로 그 소녀에게 그녀가 강간당한 공원을 보여 달라고 부탁했다. 우리는 먼저 그 공원까지 차를 몰고 갔다. 그러고 나서 공원 밖에서 차 안에 앉아 있었다. 그런 다음 공원 밖을 걸어 다니다가, 마침내 안으로 들어갔다. 일단 안으로 들어가자, 그녀를 강간하고 상처 입혔기 때문에 그 소년들이 매우 나쁘다고 내가 말했을 때, 그녀는 거의 즉각적으로 울음을 터트리며 반복해서 "내가 나빠요. 내가 나빠요."라고 말했다. 이 회기와 그 뒤로 이어진 6~7차례의 회기는 강간과 아동의 죄책감과 수치심에 초점을 맞추었다. 결국 그녀는 그녀가 어떤 잘못도 하지 않았고, 그 소년들의 눈에 띄기를 원했던 것은 전적으로 자연스러운 일이라는 것을 이해했다. 이 아동은 또 다른 강간 피해자였던 다른 아동과의 대화를 통해 많은 도움을 받았다.

테르가 언급했듯이, 어떤 명백한 해결 방안도 없이 아동으로 하여금 단순히 그 일을 재연하게 두는 것은 '위험하다'. 덧붙여, 해결 없이 외상을 반복하는 것은 아동의 무력감과 통제 상실을 가중시킬 것이다. 임상가는 아동이 놀이 속으로 들어가 그것을 다룰 때에 적극적인 역할을 맡아야 하고, 능동적으로 의견을 내고, 그 상황을 다시 정리하고, 아동이 그려 내는 사건의 흐름에 개입해야 한다. 재경험만으로는 충분치 않다. 이 놀이 과정에서 나오는 생각과 감정들을 살피고 논의해야 한다. 이에 더해, 놀이가 끝나고 나면 그 놀이에 대한 구조화된 '복기 과정(debriefing)'이 아동에게 필요하다. 임상가는 아동이 보다 편안한 정서 상태를 되찾을 수 있도록 시간을 할애해야 한다.[3] 유도된 심상(guided imagery)이나 단순한 긴장이완 기법들이 긍정적인 결과를 가져올 수 있다. 부모나 보호자에게 힘든 치료 작업에 대해 알리고, 그들로 하여금 적절한 반응을 하도록 요청하는 것은 매우 중요하다. 외상 후 놀이를 하는 동안 아동은 보다 과민하거나 불안해 보일 수 있고, 수면장애나 섭식장애를 경험할 수 있다.

이 작업의 종합적인 목표를 염두에 두어야 한다. 스커필드(Scurfield, 1985)는 다양한 외상을 겪은 성인 생존자들과의 치료 작업을 설명하면서, 스트레스 회복 과정의 마지막 단계는 외상을 겪기 이전, 외상을 겪는 동안, 외상을 겪은 이후에 자신이 어떤 사람으로 존재했는지를 이해하고, 긍정적인 부분과 부정적인 부분을 포함한 외상 경험의 모든 측면을 통합하는 것이라고 제안한다. 수어즈(Sours, 1980)는 아동치료를 설명하면서, "아동치료는 대개 그것이 지지적인 심리치료이든 표현적인 심리치료이든 간에 정화, 명확화, 다루기, 새로운 대상에 의한 교정적 정서 경험을 필요로 한다."(p. 273)라고 언급하고 있다.

해리의 치료

외상 피해자는 해리를 경험할 수 있다. 임상가는 해리에 대해 평가해야 하고, 해리 과정을 다루는 방법을 궁리해야 한다.

---

3) 역자 주: 저자는 외상성 경험이나 외상 후 놀이에 대한 치료 작업으로 인해 아동의 정서 상태가 불안정한 채로 개별 회기를 끝내지 말고, 회기 내에서 정서 상태를 원래대로 회복시키는 시간을 가진 후에 개별 회기를 끝내야 한다는 점을 설명하고 있다.

DSM-III-R에서는 해리를 "정체성, 기억, 의식의 정상적인 통합 기능에 생긴 장애나 변화"(p. 269)로 정의한다. 해리는 연속선 상에서 일어난다. 모든 사람이 고속도로 최면[4]과 같은 해리성 삽화를 경험한다. 지루함, 피로, 두려움은 해리를 촉발할 수 있다. 개개인은 짧게 혹은 길게 지속되는 몽환 상태(trance state)에 들어갈 수 있다. 때로는 지진과 같은 끔찍한 상황이 벌어지는 동안 개인은 짤막한 해리성 삽화를 겪을 수 있는데, 이후 구체적으로 무슨 일이 일어났는지를 기억하지 못하거나, 한 장소에서 다른 장소로 어떻게 가게 되었는지를 떠올리지 못할 수 있다.

해리 연속선의 가장 극단적인 끝은 다중인격장애이다. 보다 덜 심각한 형태의 해리로는 이인증(depersonalization), 심인성 기억상실(psychogenic amnesia), 둔주 상태(fugue states)를 들 수 있다. 이인증은 학대 피해자들 사이에서 매우 흔하게 나타난다. 아동들은 종종 '몸 밖으로 벗어난' 경험을 설명하는데, 이때에 그들은 천장에 떠 있는 것처럼 느낀다. 그 시점에서 (감정적으로 무심한 채) 그들은 그들 자신을 내려다본다. 해리되는 능력은 아동으로 하여금 위험하거나 위협적인 상황에서 정신적으로 도망칠 수 있도록 해준다. 동시에, 아동은 일어난 일을 기억하는 것을 어려워하면서, 자신의 정체성에 대해 혼란스러워할 수 있다. 사실, 심인성 기억상실은 기억의 혼란이다. 많은 아동과 성인 생존자가 자신의 삶에 있었던 특정 사건이나 시기를 기억하지 못한다. 둔주 상태는 개인이 실제 여행을 할 때 발생하는데, 이때 한 장소에서 다른 장소로

---

4) 역자 주: 장기간의 단순 운전으로 인해 의식이 멍해지고 감각적으로 둔감해진 상태를 의미한다.

어떻게 갔는지에 대한 의식적인 기억에 공백이 생긴다.

해리는 외상과 연결되어 있는데, 이는 특히 외상성 상황이 지속되는 경우에 그러하다. 외상이 만성적이고 심각할수록, 보다 심각한 해리가 생길 공산이 커진다. 린더만(Lindemann, 1944)은 외상성 사건에 대한 인식이나 기억을 차단하는 것은 위협이 지속되는 동안은 유용한 방어가 될 수 있다고 적었다. 그러나 내가 앞서 언급했듯이, 외상 생존자와 작업을 하는 임상가들은 외상이 결국 의식화되고 조망되어야 하고, 그렇지 않으면 억압된 기억이 침투적 사고, 악몽, 재연, 정서적 문제의 형태로 나타날 것이라고 여긴다.

나의 경험으로 볼 때, 많은 임상가는 아동에게서 해리를 관찰하기는 하지만 그것을 어떻게 다루어 가야 할지에 대해서는 자신이 없는 것 같다. 나는 해리를 다루는 다음과 같은 구체적인 기법을 수년간 개발했다.

언어를 개발하기　해리를 다루는 첫 단계는 그것에 대해 의사소통하는 방법을 개발하는 것이다. 나는 "모든 사람은 무엇을 하다가 갑자기 자신이 자기 마음속에서 사라져 버리는 것 같은 느낌이 들 때가 있어. 그건 네가 한참 차를 타고 가다 지루해서 다른 것들을 생각하기 시작했는데, 갑작스레 목적지에 도착한 것을 알고 놀라는 것과 비슷해. 그런 일이 너에게 일어난 적이 있니?"라고 말함으로써 아동에게 해리에 대해 물어본다. 아동은 대개 이 설명에 대해 그렇다고 대답한다. 그런 다음 나는 이 과정에 대해 아동이 어떤 이름을 붙이는지 물어본다. 아동은 해리에 대해 다양한 이름을 붙이는데, 여기에는 '멍해지기' '작아지는 것' '안으로 들어가기' '혼란에 빠지는 것'을 포함한 여러 다른 이름이 포함된다. 일단 해리에 이름을 붙이고 나면, 그것을 논의할 수 있다.

사용 패턴을 평가하기　다음 단계는 아동이 언제 해리되는지를 묻는 것이다. 나는 아동에게 최근 해리가 일어났던 때나 그들이 생각하기에 해리가 언제 가장 많이 일어나는지를 말해 달라고 요청한다. 아동의 주의가 일단 해리에 초점이 맞추어지게 되면, 아동은 그들이 이 방어를 사용하고 있을 때 그것을 알아챌 수 있게 된다.

임상가와 아동은 해리성 경험들 사이의 유사성을 살펴볼 수 있을 것이다. 예를 들어, 어느 한 사례에서 그 아동은 그가 혼자 있을 때와 그의 아버지가 떠오를 때에 더 자주 해리되는 것 같았다.

해리가 일어나는 흐름을 파악하도록 돕기　대처 전략으로서 해리를 사용하는 모든 사람은 해리성 반응을 발생시키는 그/그녀 자신만의 독특한 방식을 가지고 있다. 나는 아동으로 하여금 신체, 감정, 감각, 사고에 특별히 주의를 기울이게 하면서 '해리된 척'을 하도록 요청하는 것이 유용하다는 것을 발견했다. 치료실에서든 집에서든 아동이 해리된 척을 할 때, 나는 아동에게 자신의 몸에 어떤 일이 일어나고, 어떤 감정이나 감각이 경험되고, 어떤 종류의 감정들을 가지게 되고, 내적으로 어떤 말을 하는지를 살펴보도록 요청한다.

이때 임상가는 해리 상태로 들어가는 아동에게 일어나는 일련의 과정을 지적해 주는데, 아동이 시각적으로 볼 수 있도록 종이

한 장에 그 정보를 적어 줄 수도 있다. 이 자료는 아동이 해리에 대한 대안적인 반응을 선택하기를 원하는 시점들을 포착하도록 돕는 데에 특히 유용하다. 아동의 도움을 받아 만든, 해리 과정에 관한 이 정보를 사용하여 임상가는 아동에게 해리된 척하게 한 다음에 각각 다른 시점에서 해리 과정을 멈추는 시도를 해 보게 할 수 있다.

해리를 적응적인 것으로 설명하기　나는 항상 해리를 도움이 되는 방어로서 설명한다. "때때로 두려운 상황에 마주하거나 감정을 느끼는 게 너무 힘들 때, 우리는 잠시 동안 '멍해져(space out)'. 그렇게 할 수 있다는 것은 정말 멋진 거야." 동시에, 나는 여러 다른 메시지, 즉 다른 대처 방식들이 있고, 언제 해리를 하고 언제 다른 전략을 사용할지를 선택할 수 있다면 아동이 더 통제력을 느낄 수 있을 것이라는 점을 전하려 한다.

촉발요인을 이해하기　일단 아동이 해리가 도움이 되는 방어였을 때를 이야기하면, 임상가는 이러한 도주 반응을 이끌어 내는 것으로 보이는 문제들에 대해 기록할 수 있게 된다. 어떤 아동에게 그것은 성적 각성, 신체적 통증, 분노, 갈망과 같은 단일한 문제인 것으로 나타난다. 다른 취약한 아동의 경우, 해리성 반응을 촉발하는 감정들이 많이 있을 수 있다.

곤란한 감정을 다루기　아동에게 곤란한 감정이나 상황이 일단 확인되면, 그것을 치료에서 다루어야 한다. 감정을 회피하거나 억압하지 않기 위해 아동은 대처 전략을 배울 필요가 있다.

초기에 쓸 수 있는 유용한 기법 중의 하나로, 특정 감정을 외현화하는 방법을 들 수 있다. 예를 들어, 나는 아동에게 분노에 대한 그림을 그려 보게 할 것이다. 그런 다음 나는 그 그림을 보면서 아동에게 그림을 말로 해 보게 요청할 것이고, 마지막으로 아동에게 "나는 _____ 할 때 화가 난다." "나는 _____ 때문에 화가 난다." "나는 _____에 대해 가장 화가 난다." 와 같은 개방형 진술문을 제공할 것이다. 아동이 이러한 논의를 견뎌 냄에 따라 두려운 감정은 둔감화된다. 한번은 한 아동이 두려움에 대한 그림을 그렸는데, 내가 그녀에게 두려움에 대한 그녀의 그림을 가지고 무엇을 하고 싶은지 물어보자, 그녀는 그것을 구긴 다음 쓰레기통에 집어넣고는 쓰레기통을 여러 개의 베개로 덮었다. 이는 자신의 두려움을 상징적으로 담아내는 그녀의 방식이었는데, 몇 주를 거치는 동안 그녀는 그 찢어 버린 종이 조각이 보일 때까지 쓰레기통 위의 베개를 점점 더 치울 수 있게 되었다. 그 시점에서 그녀는 그 종이 조각을 움켜쥐고는 "이제 이건 작아졌어요."라고 선언하였다. 그리고 그녀는 나의 사무실 밖에 있는 커다란 쓰레기통에 그것을 던져 버렸다. 그것은 그녀에게 이제 더 이상 압도적인 감정이 아니었다. 그녀는 걱정되거나 무서울 때면 언제든 나와 그녀의 아버지에게 이야기함으로써 그녀의 불편한 감정을 감당하는 법을 배우게 되었다.

도주 반응에 대한 대안을 제공하기   일단 감정들이 확인되고 아동이 그것에 대해 개방된 논의를 할 수 있게 되면, 대안이 구체화

될 수 있다. 나는 "슬플 때 너는 무엇을 할 수 있니?"라고 물어보면서, 늘 하나 이상의 선택 방안을 찾아보게 한다. 나는 아동이 대답한 다음에 "그리고 그 밖에 무엇을 할 수 있니?"라고 묻는다. 만약 아동이 대안을 찾지 못한다면, 임상가가 본보기로서 도움이 되는 정보를 자진해서 말해 줄 수 있다. "나는 슬플 때, 때때로 ……을 하거나 ……을 말해." 나는 또한 이러한 말을 해 줄 때도 있다. "나와 작업했던 어떤 아이들은 다양한 방식으로 느낀다고 나에게 말해 주었어. 그것들 중 하나는…….", 아동의 보호자들이 아동에 맞게 반응해 줄 수 있는지를 확인하기 위해 그들과 접촉하는 것은 중요하다.

요약하면, 해리는 위협적인 상황을 지각했을 때 일어나는 두려운 기억, 감각, 생각을 방어해 주는 적응적이고 유용한 전략이다. 해리는 위협을 받았을 때 아동으로 하여금 즉각적으로 도피할 수 있게 해 주는 가치 있는 기법이지만, 나중에는 무력감과 현실 회피를 지속시키는 반사적인 반응이 될 수 있다. 덧붙여, 해리는 필요한 대처 행동 레퍼토리를 개발해 내는 아동의 잠재력을 방해할 수 있다.

임상가는 아동의 해리 사용을 평가해야 한다. 그리고 해리에 대해 논의하고, 해리가 일어나는 순서를 명확히 하고, 일반적인 사용 패턴을 찾아내고, 해리를 잘 일으키는 감정과 감각을 찾는 기법들을 발전시켜 나가야 한다. 해리에 대한 치료의 목표는 아동으로 하여금 언제 해리될지를 선택하는 통제감을 갖게 하고, 해리에 대한 대안을 찾도록 돕는 것이다.

배움의 적용

학대받은 아동은 새로운 행동들을 시험해 보기에 충분할 정도로 치료자와 주변 환경을 신뢰하게 될 수 있다. 그러나 아동이 그 행동들을 다른 상황에 적용하지 못하거나 적용 가능한 행동들이 무엇인지를 파악하지 못한다면, 이 새로운 지식은 실제로는 역효과를 낳을 수 있다.

학대받은 아동과의 작업에서, 집에서 공격을 촉발할 수 있는 행동을 강화하는 것은 잘못된 것이다. 예를 들어, 한 아동 내담자는 치료에서 질문을 하고 자신의 느낌을 말하도록 격려받았다. 임상가는 그 아동에게 이 새로운 행동이 다른 상황에서는 다르게 받아들여질 수 있다는 점을 알리지 못했다. 그 아동이 그의 원가족과 다시 결합하게 되었을 때, 그의 어머니는 정보를 제공할 능력이 자신에게 없다는 점이 불편하여 그가 질문을 할 때마다 그를 때리곤 했다. 몇 달 후 교사가 아동학대 보고서를 제출한 후에야, 그 아동은 다시 보호받을 수 있었다.

치료자는 아동이 어떤 행동들은 다른 상황에서 다른 반응을 유발할 수 있다는 점을 이해할 수 있도록 도울 필요가 있다. 예를 들어, 감정에 대해 말하는 것을 배우고 있는 학대받은 아동과의 작업에서, 임상가는 "네 기분을 엄마와 아빠에게 말한다면 어떻게 될 것 같니?" 또는 "그들이 어떤 말이나 행동을 할 것이라고 생각하니?"라고 묻고 "나에게 네 기분에 대해 이야기하는 것은 괜찮아. 그 밖의 다른 누구에게 네 기분을 이야기할 수 있니?"라고 계속 강조하는 것이 필요하다. 결국에는 모든 아동이 사람들이 자신에게 저마다 다르게 반응할 것임을 배우고, 거기에 맞추어 자신의 행동을 조절하게 된다.

예방과 교육

모든 학대받은 아동은 힘들거나, 두렵거나, 학대가 일어나는 상황에서 쓸 수 있는 기술을 배움으로써 이익을 얻을 수 있다. 아동으로 하여금 위기 상황을 예상하고 그에 맞는 계획을 세우게 하는 것은 도움이 된다.

아동이 치료를 끝내기 전에, 임상가는 교육적인 방식으로 아동에게 아동학대와 예방책을 가르치는 데에 어느 정도의 시간을 보낼 수 있을 것이다. 나는 두어 개의 요점에 집중한다. 첫째, 누가 아동을 무섭게 하거나 괴롭힌다면, 아동은 싫다고 말하거나, 도망치거나, 도움을 청할 수 있다. 둘째, 어떤 사람이 아동에게 두렵거나 혼란스럽게 하는 비밀을 지키도록 요구할 때, 아동은 누군가에게 말할 필요가 있다. 나는 항상 아동의 지지체계를 검토하고, 도움이 필요할 때 누구와 접촉할지를 아동이 아는지 확인한다. 또한 나는 누군가가 아동을 학대하도록 아동이 유발한 것이 아니며, 학대 행위자는 항상 문제를 가지고 있고 도움이 필요하다는 점을 아동에게 전달한다.

이러한 교육 중 일부는 집단 상황에서 이루어질 수 있다. 집단이 여의치 않을 경우, 이러한 교육적 단계는 치료가 종결되는 맥락에서 실시할 수 있다. 일부 교육적인 프로그램은 어린아이들에게 '안전해지고, 강해지고, 자유로워지는' 것에 대해 이야기하지만, 나는 추상적인 개념을 덜 사용하는 것을 선호한다. 나는 아동에게 그들을 강하게 할 수 있는 것에 대해 말한다. 그들의 신체적인 한계들은 너무나도 명백하기 때문에, 나는 대신 그들 모두가 가지고 있는 힘들에 집중한다. 여기에는 단어를 사용할 수 있는 힘, 그들의 생각을 간직하거나 나눌 수 있는 힘, 비밀을 지키거나 나눌 수 있는 힘이 포함된다.

대부분의 아이들, 특히 소년들은 누군가가 그들에게 상처를 입히거나 그들을 제대로 돌보지 않는 경우에 어떻게 할지를 물어보면 물리적인 힘에 대해 이야기하는 경향이 있다. 그 아이들은 학대 행위자를 발로 차고, 주먹으로 치고, 죽일 것이라고 말한다. 하지만 현실에서 아동들은 쉽게 제압된다. 아동은 자신이 무력하다고 여기고 싶어 하지 않지만, 현실은 그러하다. 그런 이유로, 나는 생각하고, 결정하고, 선택하고, 행동하고, 대화하고, 말하는 능력을 강화시키려고 하는 편이다. 이것이 실로 아동의 힘이고, 때때로 피해자가 되는 것을 막는 데에 도움이 된다. 이러한 힘을 인지하는 것은 자존감과 유능감을 향상시킨다.

마지막으로, 학대받은 아동은 낮은 자존감으로 인해 쉽게 상처를 받을 수 있다. 나는 아동이 자신의 강점들을 확인하도록 돕는 데에 상당한 시간을 할애하고, 일관되게 그들을 수용한다. 그들이 치료를 끝마칠 때쯤 되면, 나의 아동 내담자는 긍정적인 진술을 사용하고, 외부의 인정에는 덜 의존하게 될 것이다. 치료를 마치는 아동은 또한 의사결정, 충동조절, 분노 이완에 있어 어느 정도 기술을 가져야 한다. 바라건대, 아동이 슬프거나 좌절하게 되었을 때 무엇을 할지를 알 수 있다면 좋을 것이다.

임상 사례

04

리로이: 부모의 심한 방임에 의해 외상을 겪은 아동

의뢰 정보

리로이는 부모의 심한 방임에 따른 보호 청원과 위탁 돌봄 조치 뒤에 사회복지 부서에 있는 배치담당 사회복지사(placement worker)에 의해 치료가 의뢰되었다.

사회생활/가족력

리로이는 7세의 흑인 남자아이로, 3형제 중 둘째이다. 보고에 따르면, 그의 어머니는 정신증적 증상이 있었고, 리로이가 자라는 동안 아동 방임이 의심된다는 보고가 여러 차례 있었다. 그는 이전에 세 번의 위탁 돌봄을 받았고, 대략 다섯 개의 다른 주에서 살

왔다.

리로이의 어머니에 대한 정보는 치료 내내 대략적으로만 알려
졌다. 보고에 따르면, 그녀는 생애 대부분을 미시시피에서 살았
고, 여섯 아이 중 하나였다. 그녀의 어머니는 여러 남자와 수많은
관계를 가졌고, 여섯 아이 중 두 명만이 친아버지가 같았다. 리로
이의 어머니는 매춘부, 요리사, 웨이트리스로 일했고, 최근에는
실직을 하고 '거리에서 먹고살고 있었다'. 그녀에게는 정신과적
문제와 약물 중독의 내력이 있었다. 그녀는 두 번이나 입원하였
고, 약물 없이는 살 수 없었다.

사회복지기관에서 정리한 정보를 살펴보면, 리로이네 가정 환
경은 아이들이 지내기에는 너무나 혼란스럽고 불안정했다. 그들
의 외할머니가 한동안 그들을 돌보았지만, 그 아이들은 종종 그들
의 어머니와 함께 거리에서 살았다.

치료에 의뢰되기 6개월 전에, 주택단지에 방치된 아이들의 정
황을 담은 것으로 보이는 익명의 보고서가 경찰서에 제출되었고,
경찰은 원룸형 공동주택 아파트로 진입하여 세 명의 아이, 즉 7세
인 리로이, 5세인 아담, 4세인 알리샤를 찾았는데, 이들은 헐벗고
배고프고 겁에 질린 채 극도로 더럽고 어질러진 커다란 방에서 살
고 있었다. 이 아이들에게는 침대가 없었고, 밤에는 온기를 유지
하기 위해 구석에 함께 웅크리고 있었다. 가장 어린 아동인 알리
샤가 배변 훈련을 받지 않아서, 아파트에는 똥과 오줌 냄새가 진
동했다. 아이들은 어머니가 언제 떠났는지, 얼마나 오랫동안 어머
니와 단절된 채 지냈는지 말하지 못했다.

건강검진을 받고 나서 리로이는 영양실조로 병원에 입원했다.

그는 심한 탈수증에 걸렸다. 아이들에게 음식이 생길 때마다, 리로이는 반드시 어린 동생들이 먼저 먹게 했다. 나중에 그는 그의 어머니가 익히지 않은 스파게티를 그들에게 주로 먹였다고 했다. 리로이는 그의 체중이 위험 범위를 벗어날 때까지 병원에 있었다. 그의 남동생은 위탁가정으로 갔고, 알리샤는 지적 발달이 경계선 수준으로 지체되어 있어 특수 위탁가정에 머물게 되었다. 리로이가 병원에서 퇴원했을 때, 그는 동생들에 대해 매우 염려했고(명백히 그가 그들의 주된 양육자였다), 그의 어머니에 대해서도 걱정했고(그는 그의 어머니 역시 돌보기 위해 노력했던 것으로 보인다), 우울하고 불안해했고, 무분별한 애착을 보였으며, 악몽과 수면 문제를 보였다. 더불어, 그는 음식을 비축했다. 그가 병원 병동에서 다른 아이들이 식사하고 남은 음식을 보관하려고 시도하는 모습이 발견되었다.

현재 문제

리로이에 대해 우선적으로 염려되는 부분은 그의 심한 우울증이었다. 그는 침대에서 창문을 오랫동안 바라보고 있었고, 다른 아이들과 놀려고 하지 않았다. 그를 대화에 참여시키는 것은 매우 어려웠다. 그는 단음절로 반응했다. 그는 누구와도 접촉하지 않았고, 어떤 것에도 손을 내밀지 않았다. 그는 신체적으로 분명히 불편해 보일 때조차 도움을 요청하지 못했고, 간호사가 그를 체크하는 전화를 주기를 기다렸다. 그는 빈번히 불안한 상태로 잠에서

깨어났고, 분명 생생한 꿈을 꾼 것 같았지만 즉시 잊어버렸다고
주장했다.

　병원에서 퇴원하기 전 주에 리로이의 우울한 상태는 과경계와
영양 섭취에 집중된 불안으로 대체되었다. 그는 빈번히 다음 식사
가 언제인지를 물었고, 먹을 것을 찾아 치료 병동을 뒤졌다. 몇몇
간호사는 그의 불안을 덜어 주기 위해 집에서 캔디바와 과일을 가
져오기 시작했다. 병원에서의 불가피한 퇴원이 다음에 일어날 일
에 대한 극심한 불안감을 촉발한 것 같았다.

　리로이는 자신의 어머니와 형제자매들에 대해 묻기를 중단하였
는데, 그들의 미래가 자신만큼이나 불확실하다는 사실을 분명히
체념하며 받아들이는 것 같았다. 그는 심지어 자신의 위탁가정에
대해서조차 묻지 않았으며, 조용히 다음에 갈 곳을 기다리는 것
같았다. 이 아동은 자신의 삶에 대한 통제력을, 그것이 설령 있다
고 할지라도 거의 가지고 있지 않다고 확신하고 침묵 속에서 묵인
하는 것처럼 보였다.

초기의 임상적 인상

　리로이는 새로운 위탁가정에 가게 된 첫 주 동안 치료를 받으러
왔다. 사회복지기관에서 그가 치료를 받으러 오고 갈 때에 이동지
원을 해 주었다. 처음 리로이가 내 사무실에 들어왔을 때, 그날 처
음 만난 이동지원 사회복지사의 손을 잡고 있었고, 계속해서 눈을
내리깐 채 천천히 움직였다. 내가 알기로는 그는 전에 치료를 받

은 적이 없었다. 그는 나이에 비해 매우 작았고, 걷는 데에 어려움
이 있는 것 같았다.

리로이는 나에게 "안녕하세요."라고 말하고는 그 밖에는 거의
말하지 않았다. 그는 조심스러워 보였고, 천천히 걸었으며, 말이
거의 없었다. 또한 어색하고 위축된 움직임을 보였다. 나는 대기
실에서 그를 맞이했고, 이동지원 사회복지사와 리로이를 데려가
서 놀이치료실을 보여 주면서, 리로이에게 이동지원 사회복지사
가 그를 기다릴 것이고 가까이에 있을 것이라고 확실히 말했다.
그는 이에 매우 무관심했다.

놀이치료실에서 리로이는 장난감이나 나에 대해 무관심한 것
같았다. 그는 푹신한 공을 발견하고는, 그것을 집어 꽉 쥐었다. 나
는 가까이에 앉아 놀이치료실에 대해 그에게 말했다. "아이들이
여기에 와서 무엇을 가지고 놀지 선택해. 때로는 놀이를 하고, 때
로는 이야기를 해. 나는 아이들과 생각이나 감정에 대해 말해." 리
로이가 내가 말한 것을 이해했는지는 불확실했다. 나는 그가 하고
싶은 게 있는지 물었다. 그는 침울하게 없다고 말했다. 나는 크레
용을 가지고 그리는 것을 때때로 좋아한다고 말하면서 크레용을
꺼내서 색칠하기 시작했다. 나는 색칠을 하면서 말을 했다. "나는
많은 색깔을 사용하는 것을 좋아해."라고 말하고는 "빨간색과 노
란색을 섞으면 오렌지색과 비슷한 색깔을 얻게 돼."라고 했다. 나
는 리로이에게 질문을 하거나 반응을 기대하지 않았고, 이것이 그
에게 주위를 둘러볼 자유를 준 것 같았다. 아동을 슬쩍 보니, 그는
천천히 주위 환경을 둘러보고 있었다. 모든 것을 살펴보고는 나중
을 위해 기억해 두는 것 같았다. 그가 무엇을 생각하고 느끼는지

를 아는 것은 불가능했다. 나는 그리기를 계속했다. 천천히, 리로이는 일어나서 싱크대로 다가갔다. "여기 물이 있나요?"라고 그가 물었다. 나는 응답했다. "음, 지금 당장은 방에 물이 없지만, 내가 가서 그릇에 물을 담아올 수 있어." 리로이는 말했다. "물을 마시고 싶어요. 목이 말라요." 이것은 음식이나 음료에 대한 끝없는 요구의 시작이었다. 나는 말했다. "아, 마실 물을 원하는구나. 우리는 물을 가지러 부엌에 갈 수 있어." 우리는 부엌으로 함께 걸어갔고, 리로이는 내 손을 잡기 위해 손을 뻗었다. 그는 여기저기로 이끌려 다니는 데에 익숙한 것 같았다. 나는 그의 손을 잡았고, 우리가 부엌에 가까이 가자 그는 냉장고에 관심을 기울였다. "저기에는 음식이 있나요?"라고 그가 물었다. "그래, 리로이. 여기서 일하는 사람들 중 일부는 냉장고에 간식이나 점심을 넣어 두거든." 나는 설명했다. "아."라고 그는 말했다. 그는 물 두 컵을 마셨고, 우리는 그릇에 물을 채워서 방으로 가지고 갔다. 우리가 밖으로 걸어 나올 때 그는 "선생님도 냉장고에 간식을 두나요?"라고 물었다. 나는 "가끔."이라고 대답했다.

놀이치료실로 돌아와서 리로이는 컵과 컵받침, 찻주전자를 잡았다. 그는 찻주전자를 가득 채우고는 컵에 차를 부었다. 그리고 그것들을 채웠다가 비우기를 반복했다. 리로이는 손에 물을 묻힌 다음 말리는 것을 좋아했다. 때때로 컵에 물을 채우고는 '몰래 한 모금 마시곤 했다'. 거기에 대해 나는 "너는 주전자를 채우고, 차를 따르는구나. 때로는 차를 마시고, 때로는 그것을 붓고, 그리고 그것을 처음부터 다시 하고 있구나."라고 언급했다. 내가 인지한 것을 그에게 말해 주었을 때 그가 매우 작은 미소를 띠는 것 같았다. 우리는 회기의 남은 시간에는 거의 이야기하지 않았다.

나는 리로이와 처음 방에 들어갈 때, 떠날 시간이 되면 작은 벨이 울릴 것이라고 말해 주었다. 벨이 울렸을 때 그는 놀라는 것 같았고, 갑작스레 모든 것을 내려놓고는 문으로 갔다. "리로이." 나는 그에게 말했다. "오늘 너를 만나서 나는 기뻤어. 다음 주에 보자꾸나." 그는 문을 열었고, 우리는 대기실로 갔다. 그는 이동지원 사회복지사에게 가서 간식을 먹을 수 있는지 물었고, 그녀는 즉시 대답했다. "물론, 리로이. 먹을 수 있다고 내가 말했잖니." 그는 음식에 대한 불안을 처리하기 위해 사회복지사로부터 이미 약속을 받아 냈다. 사회복지사는 떠나면서 아동에게 맥도날드와 켄터키 프라이드치킨 중에 선호하는 것을 물었다.

첫 방문 이후 나는 이러한 메모를 남겼다.

이 아동은 예상했던 대로 애착에 어려움이 있는 것 같다. 그는 음식과 식사에 대한 굉장한 불안을 가지고 있다. 그의 놀이는 물, 마시기, 채우기, 비우기에 초점이 맞추어져 있다. 그는 냉장고와 아래층에 대해 물었다. 나는 그에게 선택할 수 있는 여지를 주어 통제감을 경험할 수 있도록 신중을 기했다. 나는 비지시적으로 진행하면서 놀이 주제를 기록할 것이고, 치료관계를 수립하기 위해 시도할 것이다. 신뢰를 쌓기가 어려울 것으로 여겨진다. 그의 삶은 실망으로 가득 차 있었던 것으로 보인다. 위탁부모와 시간 약속을 잡을 필요가 있고, 그에게 먹을 것을 주지 않도록 이동지원 사회복지사와 말해 보는 것이 좋겠다.

치료 계획

리로이의 첫 방문 이후, 나는 사회복지기관 담당자에게 연락을 했다. 나는 이 아동을 위한 치료 계획을 세우려고 했기 때문에, 그의 현재 상태와 위탁 돌봄 계획에 대해 더 많은 것을 알기를 원했다. 사회복지사는 나에게 아동이 발견되어 병원에 간 이후로 그의 어머니를 결코 찾을 수 없었다고 알려 주었다. 그의 어머니는 다시 매춘을 하고 있고 아이들이 보호하에 있다는 것을 아마도 알 것이라고 추측할 뿐이었다. 병원 간호사는 흑인 여성이 아이들에 대해 물어보려 연락을 했지만 통화 대기 중에 전화를 끊었다고 말했다. 사회복지기관 담당자가 외할머니와 접촉했지만 그녀는 지금 아이들을 돌보는 것에 대해 애매한 태도를 보였는데, 특히 어머니가 모르는 채 일을 진행하는 게 걸리는 것 같았다. 외할머니는 그녀의 딸이 이르든 늦든 간에 나타날 것이지만, 늦게 나타나기를 희망한다고 사무적으로 말했다. 그녀는 딸의 인생에 가망이 없고 딸이 '전혀 좋지 않다'고 말했다. "이 애들은 엄마가 없는 것이 더 나아요."라고 말하면서 다음 말을 덧붙였다. "하나님도 기다리는 데에 지쳤을 것입니다." 외할머니는 퉁명스러웠고 비협조적이었다. 그녀는 아이들에 관하여 조사받는 데에 익숙한 것 같았다. 그리고 그녀의 좌절감이 강하게 전해졌다.

그 시기에 가족의 자원이 결여되어 있음을 고려하여, 리로이에게는 장기 거주가 계획되었다. 더 어린 아이들은 입양 보낼 예정이었는데, 이는 그들이 더 어려서 입양이 더 쉬울 것으로 여겨졌기 때문이다. 만약 아이들의 어머니가 미시시피로 돌아오거나 가까이에 집을 구할 경우, 재결합이 가능한지 확인하기 위한 조치가 이루어질 예정이었다. 그녀가 아이들을 돌보려는 온당한 노력을 기울인 기간이 있었지만, 그 어머니의 내력을 감안할 때 재결합은 이루어지지 않을 것 같았다. 만약 그 어머니가 1년 후에도 나타나지 않는다면, 더 어린 아이들에 대한 친권을 중지시키기 위한 시도가 이루어질 예정이었다.

이러한 정보는 내가 치료 계획을 세우는 데에 도움이 되었다. 리로이는 그의 동생들, 그의 어머니, 외할머니로부터 분리되는 데에 얼마간의 도움이 필요할 것이다. 초기에 동생들과의 몇 차례 접촉을 통해 동생들이 잘 있는지에 대한 리로이의 불안은 줄어들겠지만, 영구 분리가 불가피해질지 모르고, 동생들이 입양된 이후에 접촉하는 것은 가능하지 않을 수도 있다. 외할머니와 사는 것이 현실적이지 않다는 것을 알게 된 점 역시 나에게는 중요했다. 리로이는 아마도 결국에는 자신의 미래에 대해 물어볼 것이다. 사실, 그런 질문을 던진다는 것은 좋은 예후를 알려 주는 징후일 것이다.

나는 사회복지사가 리로이를 지속적으로 돌볼 수 있는 이미 잘 구성된 가정에 보내기로 했다는 말을 듣고 안도했고, 가능한 한 빨리 위탁부모인 글레니스 부인과 만날 계획을 세웠다.

치료의 시작 단계

다음 다섯 번의 방문 동안, 의례(儀禮)가 명확히 세워졌다. 나는 손이 닿는 곳에 물이 가득 든 양동이와 컵과 컵받침을 준비했다. 리로이는 물놀이를 했는데 거의 말을 하지 않았고, 그의 행동에 대한 나의 언어적 관찰을 즐기는 것 같았다. 5주째에 그는 "선생님은 오늘 여기에 간식을 두었어요?"라고 물었다. 나는 "아니, 없어."라고 말했다. 그는 실망한 것 같았다. "아래층에는 냉장고가 있어요."라고 그는 말했다.

"그래, 거기에 있지, 리로이."

"그걸 보고 싶어요."

"좋아. 우리는 아래층으로 걸어갈 수 있어." 우리는 아래층으로 갔고, 냉장고를 쳐다보았다. 리로이는 황홀해하는 것 같았다.

"점심거리들이 안에 있어요."

"그래." 나는 말했다. "점심거리들이 아마 안에 있을 거야."

"내가 봐도 돼요?" 그는 눈을 크게 뜨고 물었다.

"그래. 우리는 그걸 열어 볼 수 있을 거야."라고 내가 대답했다. 그는 눈을 더 크게 뜬 채 열린 냉장고 앞에 한없이 서 있었다. 그는 양손을 옆에 붙인 채 모든 선반을 구석구석 빠짐없이 쳐다보았다. "집에 사과가 있어요." 그가 말했다. "오. 너도 사과를 가지고 있구나."라고 내가 말했다. "제가 아니고요." 그는 수정했다. "글레니스 아줌마가요." "오." 나는 반복해서 말했다. "너를 돌보아주는 글레니스 아줌마가 사과를 가지고 있구나." "네." 그는 크게 말했다. "아줌마의 냉장고에 있는 사과는 더 크고 더 좋은 냄새가 나요." "그래."라고 내가 말했고, 우리는 위층으로 올라갔다.

　대략 이 시간에 맞추어 글레니스 부인이 방문하게 했다. 그녀는 50대의 매우 친절한 흑인 여성이었다. 그녀는 18년 동안 위탁 부모 역할을 해 왔다. 그녀는 확실히 경험이 많았고, 리로이에 대해 걱정했다. "그 애는 늘 먹어요."라고 그녀는 설명했다. "아무리 많이 주어도, 항상 더 많이 원해요. 식탐이 굉장해요. 에휴, 불쌍한 것. 지난주에는 그 애가 울고 있길래 밤에 그 애 방에 갔어요. 한참 동안 그 애를 안고 달래 주면서, 뭐가 문제인지 몇 번이고 물어보았어요." 그녀는 계속 이야기했다. "마침내 그 애는 그의 엄마와 엄마가 뭘 먹고 있는지를 생각하고 있다고 말했어요. 그리고 그 애는 나에게 자기 엄마가 나쁜 짓을 했고, 때로는 나쁜 남자들이 엄마에게 상처를 주고 엄마를 계단 아래로 밀치곤 했다고 얘기했어요. 불쌍한 애 같으니라고." 그리고 글레니스 부인은 "걔가 어떤 일들을 겪었는지는 하느님만이 아실 거예요."라고 말했다.

　글레니스 부인은 홀어머니로, 이제는 어른이 된 두 명의 자식과 함께 살고 있었다. 리로이뿐만 아니라 로샤드와 켈야라는 두 명의 다른 위탁 아동도 맡고 있었다. 그녀는 그들이 모두 귀여운 아이들이고 서로 잘 지낸다고 말했다. 그녀가 인정한 유일한 문제는 리로이가 그 아이들의 돈을 훔쳐서 그 아이들이 리로이와 싸우곤 한다는 점이었다. 그 아이들은 리로이를 '뚱보 돼지'라고 놀리면서 리로이에게 쿵쿵거리는 소리를 내곤 했다. 리로이는 이에 상처받는 것 같으며, 자기 방으로 건너가서 숨곤 한다고 했다.

　글레니스 부인은 리로이가 처음 들어와 살게 된 이후로 많이 좋아졌다고 말했다. "그 애는 이제 나에게 질문도 하고, 외출도 하고, 밤에는 우리랑 TV도 봐요." 그녀는 이렇게 언급했다. "처음에는 자기 방에만 있으려고 했어요."

내가 글레니스 부인에게 집에서의 하루 일과에 대해 설명해 달라고 요청하자, 그녀는 모든 아이가 하교할 때까지는 집 안이 꽤 조용하다고 말했다. (그 아이들은 모두 가까이에 있는 학교에 함께 걸어 다닌다.) 그녀는 대개 아이들을 기다리면서 약간의 우유와 쿠키, 파이, 케이크를 준비했다. "저는 대개 리로이에게 큰 조각을 줘요. 왜냐하면 저는 걔를 좀 살찌우려고 하거든요." 그리고 그 아이들은 숙제를 하거나, 그녀가 저녁을 데우는 동안 밖에 나가서 놀곤 한다. "저는 보통 그 애들이 학교에 있는 동안 저녁을 만들어 둬요. 그 애들이 집에 올 때쯤 되면 그 애들을 위한 모든 준비가 되어 있지요." 그녀는 저녁을 먹은 뒤에는 '조용하다'고 설명했는데, 아이들은 TV를 보거나 게임을 하고, 그런 다음 그녀는 아이들에게 잠잘 준비를 시킨다. 그들은 목욕을 하거나 샤워를 하고, 다음 날 입을 옷을 준비한 다음, 기도를 드린다. 그녀 말에 따르면, 때때로 리로이는 자러 가기 전에 그가 모아 둔 음식을 약간 먹곤 한다.

글레니스 부인은 아이들에 대해 규율과 관련된 문제는 거의 없다고 말했다. "저는 소란스러운 아이들이 익숙하지만, 이제는 칼봇 부인에게 조용한 아이들만 다룰 수 있다고 말했어요." 그녀는 말했다. "아이들은 내가 몹시 화났을 때를 알아요. 저는 그저 그들의 행동거지를 지켜봐요. 그 애들은 제가 몹시 화내는 걸 원치 않아요. 제가 화났을 때는 조용히 하려 해도 큰소리가 나요."

리로이에 대해 주목되는 다른 점을 물어보자, 글레니스 부인은 그가 '때때로 약간 이상하게' 보일 때가 있다고 말했다. 내가 그녀에게 좀 더 자세히 말해 달라고 하자, 그녀는 이렇게 말했다. "음, 때로 그 애와 말을 해 보면, 그 애가 마치 나를 관통해서 바라보는 것 같을 때가 있어요. 마치 내가 거기 없는 것과 같이요." 그녀는 계속 이야기했다. "그리고 때로는 그 애가 TV를 보고 있을 때, 그저 자기 손가락을 빨면서 다른 세계에 있는 것 같을 때가 있어요. 그 애는 다른 애들보다 더 많이 우는데, 다른 애들이 '울보'라고 부르면, 그 애는 대개 자기 방으로 가서 자요. 그 애가 정말 화났을 때는 다른 애들에게 "너희들은 내 진짜 형제자매가 아니고 나에게는 너희들보다 더 좋은 진짜 형제자매들이 있어."라고 말해요. 다른 애들이 그 애 말을 믿지 않으면, 그 애는 달려와서는 거의 나를 끌다시피 하면서 데려가 자신이 진실을 말하고 있다는 걸 그들에게 확인시켜요."

또한 글레니스 부인은 약간 불편해하면서, 리로이가 '자기 아래 거시기 부분을 많이 만지고' 다른 사람이 그의 몸을 보는 것에 대해 매우 수줍어한다고 알렸다. 그가 자위 행동을 할 때 그녀가 어떻게 하는지를 묻자, 그녀는 대답했다. "나는 그의 손을 탁 때려요. …… 세게는 아니에요. 거기를 만지작거리는 것은 내가 보고 싶은 게 아니라는 걸 그 애에게 알리기 위해서요." 글레니스 부인은 리로이가 그의 형제자매들을 만나는 게 좋을 것 같다고 생각한다고 자진해서 말했다. 그리고 리로이의 형제자매들을 돌보는 위탁모를 안다고 했다. 나 역시도 확실히 이 만남에 대한 생각이 머리를 스쳐갔다.

　나는 그녀의 모든 통찰에 대해 감사의 마음을 전했다. 그녀는 리로이를 위해 짜임새 있는 환경을 제공하고 있었고, 리로이는 분명히 이에 긍정적으로 반응하고 있었다. 나는 그녀에게 이 시기의 아이들은 지루하거나 피곤할 때 자위하는 경향이 있기 때문에, 리로이가 자위할 때 그의 손을 때리는 대신, 리로이에게 그의 손을 가지고 뭔가를 할 수 있도록 공이나 다른 물건을 쥐어 줘 보라고 말했다. 그녀는 이를 시도해 보는 데 동의했다. 덧붙여, 나는 음식에 대한 리로이의 불안에 대해 글레니스 부인에게 얘기했다. "그애가 지금까지 매우 힘든 삶을 살았다는 점에 대해 저도 부인에게 동의합니다."라는 말로 나는 시작했다. "부인도 알다시피, 리로이는 심한 영양 결핍으로 인해 죽을 뻔했습니다. 제 생각에는 이제는 그 애가 충분한 음식을 얻는 것에 대해 극도로 걱정하는 것 같습니다. 동시에, 저는 사람들이 그 애를 너무 많이 먹이면 그 애가 자신의 불안을 다루는 법을 배우지 못하게 될 수도 있다는 점이 염려됩니다." 글레니스 부인은 '리로이의 뼈가 튼튼해지게 고기를 먹게 한 것을' 빼고는 리로이에게 음식을 많이 먹이지 않았다고 하면서 다소 기분 나빠하는 것 같았다. 나는 그녀에게 나 또한 리로이의 신체적 건강이 좋아지는 모습을 보기를 원한다고 말하면서, 리로이가 더 많은 음식을 요구할 때 가끔씩은 안 된다고 말하거나 한 시간 후에도 배고프면 그때 더 많이 먹을 수 있다고 말해 볼 것을 권했다. 그녀는 이 제안에 대해서는 자위 행동에 대한 제안을 들었을 때만큼의 반응을 보이지 않았다.

　나는 리로이의 학교 행동에 대해 물어보기 위해 그의 선생님에게 연락했고, 그가 1학년으로 꽤 잘 지내고 있다는 것을 발견했다. 초기 교육 평가에서는 언어적 · 수학적 학습 기술이 거의 전무하다는 것이 확인되었고, 사회복지기관은 이전의 학교 기록을 전혀 찾을 수 없었다. 교사는 리로이가 교실에서 매우 말을 잘 듣는다고 말했다. 그녀는 "때로는 그 애가 여기 있다는 것을 잊어버려요."라고 언급했다. 그녀 역시 음식에 대한 그의 집착에 대해 언급하면서, 그가 쉬는 시간 동안 쓰레기통을 뒤지는 것을 발견했다고 말했다. 또한 그녀는 그가 집에 가져가기 위해 가방에 음식을 숨기는 것을 보았다. 아이들 중 일부는 이걸 두고 그를 놀렸는데, 위탁가정의 형제들과 비슷하게 그에게 '수퇘지'나 '돼지'와 같은 딱지를 붙였다. 학업 면에서 보면 리로이는 잘 따라가고 있었고, 자신의 수행에 대해 별이나 행복한 얼굴 스티커를 받을 때는 자랑스러워하는 것 같았다. 그 교사에 따르면 리로이가 지금으로서는 그 어떤 행동상의 문제나 학업 문제는 보이지 않지만 사회적으로 주변부에 다소 머무는 것 같다고 했다. "나는 그 아이에게 함께 하는 운동이나 집단 활동에 참여하기를 권하지만, 그 애는 혼자 있는 것을 더 좋아하는 것 같아요." 그 밖의 다른 점으로는 리로이가 보조 교사를 좋아하는 것 같고, 항상 그녀를 보기를 고대한다는 것을 들었다.

10회기(2개월 반) 동안 리로이를 더 본 뒤, 나는 몇 가지 명확한 패턴을 발견하였다. 리로이의 놀이는 의례적인 성격을 띠고 있었는데, 자신이 겪은 박탈과 영양 공급을 재현하고 있는 것으로 보였다. 그는 모든 것을 충분히 가지는 것에 집착했다. 시간을 맞추는 것에 면밀한 주의를 기울이기 시작했는데, "선생님이 시간을 50분이 아닌 48분에 맞춰 두었어요."라고 빈번히 말하곤 했다. 그는 내가 냉장고에 간식거리를 두는지 여러 차례 물었다. 비지시적인 접근법을 사용하여, 나는 항상 "내가 냉장고에 음식을 두는지 안 두는지 알고 싶구나."라고 대답하곤 했다. "저, 음식을 둬요?"라고 그가 한 번 더 물어보면, 나는 "아니, 오늘은 아니야."라고 대답했다. 내 사무실에 있는 냉장고는 그가 접근할 수 없는 음식을 상징하게 되었다. 그리고 그는 음식을 요청하거나 음식을 받는 것을 아직은 불편해했음에도 불구하고, 거의 항상 그 냉장고에 대해 언급했다.

이 시기 동안 나는 리로이에게 다양한 활동을 선택할 수 있는 충분한 기회를 주었다. 그가 색칠하기를 하려고 했던 것은 한두 번에 불과했지만, 그는 항상 동일한 페이지를 펼치고는 '그 누구도' 그의 페이지에 색칠한 적이 없었는지를 주의해서 살폈다. 그는 선 안쪽에 색칠하기 위해 신경을 많이 썼다. 때때로 리로이는 놀이치료실에 오는 것을 기뻐하는 것 같았고, 뛰어 들어오기도 했다. 한번은 내가 5분 늦자, 그는 이런 경우에도 자기 시간을 온전히 가질 수 있는지를 즉시 물었다. 나는 그에게 물론 그럴 것이라고 말했다. 비록 짧았지만 이때 그는 처음으로 함박웃음을 지었다.

치료 계획

리로이를 위한 나의 치료 계획은 세 달이 지나면서 윤곽이 잡혔고, 그것은 다음과 같이 내 치료철에 기록되었다.

1. 리로이와 비지시적인 개인 놀이치료 실시
   - 놀이 주제와 패턴을 기록하기, 놀이에서 사용된 상징을 적어 두기
   - 관찰하고, 강요하지 않는 자세를 지키기
   - 선택하도록 권하고 통제감을 가지게 하기
   - 치료를 일주일에 2회로 늘리기

2. 상호작용 부분
   - 리로이에 의해 시작되는 상호작용의 깊이를 관찰하기
   - 장난감/인형을 가지고 하는 상호작용 놀이를 관찰하기
   - 위탁모, 위탁가정에 있는 형제들, 교사, 보조교사, 또래들과 진행 중인 상호작용에 대한 정보를 얻기
   - 치료자와의 상호작용의 깊이를 규정하기: 물어본 질문의 횟수, '나'라는 표현이 들어간 말의 횟수, 자발적인 의견의 횟수
   - 리로이가 자신의 욕구를 충족시킬 수 있도록 격려하기. 예를 들어, 어떤 것을 하기를 요청하거나, 자기 시간에 대한 권리를 요구하는 것 등

3. 외상 작업
   - 영양 결핍과 어머니로부터의 분리와 관련된 외상의 상징에 초점 맞추기, 외상 후 놀이를 살피기
   - 시간이 흘러도 놀이 내용이 심화되지 않을 경우 지시적이 되기

4. 협력
   - 사회복지사와 접촉을 유지하기, 필요한 경우 리포트를 제출하기

- 적어도 한 달에 한번은 위탁모를 만나서 집에서의 진전을 평가하기(과하게 먹는지 확인하기). 또한 애착의 질, 불안 행동, 악몽을 확인하기
- 리로이와 그의 친형제 사이에 연락이 이루어질 수 있도록 시도하기

치료의 중기 단계

리로이와 일주일에 두 번 만나는 것은 매우 성공적이었다. 그는 나에게 적절한 애착을 형성하였고, 그의 치료 작업은 매우 깊어졌다. 그의 놀이는 일주일에 두 번씩 치료를 시작한 지 두 달 만에 극적으로 변화되었다. 컵과 컵받침을 가지고 노는 것을 중단했고, 그의 관심은 아기 젖병들을 진열하는 것으로 바뀌었다. 리로이가 항상 이 젖병들을 의식하고 있다는 것은 알았지만, 이제는 갑작스레 이것들을 한데 모아서는 그 안에 물을 채우고, 다시 그것을 비워 냈다. 채우고 비우는 활동을 하는 동안 그의 감정 상태는 변화되었다. 그는 가쁘게 숨을 쉬곤 했고, 신체적으로는 가만히 있었으며, 빈번하고 초조하게 나에게 확인을 구하곤 했다. 그러던 어느 날, 마치 온 힘을 쥐어 짜내는 듯이 자기 입 안에 아기 젖병의 꼭지를 넣고는 나를 쳐다보았다. 나는 그와 시선 접촉을 했지만, 그는 눈을 피하지 않았다. "너는 아기 젖병을 마시고 있구나."라고 나는 말했다. 그는 베개가 쌓인 곳으로 천천히 걸어가서 그 위에 앉아 힘차게 젖병을 빨았다. 그가 모든 물을 마시자, 그의 젖병

은 그의 입에서 떨어졌다. 그는 "더 많이."라고 조용히 말했다. 나는 "너는 아기 젖병으로 더 마시고 싶구나."라고 말했다. 나는 젖병을 들고 그것을 물로 가득 채워서 그에게 돌려주었다. 그리고 나는 물통 옆에 있는 내 자리로 돌아왔다. 리로이는 다리를 웅크리고 옆으로 누운 채 젖병 꼭지를 빨았다. 그는 더 이상 세게 빨지 않았고, 조용히 빨고 있었다. 타이머의 벨소리가 그를 방해했고, 그는 일어나야 한다는 것에 화가 난 것 같았다. 그는 방을 가로질러 젖병을 던졌고 문 밖으로 걸어 나갔다. "리로이." 나는 외쳤다. "내가 너에게 잘 가라고 인사할 수 있게 해 줘." 나는 우리가 시선 접촉을 할 수 있도록 아래로 몸을 숙이고는 이렇게 말했다. "너는 아기 젖병에 마실 물을 많이 가지고 있었어. 벨이 울리자 너는 그 젖병을 던져 버렸지. 너는 여기에 있으면서 더 오래 마시고 싶었는지도 몰라. 이 젖병은 네가 오는 다음 시간에 여기에 있을 거야. 그때 보자, 리로이." 그는 걸어갔다. 그리고 이동지원 사회복지사의 손을 잡고, 나를 돌아보며 손을 흔들었다.

다음 시간에 왔을 때 리로이는 수줍어했다. 아기 젖병을 빤 것이 창피했을 수 있다. 그가 잠시 머뭇거리는 틈을 타서, 나는 그에게 자신을 그려 보도록 요청했다. "무슨 뜻이에요?"라고 그가 물었다. "음, 그냥 너를 그려 보렴." 하고 내가 말했다. [그림 4-1]은 리로이의 첫 번째 자화상이다. 내가 그에게 그의 가족을 그려 보도록 요청하자, 그는 [그림 4-2]를 그렸다. 그 그림 속에서 그가 얼마나 커 보이는지와 비일관적이고 황량한 환경에 의해 얼마나 압도되었는지를 확인하고는 깊은 인상을 받았다. 그의 그림은 그보다 훨씬 어린 아이들이 전형적으로 그리는 그림이었다. 리로이

[그림 4-1] 리로이의 자화상

[그림 4-2] 리로이가 그린 가족화

와 같은 연령이나 배경을 가진 아동의 그림에서 몸통을 그리지 않은 것은 아마도 신체상(body image)이 결여되어 있음을 상징하는 것일 수 있는데, 이는 그의 매우 심한 영양 결핍과 발달 지연 그리고 이제는 증가된 체중에 대한 신체적 불편감 때문일 수 있다.
그의 가족 그림에는 그가 느끼는 고립감이 나타나 있다. 가족 성
원 중 누구도 입을 가지고 있지 않았다. 그리고 어머니의 그림 크
기가 작은 것은 리로이가 자신을 보호자로 여기고 있음을 알려
준다.

그의 가족을 그리는 동안 리로이는 이렇게 말했다. "나는 엄마
를 사랑해요. 엄마는 좋은 사람이에요. 나쁘지 않아요." 그 말은
거의 자기 본심을 드러내는 것이라기보다는 스스로를 안심시키
려는 것 같았다. "너에게 좋은 엄마가 있고, 너는 엄마를 사랑하는
구나."라고 나는 반복했다. 내가 무언가를 더 말하기도 전에, "엄
마는 나쁘지 않아요."라고 리로이는 강력히 주장했다. "그러니까
엄마는 나쁘지 않다구요!" 나는 거기에 동의했다. "그래. 맞아, 리로
이. 그녀는 나쁜 엄마가 아니야. 너는 엄마를 그리워하는구나."라
고 나는 덧붙였다. 리로이는 물통으로 가서는 그의 젖병들을 다시
한 번 채웠다. 그리고 베개들이 있는 곳으로 가서는 조용히 빨아
먹었다. 처음과는 달리 이번에는 시간제한을 받아들이는 것 같았
고, 기분이 더 좋아진 채 자리에서 일어났는데, 이는 아무래도 영
양 섭취를 자신이 통제할 수 있고 내가 그의 젖병을 채워서 그에
게 돌려줄 거라는 것을 이해했기 때문으로 보였다.

이러한 양육 회기[1])들이 약 10번 내지는 12번 정도 진행된 이후,
놀랄 만한 일이 일어났다. 리로이가 조용히 누운 채 나에게 "엘리
아나 선생님."이라고 말하는 것을 들었다. 나는 그에게 다가갔고,

---

1) 역자 주: 주로 젖병을 빼는 활동을 하는 상담 시간을 저자는 '양육 회기(nurturing
session)'라는 표현으로 나타내고 있다.

그는 나에게 앉으라고 손짓했다. 나는 그렇게 했고, 그는 머리를 내 무릎에 베기 위해 몸을 웅크렸다. 그는 편안하게 누운 채 젖병의 물을 다 마셨다. 그날 그는 떠날 때 손을 흔들고 몸을 돌려 사라졌다.

그 뒤로도 한 달 반 동안 이러한 양육 회기들이 이어졌다. 때때로 리로이는 자기의 손을 뻗어 내 손을 잡곤 했다. 한번은 그가 내 손을 잡고는 그것을 자기 머리 위에 두었다. 본능적으로 나는 그의 머리를 쓰다듬었고, 그는 잠들었다. 그는 벨소리에 잠이 깨었는데, 분명히 양육받는 느낌을 경험한 것 같았다. 그는 이 회기를 떠나면서 덜 불안하고 다소 더 행복해 보였다. 글레니스 부인은 나에게 전화를 해서 무언가 색다른 일이 집에서 일어나고 있다고 말했다. 그녀는 "그 애는 전처럼 먹을 것을 많이 원하지 않는 것 같아요."라고 놀라워하며 말했다. "지난밤에 그 애는 자신의 파이 조각을 나에게 주었어요. 나는 다가가서 그것을 먹었어요. 제 체중을 걱정할 때는 아니라고 생각했거든요."

때때로 리로이는 자신의 입에서 젖병을 떼고는 말했다. "당신은 내 엄마가 아니에요."

"그래, 리로이. 나는 너의 엄마가 아니란다."

"내 엄마의 이름은 로레타예요."

"그래, 리로이. 너의 엄마 이름은 로레타야."

그러더니 그는 안도하면서 빠는 행동을 재개했다. 이러한 표현은 리로이가 현실세계에서 기능하고 있고 대처 전략들을 개발하고 있음을 보여 주는 신호인 것으로 보였다. 이 현실세계에는 감정이 담겨 있었다. 그는 어머니의 돌봄을 갈망했지만, 그럼에도 그녀의 한계라는 현실과 직면해야 했다. 그의 어머니는 만족을 주지 않고 일관되지 못한 대상이었다. 그는 다른 사람들에게 의존할 필요가 있었지만, 결국에는 정서적 돌봄을 받기 위해 스스로에게 의지해야 했다. 그는 자신의 갈망을 다루는 방법을 찾아냈고, 이러한 상연놀이를 통해 스스로를 수선하고 있는 것 같았다.

리로이는 그의 양육 회기를 한 주씩 거르다가 멈추었다. 그는 그림을 그리거나 블록을 가지고 구조물을 만들었다. 결국 그는 과감히 인형 집으로 다가갔다. 처음에는 인형 집 앞에 앉아서, 인형 집 안에 있는 어떤 것도 움직이기를 꺼리며 안을 들여다보는 것 같았다. 나는 이렇게 언급했다. "너는 조용히 앉아서 그 집 안을 들여다보고 있구나. 어떤 것도 만지지 않는구나. 너는 안을 들여다보며 밖에 앉아 있네." 나는 인형집 안에서 사용할 수 있는 작은 가족 인형들을 가져왔다. (리로이는 항상 인간 인형들이 있는 선반을 피했다. 그의 놀이는 지금까지 사물들을 가지고 항상 진행되었다. 블록, 크레용, 몇 개의 트럭, 작은 차들을 쳇바퀴 돌듯이 돌아가며 가지고 놀았다.) 그는 놀란 눈으로 나를 쳐다보았다. 그가 가지고 놀 물건을 내가 선택해 준 것은 이번이 처음이었다. "이 집은 이들의 집인가요?"라고 그가 물었다. "그럴 수 있어."라고 나는 대답했다. 나는 그 집을 쳐다보았고, 그는 인형들을 바라보았다. 그는 엄마 인형을 집어서 부엌에 두었다. "그녀는 요리를 해요." 그는 단호하게 말했다. "이 부인은 부엌에서 요리를 하고 있어요." 그는 재빨리 물러섰고, 남은 회기 시간을 그림을 그리며 보냈다. 그는 위탁모로부터 노래를 몇 곡 배웠는데, 그림을 그리는 동안 즐겁게 노래를 불렀다. 나는 항상 그에게 이렇게 말하곤 했다. "예쁜 노래를

부르는구나, 리로이. 너는 그 노래에 맞는 가사와 선율들을 모두
기억하고 있네." 그는 긍지를 느끼는 것 같았고, 몇 주가 지나면서
그의 목소리는 더욱 커졌다. 그는 노래를 마칠 때면 활짝 웃곤 했
다. 그러면 나는 미소로 화답했다. 리로이는 놀이 회기를 마치고
나올 때 내 손을 잡았다. 아동지원 사회복지사가 많이 바뀌었지
만, 그는 떠날 때 더 이상 그들의 손을 잡지 않았다. 그는 이제 그
들 옆에서 걸었고, 겉보기에 자신감 있어 보였다.

8개월간의 치료가 이루어졌고, 리로이의 진전은 엄청났다. 같
은 학교에서 한 학기를 끝냈고, 성적이 향상되었다. (한번은 리로
이가 나를 보려고 안달하면서 대기실로 뛰어 들어왔다. 자신이 작문에
서 A 학점을 받았다고 적당히 자랑했다. "에스더 선생님은 이제 제 파이
는 제가 만들게 해요."[2]라고 알렸다.) 리로이의 영양 부족을 연상케
하는 한 가지 모습은 계속되고 있다. 리로이의 과식을 멈추려는
글레니스 부인의 시도는 기껏해야 최소한의 수준에 머물고 있다.
그녀는 최선을 다하고 있다고 빈번히 나에게 말하지만, 음식을 더
달라는 리로이의 요구에 대해 안 된다고 말하지 못했다. 글레니스
부인은 비만인 여성으로, 그녀의 친자식들 역시 비만이다. 그녀는
아이들이 아주 동글동글해야 한다고 확신하는 것 같았다. 그녀는
리로이에게 음식으로 보상을 주는 것을 계속했고, 리로이는 여전
히 이러한 종류의 보상에 반응을 보였다.

치료에서 충분한 음식을 얻지 못할지도 모른다는 불안에 대처

---

2) 역자 주: 이 문장의 원문은 "Mrs. Esther is going to make me my own pie."이다.
학교 선생님에게 자신의 능력을 인정받은 것에 대해 리로이가 '파이 만들기'라는
표현을 사용한 점은 그에게 여전히 남아 있는 영양 섭취에 대한 강한 욕구를 보여
준다.

할 수 있도록 리로이를 돕는 데 있어 다소의 진전이 있었다. 그는 계속해서 아래층에 있는 냉장고에 대해 물었고, 안에 있는 것을 보게 해 달라고 빈번히 부탁했다. 그는 자신이 좋아하는 음식과 좋아하지 않는 음식에 대해 언급하곤 했다. 대개 그 대화는 글레니스 부인의 냉장고가 우리의 것보다 더 크고 더 좋다는 주장과 함께 끝이 났다.

나는 놀이치료실에 둘 장난감 냉장고와 장난감 음식들을 구입했다. 리로이는 즉시 그것들을 알아챘다. 그는 그것을 가지고 음식을 꺼내고 세어 보고는 다시 냉장고에 집어넣는 놀이를 했다. 다른 아이들도 이 장난감을 가지고 놀았는데, 리로이는 이를 결코 간과하지 않았다. 리로이의 놀이는 어느 누구도 음식들 중 어떤 것도 빼 가지 않았다는 것을 확인하려는 시도인 것처럼 보였다. "다른 아이들이 이 방에 놀러 와요?"

"너는 다른 아이들이 여기에 놀러 오는지 알고 싶구나. 그래. 그들은 여기서 놀이를 해. 리로이."

"선생님은 다른 아이들과 함께 여기에 와요?"

"너는 내가 다른 아이들과 함께 놀이치료실에 오는지 알고 싶구나. 그래, 리로이. 때때로 나는 다른 아이들과 놀이치료실에 온단다."라고 나는 대답했다. 다른 아이들과 그들의 치료에 대한 질문들이 끝없이 이어졌다. 리로이는 매주 장난감 음식들을 다시 세었다. 결국 몇 개가 없어졌다. 리로이는 이에 놀랐고, 걱정을 했다. 잃어버린 음식들을 찾기 위해 온 방 안을 뒤졌다. 그것들을 찾아내지 못하자, 그는 구석으로 물러났다. "물건을 훔치다니 그 아이들은 나빠요."라고 그는 결론지었다.

"정해진 자리에 둔 물건들을 잃어버리게 되었을 때 너는 정말 싫구나." 내가 말했다.

"선생님이 새 걸 가져올 수 있어요?"

"모르겠어, 리로이."

"이것 참, 선생님은 그렇게 해야 해요."

"물건들이 그대로 있는 것을 정말 좋아하는구나. 너는 물건들이 사라지는 걸 싫어하네." 우리는 어느새 그의 어머니에 대한 이야기를 하고 있었다. "나는 어쨌든 그걸 가지고 놀고 싶지 않아요." 이렇게 하여 그는 자기에게 실망을 안겨 준 바로 그 장난감을 거부했다. 그는 결국에는 그것으로 돌아올 것이다. 나는 "너는 네가 잃어버린 것들에 대해 감정이 있구나."라고 말했다.

이 회기를 하고 2주가 지나, 리로이는 그의 엄마에게 편지를 쓰겠다고 부탁했다. "물론, 리로이. 너는 너의 엄마에게 편지를 쓸 수 있어."라고 나는 말했다. 그는 자신이 쓸 수 있는 가장 정성 어린 글씨로 적었다. "나는 엄마를 사랑해요." 그는 나가면서 "이것을 내 엄마에게 보내 주세요."라고 말했다. "네가 엄마를 사랑한다고 적은 이 편지를 너의 엄마가 받기를 바라는구나." 나는 말했다. "이걸 선생님이 보내 줄 수 있나요?"라고 그가 물었다. 나는 당황했지만 대답했다. "다음번에 네가 오면 우리가 같이 이걸 보낼 수 있을 거야." 나는 이에 대해 생각할 시간이 좀 필요했다.

다음 주에 리로이는 편지에 대해 언급하지 않았다. 그가 색칠하기를 그만하고 싶다고 했을 때 나는 말했다. "지난주에 너는 이 편지를 네 엄마에게 보내고 싶어 했어. 여기 봉투가 있어." 우리는 그의 엄마 이름을 봉투에 적었다. "나는 네 엄마 주소를 몰라, 리로이. 뭐라고 적어야 할까?" 나는 물었다. "미시시피라고 적어 주세요." 그는 말했다. "좋아." 나는 동의했다. 우리는 그 편지를 우체통으로 가져갔고, 리로이는 간신히 손을 뻗어 그것을 우체통에 넣을 수 있었다. "하느님이 이걸 엄마에게 전할 거예요."라고 그는 단언했다. "그래." 나는 말했다. "네가 엄마를 사랑한다는 걸 엄마에게 정말 알리고 싶구나." 아이는 이에 어떤 응답도 하지 않았다. 몇 달 후 리로이는 그의 어머니가 그에게 보내는 편지를 쓰기를 원했다. 이번에는 봉투에 주소를 적었다. 글레니스 부인의 집주소였다. 리로이는 행복하게 그 편지를 가지고 왔다. "오늘 편지가 도착했어요." 그는 알렸다. "엄마가 나에게 보낸 편지를 받았어요." 그는 그 편지를 자기 방에 보관했다.

종결

사회복지사가 어느 날 연락하여 리로이가 몇 주 안에 미시시피로 보내질 것이라고 알렸다. 사회복지사에 따르면, 리로이의 어머니는 체포되었다가 그녀의 어머니의 돌봄을 받는다는 조건하에 풀려났다고 한다. 리로이의 외할머니는 딸이 직업을 가지고 있는 동안에는 집에 머물게 하는 것에 동의했다. 리로이와 그의 형제들은 미시시피로 돌아가고, 그곳에서 재결합 계획이 시작될 예정이었다. 나는 깜짝 놀랐으며, 종결이 갑작스러운 방식으로 일어날 것을 염려했다. 리로이는 커다란 진전을 보였다. 그는 위탁모와 애착을 형성할 수 있었고, 치료에서뿐만 아니라 학교에서도 잘 해

냈고, 그의 환경에 대해 안전감을 느끼기 시작했다. 그런데 한 통의 전화로 이 모든 것이 틀어졌다. 나는 리로이가 엄마가 있는 미시시피로 돌아갈 것이라고 사회복지사에게 즉시 말하는 것을 보았다. 리로이는 조용히 눈길을 돌렸다. "아담과 알리샤도 같이 오나요?"라고 그는 물었다. "내 생각에는 그래, 리로이. 하지만 칼봇 선생님(사회복지사)에게 확인해 봐야 돼."라고 나는 대답했다. 리로이의 어머니가 1년이라는 기한 안에 돌아왔기 때문에, 친권 상실이 연기될 가능성도 있었다. 리로이는 그가 어디서 살게 되고 언제 가야 하는지를 물었다. 나는 "내 생각에는 다시 할머니와 있게 될 것 같지만, 칼봇 선생님과 함께 이야기를 해 봐야 할 것 같아. 그리고 열흘 안에 떠나야 할 거야."라고 답했다. 리로이는 침울해 보였고, 구석에서 조용히 색칠하기를 시작했다. "나는 네가 그리울 거야. 리로이." 나는 말했다. 그는 색칠을 계속했다. 나는 "좋아하는 사람들에게 안녕이라고 말하는 건 힘들지."라고 그에게 말했다. "저는 선생님이 좋아요." 그는 자발적으로 말했다. 나는 "나도 네가 좋아."라고 말했다.

다음 회기에 나는 스크랩북과 폴라로이드 카메라를 가져왔다. 나는 리로이에게 오늘은 특별한 날이 될 텐데, 그것은 리로이가 미시시피로 가져갈 수 있도록 내가 사진을 찍어 줄 것이기 때문이라고 했다. 나는 놀이실과 그가 처음 놀았던 싱크대, 아기 젖병(그는 자신이 눕곤 했던 베개 위에서 젖병을 들고 있는 자기 모습을 찍기를 원했다), 밖에서 상담소 건물을 찍었다. 그는 놀이실에 있는 내 모습을 몇 장 찍었고, 직원 중 한 명이 우리가 함께 있는 사진을 찍었다. 우리는 그의 학교로 가서 그의 교실과 그의 선생님의 사진을 찍었다. 그리고 우리는 위탁가정으로 가서 리로이와 함께 있는 글레니스 부인, 리로이, 다른 아이들의 사진을 찍었다. 그는 대부분의 사진에서 시원섭섭한 미소를 지었고, 그 사진들을 조심스럽게 스크랩북 페이지에 끼웠다. "저한테는 많은 사진이 있어요." 그는 행복하게 말했다. "그래. 너에게는 사진이 많구나." 나는 동의했다. "제가 이걸 비행기에 가져갈 수 있나요?" 그가 물었다. "그래. 그럴 수 있어. 네가 원할 때는 언제든 이걸 볼 수 있고, 캘리포니아에서 네가 살던 때가 어땠는지를 기억할 수 있어."라고 나는 그에게 말했다. 그는 "저는 캘리포니아가 좋아요."라고 말하고는 "그리고 나는 미시시피가 좋아요."라고 했다.

마지막 2회기 동안 우리는 그의 이주에 대해 이야기하고, 작별인사를 했으며, 편지를 썼다. 그리고 그가 그리워하게 될 캘리포니아의 사람들과 사물들에 대해 이야기를 나누었다. 그는 매번 스크랩북을 가져왔고, 그 안에 몇 가지 그림을 그렸다. 또한 그는 나에게 그가 스크랩북에 집어넣은 다른 기념물들도 보여 주었다. 영화표 토막, 그의 성적표, 별과 행복한 얼굴 스티커가 붙어 있는 과제물들, 초콜릿 캔디 포장지가 있었다. 매 회기에 나는 그가 놀이실과 그가 가지고 놀았던 장난감들에게 작별인사를 할 수 있도록 도왔다. 하지만 리로이는 젖병들은 건드리려 하지 않았다. 그것은 마치 그가 젖병들에게는 작별인사를 할 수 없는 것처럼 보였다.

마지막 회기에 나는 리로이에게 이별 선물을 주었다. 그는 기대하면서 선물을 열었다. 그것은 새 젖병이었다. 그건 불필요한 관심을 끌지 않을 정도로 충분히 작았다. 카드에 나는 다음과 같이 적었다.

소중한 리로이에게

나는 너희 엄마, 할머니, 동생들과 함께 미시시피에 있을 너를 생각할 거야. 나는 사람들이 네 엄마를 도와서, 엄마가 너를 안전하게 지키고 잘 먹이는 법을 익히게 할 거라는 걸 알아. 네가 이 작은 젖병을 볼 때, 나는 네가 스스로를 잘 먹이고 자신을 더 기분 좋게 하는 방법을 배웠다는 것을 기억했으면 해. 먹을 것 때문에 배고플 때는 네 할머니나 선생님에게 가서 꼭 얘기하렴. 사랑 때문에 배고플 때는 네가 믿는 어른한테 가서 안아 달라고 하거나, 뽀뽀해 달라고 부탁하거나, 눈을 감고 네 자신을 기분 좋게 하기 위해 배웠던 방법을 기억하렴. 나는 너를 생각하고 너를 항상 기억할 거야.

－엘리아나로부터－

"이건 그냥 제 거예요?" 그는 믿을 수 없다는 듯이 물었다. "바로 너를 위한 거야."라고 나는 말했다. 그는 그의 작은 젖병을 움켜쥔 채 자발적으로 나를 끌어안았다.

논의

리로이는 부모의 심각한 방임에 의해 외상성 충격을 받은 아이였다. 그는 만성적인 무력감을 겪었고, 체념한 채 비일관된 양육, 분리, 거주 이전, 위험을 감당해 냈다. 그의 어머니는 수년간 약물에 의존한 채 혼란스럽게 살고 있었다. 영양실조에 걸린 다른 많은 피해자처럼, 리로이는 먹을거리를 충분히 얻는 것에 대한 불안감을 가지게 되었고, 이는 먹을 것을 찾아 쓰레기더미를 뒤지거나 음식을 저장해 두는 모습으로 나타났다. 그는 무기력한 상태에 빠진 채 많은 잠을 잤고, 대인 간 접촉을 피하는 것처럼 보였다. 리로이가 어린 두 동생의 주된 양육자인 것 같았고, 아마 그의 어머니 역시 그가 돌보았을 것이다. 리로이의 현재 문제는 우울증이었다. 기저의 문제로는 학습된 무기력, 무분별한 애착 형성, 영양 섭취에 대한 불안, 악몽, 상호작용의 문제를 들 수 있었다.

치료에서, 나는 리로이에게 자기통제감을 주기 위해 비지시적인 접근 방법을 사용하기로 결정했다. 나는 그가 스스로 선택을 내리고, 필요한 것을 부탁하고, 자신의 욕구를 충족시킬 수 있기를 원했다. 나는 그가 나와 관계를 형성하는 과정에서 생기는 불안감을 경험하고 그것에 대처하기를 기대했다. 이윽고 그는 의존과 일관성에 대한 그의 두려움과 갈망에 직면하게 되었다.

나는 리로이에게 놀잇감을 제공했는데, 이것은 그로 하여금 마음 저변의 핵심 문제인 두려움, 박탈감, 갈망을 재연하는 데에 도움을 주었을 것이다. 컵, 받침 접시, 물, 아기 젖병, 슈퍼마켓 카트, 냉장고, 장난감 음식과 같은 재료들은 리로이에게 매우 특별한 의미를 가지게 되었다. 덧붙여, 그는 결국 그 재료들이 주는 불편감을 극복할 수 있었고, 인형집과 가족 인형을 사용해서 가정생활에 대해 그가 가진 환상의 일부를 실연해 보일 수 있었다. 집과 가정에 대한 리로이의 지각은 그가 겪은 경험에 의해 다소 왜곡되어 있었다. 그는 계속 이사를 다니고 보도에서 자주 몸을 웅크린 채 자야 했었다.

양육에 대한 리로이의 당연스러운 집착은 그의 놀이 주제에도 일관되게 나타났다. 그는 항상 물건을 비웠다가 다시 채우곤 했다. 그는 물리적 양육에 대한 자신의 욕구를 상담 시간에 아기 젖병을 마시는 것으로 상징적으로 표현했고, 베개에 몸을 웅크리고 누운 채 아기 젖병을 빠는 것으로써 정서적 양육에 대한 욕구를 나타냈다.

치료 기간 동안 리로이의 상호작용은 현저히 향상되었다. 그는 질문을 할 수 있었고, 놀이에 내가 참여하는 길을 알려 주었고, 그의 욕구를 충족시키기 위한 시도를 할 수 있었다. 치료가 그에게 중요해졌고 치료에 오기를 고대했다는 점은 명백했다. 그는 타이머를 정확한 시간에 맞추었는지를 항상 확인했고, 부과된 제한사항을 존중했다. 그는 상담소 안에 음식이 있음을 알면서도 상담 중에는 그것을 먹지 못하는 데 따르는 불안감을 다루는 법을 배웠다. 또한 그는 다른 아이들이 '그의' 장난감 음식을 가지고 논다는 사실을 감내할 수 있었다.

리로이는 치료 기간 동안 스스로를 보살피는 법을 배웠다. 그는 젖을 빨려는 원초적인 욕구를 만족시킬 수 있었고, 그가 원할 때 마실 것을 더 먹을 수 있었다. 그리고 그의 경험을 일부 재연하는 동안 나로 하여금 그와 신체적 접촉을 하도록 하면서도 시종 환상과 현실, 그의 엄마와 나 사이를 성공적으로 구분했다. 환상을 통해, 그는 박탈된 그의 초기 경험을 보상할 수 있었다. 그는 무분별한 애착을 하는 것을 중지했고 새로운 아동지원 사회복지사에게 공손했지만 거리를 유지했다. 그는 그의 위탁모와 중요한 애착을 형성했고, 위탁가정 환경 속에서 안전하고 사랑받는 느낌을 경험하였다. 동시에, 그는 위탁 돌봄이 일시적이고 갑작스레 바뀔 수 있다는 점을 완전히 이해하는 등 한계를 받아들이는 것 같았다.

나는 리로이의 상담 시간에 지시적인 놀이는 최소한도로 사용했다. 인형집 놀이에서는 그의 양가적 태도를 인지하고 그가 관여하도록 안내했다. 내가 인형들을 내놓았을 때 그는 놀이를 회피했는데, 나는 이 반응에 주목하고는 그에게 다음에 무엇을 할지를 선택하게 했다.

불행하게도, 예상보다 이른 갑작스러운 시점에 종결이 이루어졌다. 이러한 상황에서 나는 구조화된 방식으로 리로이가 떠나는 것을 준비하는 것이 최선이라고 생각했다. 그는 엄청난 진전을 보였고, 미래에 사용할 수 있는 몇몇 기술을 익혔지만, 이는 분명 확실한 것은 아니었다. 일이 어떻게 진행될지에 대해 그를 안심시키는 것은 어려웠다. 사회복지사는 우리 둘 모두에게, 나의 종결 보고서를 포함하여 관련된 자료들을 그녀 본인이 모두 모아서 이송할 것이라고 장담했다. 또한 그녀는 미시시피에서도 그의 치료가 반드시 계속되게 하겠다고 다짐했다. 리로이는 더 강해지고 조금 더 자기확신과 자신감이 생긴 채로 그의 어머니에게 돌아갔다.

05
조니: 성적 학대에 의해
외상성 충격을 받은 아동

의뢰 정보

조니는 그의 어머니와 함께 친할머니댁에 살고 있을 때 친할머니댁에 하숙하던 혈연관계가 아닌 남자에게 성 학대를 받았다고 신고가 이루어진 후, 아동보호기관 사회복지사에 의해 치료가 의뢰되었다.

사회생활/가족력

조니는 의뢰되었을 때 거의 만 5세였다. 그는 부모인 데이비드와 매기 사이에 난 외동아들이었고, 그가 태어난 지 얼마 안 되어 부모는 이혼하였다. 데이비드는 아이와 아내 모두에게 폭력적이었고, 아이와 친아버지 사이의 모든 관계는 이혼할 때에 끊어졌다. 매기는 조니와 함께 시어머니댁으로 피신했고, 시어머니는 그들에게 머물 곳을 제공했다. 매기의 친부모는 그녀가 11세일 때자동차 사고로 숨졌다. 그 뒤로 그녀는 여러 위탁가정에서 살았고, 성년이 되기 전 2년 동안은 그룹홈에서 지냈다. 그녀가 그룹홈에 머무는 동안 데이비드를 만났고 임신했다. 그들의 첫아이는유산되었고, 2년 후에 조니를 가질 수 있었다.

데이비드는 5형제 중 맏아들이었다. 그는 14세 때 차를 훔치고그것을 팔기 위해 주 경계선을 가로질러 차를 운전한 이후로 법원의 보호관찰을 받았다. 그는 그의 청소년기의 대부분을 소년원과그룹홈에서 보냈다. 그는 오랫동안에 걸친 약물 의존 문제를 가지고 있었다.

조니가 매기에게 래리라는 하숙인이 그에게 상처를 입혔다고말했을 때, 매기는 아동보호기관(Child Protective Services: CPS)에연락했다. 조니는 보호기관에 래리가 '그의 엉덩이를 상처 입혔다.'고 말했다. 의학 검사에서 성병에 대한 양성 소견이 나왔다.래리는 조니가 의사를 만난 것을 알고는 도망쳤다. 하지만 경찰이그를 발견하여 구금했고, 공판을 위해 그를 붙잡아 두었다. 조니의 친할머니는 조니를 추행하는 데에 래리가 관여했다는 것을 믿기 힘들어했다. 그녀는 래리의 부모를 알고 있었고, 조니가 혼동했다고 여기며 조니를 믿기를 거부했다. 그녀는 조니에게 집요하게 질문을 던지며, 그를 상처 준 건 '다른 누군가'이고 그가 래리와단둘이 있었던 적이 결코 없었다고 말하도록 부추겼다. 그의 할머니의 불신에도 불구하고 지방 검사는 래리를 14세 미만의 미성년자에 대한 음란하고 선정적인 행위로 기소했고, 예심이 이어졌다. 지방 검사는 조니에게 증언을 준비시켰고, 그 소년은 그 학대에 대해 충분히 분명하게 증언할 수 있는 것처럼 보였다.

예심에서 조니는 래리가 '그의 엉덩이에 상처를 주었다'는 것을 말할 정도로 자기 생각을 충분히 잘 표현할 수 있었다. 반대 심문에서 "래리가 너를 상처 입혔을 때 너는 무엇을 했니?"라는 질문을 받자, 조니는 이렇게 대답했다. "저는 래리의 눈을 찌르고, 그의 무릎을 부수고, 그를 산으로 날려 버렸어요." 성 학대를 시사하는 결정적인 의학적 소견이 있음에도 불구하고 조니가 신뢰할 만한 증인으로 보이지 않는다는 이유로 조니 건은 기각되었다. 성적인 어떤 일이 그 아동에게 일어났다는 점은 의심할 나위가 없었지만, 그것이 무엇이었고 가해자가 누구였는지를 정확히 확인하기 어려웠다.

조니는 다수의 행동 문제를 가지고 있었다. 그는 악몽을 꾸었고, 그의 어머니에게 매달렸다. 그는 소음을 듣거나 새로운 사람을 보거나 혼자 있게 되면 갑자기 겁을 먹었다. 그의 어머니와 보호자들은 그의 과도한 자위 행위, 공격성, 악마에 대한 끊임없는 집착을 염려했다. 어머니와 친할머니는 둘 다 조니의 악마에 대한 집착을 당혹스러워했다. 그들은 악마에 대해서는 어떤 것도 조니에게 가르친 적이 없다고 했다.

조니의 할머니가 래리에 대한 조니의 주장을 믿기를 거부했기 때문에, 매기는 그녀의 집에서 나와 근처 자치주로 이주했다. 나에게 그녀와 조니에 대한 치료가 의뢰된 것은 이러한 이주가 이루어진 이후의 일이다.

임상적 인상

조니는 매우 매력적이지만 정신없는 5살짜리 아이였다. 그는 말을 잘하고 영리했지만 제한을 지키지 않았고, 자신의 호기심을 자제하는 데 어려움이 있었다. 그가 사무실에 들어왔을 때, 그의 흥분은 모든 이의 관심을 유발했다. 그는 다른 치료자의 사무실로 이어지는 문들을 열어젖혔고, 많은 물을 마셨고, 그 컵들을 구겨서 아무 데나 던졌다. 또한 의자 위로 올라갔고, 음악을 크게 틀었고, 대기실에 있는 어항에서 물고기를 꺼내려고 시도하는 등 대체로 혼란을 일으켰다.

조니의 어머니는 이를 효과적으로 다루지 못했고, 일관적이지도 않았다. 그녀는 아들의 행동에 몹시 당황하는 것 같았고, 아들을 다잡으려 하다가 무력해지고 염려하기를 번갈아 했다. 그녀는 조니의 '지독한 행동들'이 새롭게 생긴 것이고, 래리에게 성추행을 당한 후에 나타났다고 단언했다. 그녀는 성추행을 당하기 전에는 조니가 조용하고 유순했다고 언급했다. 조니의 어머니는 아들이 도움을 받을 수 있기를 매우 간절히 원했고, 그녀 자신 역시 지도와 지지를 받을 수 있기를 기대했다.

처음 몇 회기 동안 조니는 놀이치료실을 매번 몇 분도 안 되어서 나왔다. 그는 나와 둘이서만 있는 것을 견딜 수 없는 것 같았다. 어머니가 있는지 확인하기 위해 대기실에 갈 때면, 그는 어머니의 관심을 끌기 위한 행동을 했다. 올라갔다 내려갔다 하기도 하고, 식수대의 뜨거운 물 레버를 밀기도 하고, 대기실에 있는 안내 책자를 찢기도 했다.

나는 재빨리 조니에게 제한을 설정했다. "조니, 보렴. 이건 타이머야. 우리는 50분을 함께할 거야. 벨이 울리면 떠날 시간이야." 라고 나는 그에게 말했다. 그는 "내가 좀 볼게요."라고 말하면서 시계를 들고 시간을 다시 맞추었다. 그가 시계를 세 번째로 만졌을 때 나는 그것을 높은 곳에 올려두고 그에게 말했다. "이 시간 동안 타이머는 여기에 있을 거야." 그는 나에게 화가 났고, 그의 어머니에게 달려갔다. 나는 밖으로 나와 그에게 손을 내밀면서 말했다. "가서 놀이치료실에 있는 내 장난감을 보자." 그는 나의 손을 잡지는 않았지만, 그래도 내가 등을 돌리자 나를 따라서 놀이치료실로 갔다.

처음 두 번의 만남에서 나는 그를 억제할 수 없었다. 그는 제대로 살펴보지도 않은 채 선반에서 모든 장난감을 끌어내렸다. 그는 그 장난감들을 아래로 던졌고, 방 도처에 흩어 놓았다. 어느 순간 나는 이렇게 말했다. "조니, 장난감은 모두 선반 위에 제자리가 있어. 그것들을 원래대로 되돌려 놓자." 그는 "싫어요."라고 단호하게 말하면서 방 밖으로 뛰쳐나갔다.

어쩌면 조니가 방문을 열어 두기를 원할지도 모른다는 생각이 나에게 떠올랐다. 두 번째 시간이 끝날 때 즈음, 나는 말했다. "방문을 조금 열어 두자. 그러면 밖을 내다볼 수도 있고, 네가 정말 원한다면 네가 떠날 수 있다는 걸 알 수 있을 거야." 그는 문을 약간 열어 두는 데에 매우 긍정적으로 반응했고, 앉아서 색칠하기를 했다. 그의 그림에 대해 그에게 물어보자, 그는 크게 소리쳤다. "이건 래리예요. 바보예요." 나는 "그는 뭘 하고 있니?"라고 물었다. 그리자 조니는 방을 나갔다. 세 번째 시간에는 몇 번 중단되기는 했지만 놀이치료실에 머물 수 있었다. 때때로 그는 엄마에게 물건을 가져가거나 화장실에 가고 싶다고 말하곤 했다.

조니는 집중력의 길이가 짧았다. 그는 한 가지 장난감이나 한 유형의 놀이에서 다른 것으로 6분 정도마다 전환했다. 그는 더 이상 원하지 않는 장난감을 나에게 건네면서 "이 멍청이를 제자리에 가져다 놓으세요."라고 말하곤 했다. 나는 그 장난감들을 가져다 놓으면서, 그가 시작과 중간과 끝을 조직화하면서 자신의 놀이를 둘러싼 구조를 만들기 시작했다는 점에 주목했다.

나는 조니의 어머니와 매주 만났다. 그녀는 래리와 악마에 대한 조니의 강박적인 설명에 대해 말했다. 그녀는 이러한 행동이 밤 동안에는 악화된다고 언급했다. 조니는 자러 가는 것을 두려워했고, 취침 시간은 이제 갈등의 중심이 되었다. 조니는 불을 켜 두고 문을 열어 두기를 원했으며, 한밤중에 다섯 번에서 열 번은 그녀의 침대로 왔다.

3회기에 나는 조니에게 그의 꿈에 대해 물었다. "네가 밤에 자러 간 후에는 무슨 일이 일어나니?" 그는 눈을 크게 뜬 채 나를 쳐다보며 조용히 말했다. "그 악마가 자신의 품 안으로 나를 데려가기 위해 와요."

"그 악마는 어떻게 생겼니?"

"그는 뿔이 달렸고 빨개요."

"너도 알겠지만, 조니야. 나에게는 악마처럼 생긴 작은 인형이 있어."

"아니에요. 선생님한테는 없어요."라고 그는 이의를 제기했다.

"그걸 보고 싶니?"

"아니요." 그는 두려워하는 것 같았다.

"괜찮아, 조니. 여기 종이 한 장이 있어. 밤에 온 그 악마의 모습을 나에게 그려 줘."

[그림 5-1] 밤에 찾아오는 악마

조니는 그 종이를 가지고 빨간색과 검은색이 강렬하게 그려진 그림을 그렸다([그림 5-1] 참조). 깊이 집중한 것처럼 눈을 감았다가, 그의 악마 그림을 위한 색깔들을 매우 고심해서 선택했다. 그림이 완성되었을 때, 그는 뛰쳐나가 그것을 자신의 어머니에게 보여 주었다. "엄마, 엄마. 이게 밤에 오는 그 악마예요. 엘리아나 선생님도 악마를 가지고 있대요." 나는 조니와 그 어머니에게 놀이치료실에 조그만 악마 인형이 있다고 설명했다. 나는 조니와 내가 그의 무서운 꿈에 대해 이야기하고 있었다고 말했다. 조니는 자발적으로 이렇게 말했다. "그 악마는 힘을 가지고 있어요. 그는 당신도 죽일 거예요." 나는 시선 접촉을 할 수 있도록 무릎을 꿇고는 그를 쳐다보며 말했다. "조니, 나는 어떤 사람이 너에게 악마에 대해 많은 것을 말했다는 거랑 악마가 얼마나 무서운지를 알겠어. 신이 악마로부터 우리를 보호한다는 사실을 네가 알았으면 좋겠어. 신은 이제 너와 너의 엄마도 보호할 거야." 그는 "아니에요. 신은 그러지 못해요."라고 말했다. "신은 나쁜 아이들을 좋아하지 않아요." 나는 적극적인 모습을 보이기로 결심하고 단호히 말했다. "신은 좋은 아이들과 나쁜 아이들을 똑같이 사랑해. 신은 악마가 아이들을 겁먹게 하고 아이들로 하여금 자신이 나쁘다고 생각하게 만들 수 있다는 걸 알고 있어. 너와 나는 앞으로 더 많이 이야기할 거야. 그리고 우리는 악마를 무찌르는 걸 도와 달라고 신에게 부탁할 거야. 알겠니?" 조니는 그의 어머니의 손을 붙들고는 "가요, 엄마."라고 말했다.

　다음 시간에 조니는 와서 다시 강조했다. "신은 나쁜 아이들을 사랑하지 않아요."

　"네가 나쁜 짓을 했니?"

　"아무것도 안 했어요."라고 조니는 대답했다. "하지만 나는 래리에게 나쁜 짓을 했어요."

　"어떤 나쁜 짓을 했니?"

　"말해 줄 수 없어요."

　"네가 말한다면 무슨 일이 일어나니?"

　"래리가 우리를 죽일 거예요."

"래리가 누구를 죽일 거라고?"

"나랑 엄마요."

"래리가 너에게 그렇게 말했니?" 나는 물었다. 그는 그렇다며 고개를 끄떡였다. "너 이걸 아니?"

"네?"

"래리는 이제 없어. 그는 너나 너희 엄마에게 상처를 주지 못해. 그는 이제 멀리 떨어진 어딘가에 살고 있어. 그리고 그는 네가 어디에 사는지 몰라."

"아니에요. 그는 알아요."

"나는 그렇게 생각하지 않아." 나는 조용히 이야기했다.

"너희 엄마는 네가 어디 살고 있는지 누구에게도 말하지 않았기 때문에 너는 매우, 매우 안전할 수 있어."

"래리는 우리를 찾을 수 있어요." 조니는 슬프게 말했다.

"너는 정말 래리를 두려워하는구나."

"그는 나를 아프게 했어요."

"어떻게 아프게 했니?"

"그는 내 엉덩이에 막대기를 집어넣었어요."

"그가 그렇게 한 건 잘못이야. 어른들은 그렇게 아이들에게 상처를 주어서는 안 돼."

"아이들은 멍청해요." 조니는 응답했다.

"왜, 조니, 왜 아이들은 멍청하니?"

"그들은 나쁜 일을 멈출 수 없으니까요."

"아이들은 멍청하지 않단다, 조니. 그들은 그냥 작고, 그렇게 커다란 비열한 사람들과는 싸울 수 없을 뿐이야." 조니는 낙담한 것처럼 보였다. "보렴, 조니야." 나는 커다란 헝겊인형과 작은 헝겊인형을 집으며 말했다. "이건 너고, 이건 래리란다. 차이가 뭐니?"

조니는 커다란 '래리' 인형을 그의 주먹으로 치기 시작하면서 이렇게 말했다. "그는 커다랗고 키가 커요. 그에게는 수염이 있어요."

"옳지. 어른 남자들은 커다랗고 키가 커. 이 아이는 작고."

"그는 나빠요."라고 조니가 덧붙였다.

"그래, 조니. 그가 너의 엉덩이에 막대기를 집어넣고 너에게 상처를 주었을 때, 그는 나쁜 짓을 하고 있던 거야."

"그렇죠."라고 그는 반복해서 말했고, 이제는 그 남자 인형을 뒤집어서는 그 인형의 궁둥이를 그의 주먹으로 쳤다.

"이 아이가 나쁘니?" 내가 물었다.

"네. 그 애도 나빠요."

"어떻게 해서? 무엇 때문에 그 애가 나쁘니?"

"모르겠어요." 조니는 두 인형을 발로 차 버리면서 말했다.

"시간이 얼마나 남았어요?"

"음, 약 25분 정도."

"저는 점토를 가지고 쿠키를 좀 만들고 싶어요."

"좋은 생각이야."라고 나는 말했다. "우리는 래리와 악마 그리고 무서운 것들에 대해 오랫동안 이야기했어. 우리는 이제 쿠키를 만들 수 있어."

[그림 5-2] 조니가 그린 신의 모습

조니는 긴급한 질문을 가지고 다음 회기에 왔다. "신은 어디에 있지요?" 그가 물었다. "신은 모든 곳에 있고 우리를 내려다보고 있다고들 해."라고 나는 말했다. 나는 그녀의 어머니에게 그녀의 종교적 신념과 신의 개념을 조니에게 설명했는지와 설명했다면 어떻게 설명했는지를 물어보자고 마음에 새겨 두었다. 그는 즉시 신이 어떻게 생겼는지 물었다. 나는 그에게 모든 사람은 각자 마음속에 다른 모습의 신을 가지고 있다고 말했다. 그리고 어쩌면 그가 생각하는 신의 모습을 그림으로 그려 볼 수 있을 것이라고 했다. 조니는 한참 동안 생각하고는 노란색 크레용을 선택해서 종이를 가득 채우는 커다란 노란 공을 만들었다. 그리고 거기에 미소를 띤 입을 그렸다. 눈은 분명히 생략되어 있었다([그림 5-2] 참조). "신은 강하고 커요." 그는 안정된 목소리로 말했다. "그래, 조니. 그는 그렇지." 나는 동의했다. "그는 악마를 이기지 못해요."라고 조니는 말했다. 그리고 부드러운 목소리로 이렇게 덧붙였다. "아마도 때로는 요."

나는 다시 한번 악몽에 대해 말했다. "네가 잠든 후에 악마가 온다고 나한테 말한 걸 기억해 보렴." "네."라고 조니는 대답했다. "아마도 너의 신 그림을 베개 아래 두면 악마가 그렇게 많이 주위에 오려고 하지 않을 수 있어."라고 나는 제안했다. 조니는 이 아이디어에 흥미가 생긴 것 같았지만, 여전히 걱정스러워 보였다. 나는 "무슨 생각을 하고 있니?"라고 물었다. 그러자 그는 "나는 이 그림을 기계로 복사하고 싶어요."라고 대답했다. 조니는 복사기에 매우 관심을 가졌고, 나는 그에게 그것이 어떻게 작동하는지 보여 주었다. 그는 그림을 그리면, 때로 원본을 내 사무실에 두고 복사본을 집에 가져가곤 했다. 그는 놀이치료실에 자신이 그린 신 그림의 복사본을 두고 싶어 하는 것이 분명했다. 또한 그는 행정 담당 선생님에게 두 번째 복사본을 만들어 주며 "신은 모든 곳에 있어요. 신은 이렇게 생겼어요."라고 말했다. 그녀는 그에게 감사했고, 그 그림을 벽에 붙였다.

그의 어머니는 조니의 악몽이 줄어들었고 악마에 대한 조니의 이야기는 이제 신과 신의 힘에 대한 논의로 대개 종결된다고 보고했다. 조니가 그가 정말 나쁜 건 아니고 악마가 그를 속였을지 모른다고 말했다고 그녀는 말했다. 그는 "내가 정말 착한 것을 신은 알아요."라고 그의 어머니에게 말했고, 그녀는 이에 동의했다.

착함과 나쁨, 악마와 신, 신이 지켜보고 보호한다는 이러한 주제들은 한동안 계속되었다. 조니는 많든 적든 걱정에 사로잡혀 있었고, 나는 그의 어머니에게 조니가 어떤 TV 프로그램과 영화를 보는지 확인하도록 요청했다. TV에서 하는 무서운 영화들은 대개 그에게 퇴행을 유발했다. 즉, 불면증과 밤에 대한 공포가 그에게 다시 나타났다. 또한 나는 그의 어머니에게 조니가 안 들리는 곳에서 래리에 대해 대화하도록 요청했다(그녀는 때때로 그녀의 아들에게 벌어진 일, 그녀의 시어머니가 그의 말을 믿지 않았던 것, 법정이 래리를 기소하지 못한 것에 대해 그녀의 친구들에게 말하면서 흥분하곤 했다).

나는 조니가 지속적으로 보이는 공격 행동에 나의 주의를 돌렸다. 그는 그가 아는 아이들에게 공격적인 행동을 보였고, 유치원에서 몇 차례의 정학을 받은 이후 퇴학을 당했다. 그의 어머니는 조니를 네 명의 아이돌보미 선생님에게 데려갔지만, 그들 모두 다른 아이들에 대한 그의 집요하게 잔인한 행동을 지적하면서 그를 맡기를 거부했다. 보고에 따르면, 그는 또래들을 때리고, 깨물고, 발로 차고, 밀고, 그들에게 고함치고 있었다. 그의 행동을 억제하기 위한 다양한 시도는 실패했다.

나는 조니에게 직접 문제를 제기했다. "네가 젠킨스 선생님의 교실에 더 이상 돌아갈 수 없다고 들었어. 어째서니?" 조니는 그의 선생님이 못됐고, 아이들은 멍청하고, 어쨌든 그곳이 마음에 들지 않는다고 말했다. 나는 다시 젠킨스 부인이 무슨 일 때문에 그에게 학교를 떠나게 했는지를 물었다.

마침내 그는 말했다. "내가 다른 아이들에게 나빴어요."

"나쁜 행동이나 말을 했니?" 나는 물었다. 그러자 그는 정직하게 아이들을 때려서 상처를 입혔다고 말했다. "네가 왜 그랬다고 생각하니?"

"모르겠어요. 그냥 그러고 싶었어요."

"네가 그렇게 한 다음, 그것에 대해 어떤 생각이 드니?"

"아무것도 없어요. 그냥…… 음, 내가 나빠요."

"너도 알다시피, 조니, 나는 네가 다른 아이들에게 상처 주는 걸 멈출 수 있게 돕고 싶어. 우리가 그것에 대해 함께 노력해 볼 수 있을 것 같니?"

"모르겠어요." 그는 다시 정직하게 대답했다.

나는 다음과 같이 조니의 공격성에 대한 가설을 세웠다. 그는 상처받거나 무력해지는 것에 대한 불안을 표출하고 있었다. 그는 자신을 보살펴 주는 주변 환경이 위협적일 가능성이 있다고 느끼고 있었다. 나쁜 사람은 힘이 세고 좋은 사람은 약하고 무방비하다고 여기는 등 그는 여전히 좋은 것과 나쁜 것에 대한 혼란으로 인해 부대끼고 있었다. 그는 대개 더 큰 소년들만을 공격하곤 했다. 그가 사람들로부터 부정적인 관심을 이끌어 내고 그의 나쁜 행동에 대해 처벌을 받을 때, 그는 또한 자신의 나쁜 행동에 대해 제한이 가해지기를 원했을 수도 있다.

나의 첫 번째 개입은 좋은 힘과 나쁜 힘에 대해 조니와 대화하는 것이었다. 나는 강력해지고 힘이 세지거나 그런 느낌을 느끼는 것은 괜찮다고 설명했다. 나는 어떤 사람은 좋은 방식으로 힘을 사용하는 반면, 나쁜 방식으로 힘을 사용하는 사람도 있다고 예를 들어 설명했다. 나는 그에게 힘을 드러내는 좋은 방식과 나쁜 방식을 찾는 것을 도와 달라고 요청했다. 나쁜 방식은 그에게 명백했다. 그는 "다른 사람이 내가 원하는 걸 하게 만드는 것, 사람을 때리는 것, 사람을 괴롭히는 것, 사람을 물어뜯는 것, 개를 걷어차는 것, 내가 원하는 것을 사람들이 하게 하려고 백만 달러를 가지는 것."이라고 나열했다. 그는 힘을 좋은 방식으로 사용하는 어떠한 방법도 찾지 못했다. 강해지는 것이 도움이 되는 경우에 대해 생각해 보도록 그에게 요청하자, 그는 '무거운 것을 들 수 있다.'는 생각에 이르렀고, 나는 동의했다. 그리고 그는 일어나서 무거운 상자를 들기 위해 노력했다. 그는 "나는 정말 강해요."라고 말했다. 그가 어머니에게 보여 주기 위해 그 상자를 방 밖으로 가져가는 것을 보면서 나는 "나도 알 것 같구나."라고 말했다. 나는 그녀에게 말했다. "이건 조니가 자신의 힘을 좋은 방식으로 사용하는 경우예요." 그녀는 나의 의미를 이해한 듯이 미소 지었다.

다음 몇 회기 동안 나는 힘을 사용하는 좋은 방식에 대해 조니에게 계속 상기시켰다. 실은, 한 회기에서 우리는 아이들이 어떤 종류의 능력을 가졌는지에 대해 대화했다. "그들은 사람을 때려눕힐 수 있어요."라고 조니는 말했다.

"그래."라고 하면서 나는 이렇게 언급했다. "하지만 더 작은 아이는 더 큰 아이를 때려눕힐 수 없어."

"때로는 그들도 할 수 있어요."

"그래. 때로는. 하지만 때려눕히려고 할 때, 때로는 네가 이기겠지만 때로는 네가 져. 누구도 빼앗아 갈 수 없는 능력에 대해 생각해 보자."

조니는 그림을 그리고, 장난감 자동차를 가지고 경주를 하다가, 떠나기 직전에 이렇게 말했다. "알겠어요. …… 나는 알겠어요.

…… 만약 내가 선생님에게 무언가를 말하기를 원치 않는다면, 선생님은 내가 말하게 할 수 없어요."

"맞아. 그게 네가 가진 능력이야. 너는 네 생각을 혼자만 간직할 수 있는 능력을 가지고 있어."

일단 우리가 이것을 밝혀내자, 조니는 아이들이 가진 많은 능력을 찾아냈는데, 여기에는 자신만의 생각이나 감정을 가지는 능력, 자신만의 말을 사용하는 능력, 선택을 할 수 있는 능력, 잠들거나 깨어 있는 능력이 포함되었다. 우리가 선택에 대해 이야기할 때 조니가 "나는 어떤 사람을 때리거나 발로 찰 수 있어요."라고 한 것은 주목할 만한 흥미로운 말이었다. 나는 "그래. 너는 어떤 사람을 때리거나 때리지 않을 수 있어."라고 덧붙였다.

조니의 어머니는 나에게 아동돌봄 사회복지사가 조니와 있었던 몇 번의 실랑이를 설명하기 위해 전화를 해서는, 전반적으로 조니가 더 나아졌으며 시키는 대로 하고 싸움을 피하기 위해 노력하는 것 같다고 전했다고 말했다.

나는 펀치백 인형인 보보를 놀이치료실에 가져왔다. 조니에게 그걸 어떻게 사용하는지 설명할 필요조차 없었다. 그는 그 인형을 치고 튕겨져 되돌아올 때 주먹을 날리는 것을 즐겼다. 그는 지칠 줄을 몰랐다. 그 인형을 처음 보았을 때, 그는 그것을 주먹으로 치면서 50분 전부를 보냈다. 그의 주먹질은 닥치는 대로 이루어졌다. 2주 후, 이러한 임의적인 발산 방식에 변화를 줄 수 있는 기회가 생겼다. 조니는 주간돌봄센터에 있는 한 소년과 싸운 뒤에 이곳으로 왔다. "그 애가 저를 몹시 화나게 했어요."라고 말하면서 놀이치료실로 돌진해 들어갔다. "나는 걔가 미워요."

"네가 그렇게 느끼도록 그 애가 어떤 말이나 행동을 했니?"

"그가 저를 밀쳤어요. 그 애는 자기가 매우 강하다고 생각해요."

"그 감정을 가지고 너는 무엇을 했니?"

"저는 그 애를 세게 쳤어요."

나는 가방을 꺼내고 그에게 이 가방이 그 작은 소년인 척하자고 했다. 그리고 조니가 어떻게 느꼈는지를 그 소년에게 보여 주게 했다. 조니는 앙갚음으로 그를 강타했다. 그때 나는 조니를 멈추고, 이렇게 요청했다. "이제 너의 주먹이 말하게 해 봐. 만약 네가 주먹 대신에 말을 한다면, 그에게 뭐라고 말하겠니?" 그는 본능적으로 주먹을 움켜쥐고는 몇 방을 더 먹였다. 나는 "손을 사용하지는 말고."라고 지시했다. "두 손은 맞잡은 채, 스티비를 때려눕히려고 했던 것에 대해 생각해 보렴. 너의 펀치를 가지고 그에게 무엇을 말하려고 했니?"

내가 조니에게 그가 어떻게 느끼는지를 이야기하도록 지시했을 때, 그는 이렇게 외쳤다. "나는 너를 미워해." "너는 나를 아프게 했어." "너는 멍청이야." 그는 그 가방을 쳐다보고는 적당히 큰 목소리로 말했다. "너는 나를 화나게 했어. 너는 내 마음을 아프게 했어. 너는 나를 겁먹게 했어." 그가 말을 다 하고 나서, 나는 두려운 감정에 대해 좀 더 물어보았다. "스티비에 대해 뭐가 무섭니?" 조니가 대답하지 못하자, 나는 그에게 괜찮다고 하면서, 거기에 대해 더 생각해 보기를 바란다고 말했다. 마지막으로, 나는 이렇게 말했다. "네가 스티비를 치는 것은 괜찮은 게 아닌 것 같아. 그 애가 너를 치는 것도 괜찮은 게 아니야. 그 애가 너를 칠 때, 그 애는 나쁜 짓을 하고 있는 거야." 조니는 "그 애는 나빠요."라고 끼어

들었다. "그 애가 너를 칠 때, 그 애는 나쁜 짓을 하는 거야."라고 나는 수정했다. 나는 선천적으로 나쁜 것과 나쁜 짓을 하는 것 사이의 차이를 명확히 하기를 원했다. 조니는 자신의 상처 주는 행동에 대한 자책으로 부대껴 왔다. 그러자 조니는 나의 말을 수정했다. "래리는 나쁘고, 나쁜 짓을 했어요." 나는 반응하지 않았다. 나는 조니에게 왜 스티비가 두려운지를 더 생각해 보게 했다. 나의 추측으로는 조니를 가장 두렵게 하는 것은 압도되리라는 위협이었다. 그의 전략은 이러한 위협을 방어하기 위해 호전적이 되는 것이었다.

나는 조니와 거의 12회기 동안 만났다. 치료의 첫 부분은 순전히 사후대응이었다. 우리는 그를 돌보는 사람을 가장 곤란하게 만드는 행동을 다루었다. 조니의 내적 통제는 그의 외상과 또래, 보호자, 그의 어머니와의 평범한 상호작용에서 유발되는 불안, 두려움, 무력감에 대처할 정도로 충분히 발달하지 못했다. 나는 다음의 치료 계획을 수립했다.

1. 조니와의 놀이치료
   • 치료 안과 밖에서 공격적 행동에 대한 제한을 설정하기
   • 좋은 행동과 나쁜 행동에 대해 계속해서 논의하기
   • 필요한 경우 신과 악마에 대해 논의하기
   • 분노를 표현하는 적절하고 파괴적이지 않은 방법에 대해 가르치기
   • 분노감을 말로 나타내는 방법을 조니에게 가르치기
   • 선택할 수 있는 능력을 포함하여 아동이 가진 능력들에 대

해 논의하고 설명하기

- 두려움과 불안 및 그에 대한 대처 방법들을 논의하기
- 성적인 것에 대해 논의하기

2. 부모-자녀 상호작용

- 어머니가 명확하고 합리적인 결과가 동반되는 제한을 설정 하도록 돕기
- 지원을 제공하고, 성 학대를 당한 아동들을 위한 지원 서비 스를 안내하기
- 조니를 학대로부터 보호하지 못한 것에 대한 어머니의 죄 책감과 조니의 할머니에 대해 이후 느낀 분노감에 대해 논 의하기
- 그 학대 사건에 대해 흥분해서 무분별하게 이야기하는 것 을 멈추도록 지도하기
- 신체적 안전과 관련하여 어머니가 아동을 명확히 안심시킬 수 있도록 지도하기(예: 새로운 자물쇠 달기)

3. 협력

- 의뢰기관과 접촉하고, 특히 이 사례를 다시 공소하기 위해 어떤 종류의 정보가 필요할지 논의하기

치료의 중기 단계

자신의 공격적 행동이 5세 반 소년이 보일 수 있는 정상 범위 수준으로 줄어듦에 따라, 조니는 성적인 것에 대해 더 많은 말을

하게 되었다. 그는 때때로 나의 '인체 인형들(anatomically correct dolls)'을 살펴보았고, 남자 인형들의 몸을 탐색하기도 했다. (그는 여자 인형은 관심이 없는 것 같았다). 그는 대개 인형을 살펴본 지 몇 초도 안 되어 그 인형들을 밀쳐 두었다.

이윽고 치료에서 조니는 그의 주의를 인형들에게 돌렸고, 작은 남자 인형을 집어 그 인형의 옷을 완전히 벗겼다. 그리고 손가락을 인형의 항문에 삽입하고는 안으로 밀어 넣었다. 그는 이 놀이를 하는 동안 아무 말도 하지 않았고, 나와의 시선 접촉을 피했다. 그런 다음 성인 남자 인형의 바지를 아래로 벗겨서, 그 인형의 발목 부분에 조심스럽게 걸쳐 두었다. 그는 작은 인형을 엎어 놓고, 큰 인형을 그 위에 올렸다. 이것은 그가 성인 인형의 성기를 꺼내서 작은 인형의 항문에 집어넣기 전 몇 주간 있었던 일이었다. 이 기간 동안 그의 어머니와 보호자는 그의 자위 행동과 '음란한 말(dirty talk)'이 늘었다고 알렸다. 나는 조니가 이 성적인 놀이를 하는 동안 매우 굳어 있다는 것을 알아챘다. 그는 숨을 멈추었고 해리된 것처럼 보였다. 그의 놀이는 작은 인형의 항문에 그 성기를 집어넣는 순간에 매번 고착되었다.

나는 이 장면을 열 번 정도 관찰한 다음, 개입하기로 결정했다. 다음 번에 그가 성적인 놀이를 했을 때 나는 이렇게 말했다. "래리가 그의 성기를 너의 엉덩이에 넣은 것은 잘못된 거야." 조니는 매우 놀란 얼굴로 나를 쳐다보았다. "내 생각을 래리에게 말해 주고 싶구나." 나는 계속해서 이야기했다. "내가 그렇게 해도 괜찮겠니?" 그는 잠자코 동의했다. "래리, 당신의 성기를 조니의 엉덩이에 넣은 것은 매우 잘못이에요. 어른이 아이에게 그런 것을 하는 건 나쁜 짓이에요. 당신은 조니에게 많은 것을 느끼게 했어요. 그러니까 당신은 조니로 하여금……." 나는 주저하며 조니에게 몸을 기울인 채 속삭였다. "그가 너에게 어떤 기분을 느끼게 했니?" "화났어요." 조니는 중얼거리듯 말했다. "조니는 래리, 바로 당신에게 화가 났어요. 왜냐하면 당신은 조니에게 상처를 입혔고 그에게 나쁜 짓을 했기 때문이에요. 당신이 또 조니에게 느끼게 한 것은……." 나는 반복해서 조니에게 신호를 보냈고, 그는 다시 중얼거리며 말했다. "무서웠어요." 나는 한동안 이런 식으로 래리에게 말했고, 조니는 상처 입고, 혼란스럽고, 나쁜 느낌이 들고, 울 것 같고, 거짓말하는 것 같고, 달음박질칠 것 같고, 가식적인 것 같고, '움직일 수 없을 것 같은' 감정들에 대해 자진해서 말했다.

다음 회기에 조니는 성인 남자 인형의 바지를 내리고, 성기를 꺼내고, 그 성기를 길게 늘여 다리 뒤로 해서 그 인형의 항문에 집어넣으려 했다. 이러한 시도들은 성공하지 못했고, 최종적으로 조니는 그 성인 인형을 돌려 세우고는 장난감 전사들 중 한 명이 가진 작은 칼을 그 성인 인형의 항문에 삽입했다. "그걸 말로 해 보렴."이라고 나는 그에게 조언했다. 조니는 말했다. "나는 너를 미워해. 네가 상처받기를 원해. 네가 기분이 나빴으면 해." 나는 기분에 대해서는 긍정하였지만, 행동에 대해서는 그러지 않았다. "너는 화가 나서 네가 겪은 것과 같은 고통을 그가 느끼기를 바라는구나. 네가 어떻게 느꼈는지를 그에게 말해 보렴. 말하는 것이 너에게 힘을 줄 거야." 조니는 한동안 모욕적인 말을 외치고는 그렇게 한 것에 만족하는 것 같았다. 그는 래리 인형을 벽을 향해 던지고, 자발적으로 말했다. "나를 아프게 했으니 너는 나빠."

아동보호기관에서 나에게 연락을 했는데, 이유인즉슨 조니의 친구들 중 한 명이 자신의 어머니에게 조니가 화장실에서 친구의 바지를 내렸다고 말했기 때문이다. 보아하니, 조니는 친구에게 은밀한 부분을 보여 달라고 부탁했고, 그 소년이 거절하자 조니는 강제로 그의 바지를 내린 것이었다. "조니." 나는 조용히 물었다. "네가 맥스의 바지를 내렸니?"

"아니요." 그는 화난 듯이 말했다. "누가 선생님에게 그런 얘기를 했어요?"

"음, 맥스의 엄마가 그걸 찾아냈어. 그녀는 누구라도 맥스에게 상처 입히는 것을 원치 않기 때문에 피터스 부인에게 연락을 했어."

"저는 그 애에게 상처를 주지 않았어요."라고 조니는 말했다. "나는 상처를 줄 수도 있었지만, 그렇게 하지 않았어요. 저는 그저 보고 싶었어요."

"무엇을 보고 싶었니?"

"그의 은밀한 부분을 보고 싶었어요."

"왜?" 나는 계속했다.

"왜냐하면······."

"응?"

"왜냐하면 그렇게 하고 싶었어요."

"조니, 나는 너와 협상을 하고 싶구나. 은밀한 부분을 보고 싶거나, 은밀한 부분에 대해 말하고 싶거나, 은밀한 부분을 만지고 싶을 때는, 네가 나에게 와서 그것에 대해 이야기했으면 좋겠어. 아이들의 바지를 내리거나 그들의 은밀한 부분을 보거나 만지는 것은 안 되지만, 우리는 그것에 대해 함께 이야기할 수 있어."

그는 "알겠어요."라고 시무룩하게 말했다. 그의 어머니로부터 정보 공개에 대한 동의 서명을 받은 이후, 나는 학교에 전화를 해서 그의 선생님에게 조니의 놀이를 선생님이 모니터하고 조니가 다른 아이와 단둘이서 화장실에 가지 않게 했으면 한다고 말했다. 그녀는 나에게 조니가 다른 아이와 화장실에 단둘이 가서 아동보호기관까지 보고된 사건은 이번만 있었던 일이라고 알렸다. 조니는 성기나 성적인 것에 대해 이야기할 수 있다는 나의 제안을 잊지 않았다. 그가 은밀한 부분을 보고 싶다고 처음 이야기했을 때, 나는 해부학적 그림 세트를 가져왔고(Groth, 1984), 그에게 어린 남자아이의 벌거벗은 사진을 보여 주었다. 나는 그 남자아이 사진을 복사해 주었는데, 조니는 매주 깨끗한 복사본을 원했다. 그는 그 그림들을 바라보면서 웃었고, 그림에 있는 성기를 만졌으며, 크레용을 써서 벗은 몸을 덮었다. 그런 다음, 그는 항상 그 그림들을 찢어서는 쓰레기통에 버렸다. 마침내 조니는 내가 성인 남자 그림을 가지고 있는지 물었다. 나는 해부학적 그림 몇 장을 가져왔고, 그는 성인 남자에게 사타구니 털이 있다는 데 주목했다. 그는 검은색 크레용을 사용해서 성인 남자 그림의 중간 부분을 덮었다. 그림 주위에 빨간 반점들을 그렸다. 내가 그 그림에 대해 말해 달라고 그에게 부탁하자, 그는 대답했다. "래리는 면도를 하다 베였어요." 그는 웃으면서 래리가 상처를 입어서 기쁘다고 말했다. 그리고 그는 그림에 구멍을 뚫었다. 조니는 학대를 막을 수 없었던 자신과 자신을 학대했던 래리에 대해 분노를 쏟아내는 것 같았다. 나는 래리가 그에게 상처 준 것은 잘못된 것이었고, 다른 사람의 은밀한 부분을 만지거나 다치게 하는 것은 안 되는 것이라고 분명히 말하면서 대개 회기를 끝내곤 했다.

조니는 유치원 교실과 방과 후 돌봄 프로그램에서 덜 공격적이되었다. 하지만 그는 태평한 아이는 아니었다. 그의 행동거지는 반항적이었다. 그의 선생님의 말을 빌리자면, "따뜻하다고 하면, 그애는 꽁꽁 얼었다고 말해요." 이러한 경향은 치료 회기에서도 분명히 나타났다. 모든 것을 확인하고 항상 자기 생각대로 하는 것은 조니에게 대단히 중요했다. 그는 스카이다이빙에서부터 찰스 황태자와 함께 한 하키 게임에 이르기까지 모든 것을 했다고 주장했다. 그의 어머니는 이 점이 특히 짜증 났고, 빈번히 그를 거짓말쟁이라고 비난했다.

무조건적으로 통제하려는 이러한 욕구는 불안감이나 무력감을 다루는 조니의 방식인 것 같았다. 그는 더 이상 아이들을 때려눕히거나 신체적으로 그들을 제압하려고 하지는 않았지만, 자주 언쟁에 휘말렸다. 그 결과, 아이들은 그를 찾지 않았고, 그래서 그는 빈번히 고립되고 거부당한 느낌을 겪었다. 이러한 감정들은 그에게 많은 방어를 구축하게 만들었는데, 여기에는 그가 누구도 좋아하지 않고 누가 그를 좋아하든 말든 상관하지 않는다고 선언하는 식의 고집 센 태도도 포함되어 있었다. 그의 사회적 상호작용은 그렇게 힘든 일이 되었고 다른 사람들에게서 일관되게 반감을 끌어냈기 때문에, 나는 행동화 문제를 가진 어린 소년들을 위한 집단에 조니를 넣기로 결심했다. 그는 처음에는 그 집단 모임에 참석하는 것에 매우 반발했다. 그러나 3회기에 이르러서는 집단 안의 다섯 명의 소년과 동지애를 형성하고 더 많은 만남을 고대하는 것 같았다.

이 집단은 추행당한 경험이 있는 그 나이대의 다른 소년들과 접촉할 수 있는 기회를 조니에게 제공했다. 조니는 집단 모임 후 이어진 그의 첫 번째 개인 회기에 와서는 "나쁜 일들은 그 애들에게도 일어났어요."라고 나에게 알렸다. 그 아동들은 자신이 겪은 추행에 대해 이야기하고, 질문하고, 소년 피해자와 관련하여 염려되는 특정한 문제, 예를 들면 무력감이나 동성애 혐오와 같은 문제에 대해 다룰 수 있도록 격려받았다. 그 아동들은 힘세고 강력해지려는 분투와 같은 일부 보편적인 문제뿐만 아니라 만연된 두려움과 불안감 역시 나누었다. 게다가 모든 아이는 그들의 자기상, 자존감, 공격성, 성적인 측면에 대한 탐색을 통해 이득을 얻었다. 이들이 성적인 접촉에 관해 옳지 않은 것을 너무 일찍 배웠기 때문에, 이 집단의 지도자들은 안전하고 적절한 접촉에 대한 정보를 이들에게 알려 주었다.

집단 내에서 갈등이 생기면, 그것은 재빨리 다루어졌다. 소년들은 이내 유대감을 빠르게 형성했고, 그 결과는 개인치료에서 즉시 나타났다. 예를 들어, 조니는 매우 단순하게 물었다. "어떻게 게이가 되지요?" 보아하니, 그는 어린 나이에도 불구하고 추행당한 것이 동성애를 의미하는 것은 아닐지 걱정했다. 나는 그 질문을 집단에 맡겼고, 조니의 어머니와 집단치료자들과 함께 모두가 동의할 수 있는 대답에 대해 의논했다. 어느 누구도 어린이였을 때 상처를 입었다고 해서 게이가 되지는 않으며, 어떤 특별한 이유 때문에 어떤 아이가 상처받도록 선택된 것은 아니라고 조니에게 말해 주는 결정이 내려졌다.

치료 첫해에는 공격성, 성적인 문제, 사회적 및 또래 상호작용,

피해자와 가해자의 관계, 무력감, 역량 강화에 대한 주제가 다루어졌다. 조니는 낙인찍혔다는 그의 느낌을 강화하는 또래 거부에 대처하기 위해 많은 방어책을 개발했다.

예상치 못한 사건이 치료의 항로를 바꾸었다. 조니의 어머니는 그를 휴가 기간 동안 그녀의 한 친구에게 보내기로 결정했다. (이 친구에게는 조니 연령대의 아이가 있었고, 두 아이는 그 학년을 보내는 동안 강한 유대감을 형성했지만, 그 친구가 가까운 도시로 이사를 가면서 관계가 끊어졌다.) 조니가 어머니의 친구 집을 방문해 있을 때, 이 가족과 휴가를 보내고 있던 혈연이 아닌 한 성인 남자가 한밤중에 조니를 강간했다. 어머니는 공항으로 조니를 데리러 가기 전에 절망에 가득 차서 나에게 전화를 했다. 조니는 그 학대가 일어난 뒤 아침에 그녀에게 전화를 해서 무슨 일이 일어났는지를 말했다. 친구 가족은 조니가 일찍 집으로 돌아가려는 갑작스러운 결정을 내린 이유를 알지 못했고, 그의 어머니는 그들에게 자세히 이야기하기 전에 조니를 보기를 원했다. 강간범은 그 집을 아침 일찍 떠났다.

조니는 즉시 병원으로 옮겨졌고, 항문 성교를 당한 것이 확실하다는 의학적 소견이 내려졌다. 수많은 내부·외부 손상이 조니가 강간범에게 두들겨 맞았다는 사실을 확인해 주었다. 의학 검사가 끝난 즉시, 조니는 내 사무실로 왔다. 그는 놀이치료실로 가서 커다란 토끼 봉제인형을 집어 들고, 평소답지 않게 베개를 베고 누웠다. 그는 신체적으로뿐만 아니라 정서적으로도 지쳐 있었다. "네가 다쳐서 내가 정말 마음이 안 좋구나."라고 나는 말했다. "쉬고 싶은 것 같구나. …… 나는 여기 네 옆에 앉아 있을 거야. ……

네가 말하고 싶을 때, 나는 귀 기울여 들을 거야." 그는 눈을 감았고, 거의 잠이 든 것 같았다. 나는 그의 고통과 피로를 공유하며, 그 옆에 조용히 앉아 있었다.

이후 네 달간의 치료는 조니와 있었던 여느 다른 회기들과 달랐다. 그는 조용했고, 신체적인 움직임이 없었고, 반응이 없었다. 그의 눈은 상당히 아래로 처져 있었고, 그는 방에 들어와서 항상 누웠다. 그는 완전히 정지되어 있었다. 그의 팔에 난 멍은 사라지기 시작했지만, 마음의 상처는 분명히 남아 있었다. 그동안 얻은 모든 것을 상실했다. 절망의 시간이었다. 조니와 소통하려는 그 어떤 시도도 소용없었다. 그는 나나 그의 어머니, 주변 환경과 접촉하는 것에 무관심했다. 그는 일어나, 문을 열고, 그의 어머니를 찾는 데에 도움이 필요했다. 그는 심각하게 우울했고, 많은 시간을 잤다. 몸무게가 4.5kg이나 줄어들었는데, 이것이 그를 허약해 보이게 했다.

나는 조니를 사무실 밖으로 데려가기로 결심했다. 우리는 공원에 갔고, 미끄럼틀이나 그네를 타지는 않았지만 손을 잡고 공원을 거닐었다. 나는 멈춰서 오리에게 줄 팝콘을 좀 샀는데, 조니가 알아서 팝콘을 먹는 것에 주목했다. 그는 공원을 즐기는 것 같았고, 나는 그의 어머니에게 설령 조니가 집 안에 있고 싶다고 주장해도 그와 함께 야외 활동을 좀 시도해 보라고 요청했다. 어머니는 조니를 공원에 데리고 나갈 수 없었다. 왜냐하면 강간을 당한 이후로 조니는 그의 어머니와 소원해졌고, 어머니에게 적대적이 되었기 때문이다. 이에 대한 나의 해석은 그의 어머니가 강간으로부터 그를 보호하는 데 실패했다는 점에 조니가 화가 났다는 것이다.

매주 2회에 걸친 야외 회기는 매우 성공적이었다. 조니는 신체적으로 덜 위축되었고, 나중에 가서는 달리고 깡충깡충 뛰었다. 그는 야외에 나갈 때 점점 더 내 앞에서 달리곤 했다. 나중에 가서는 숨바꼭질 놀이를 했고, 덜 불안해 보였다. 그는 나무에 올라가 자신의 활짝 핀 신체적 기량을 선보였다.

강간이 벌어진 지 대략 4개월 후, 조니의 어머니는 법원 심리에 참석했다. 강간범은 유죄를 선고받고 감옥에 갔다. 조니는 "그 남자는 감옥에 가야 해요. 그들이 감옥에서 그를 죽여 버렸으면 좋겠어요."라고 자랑스럽게 선언했다.

"너는 판사가 그를 감옥에 보내서 기쁘구나."라고 나는 말했다.

"예. 그리고 이제 저는 그들이 그를 죽여 버렸으면 해요."

"네가 상처받았던 대로 그가 상처받기를 원하는구나."

"네. 누군가 그를 다치게 했으면 좋겠어요."

"그가 너를 다치게 한 건 잘못된 일이야, 조니."

조니는 놀이치료실에 있고 싶어 하는 것 같았고, 래리 인형이 이제는 '그 남자'로 바뀌어서 사용되었다. 조니는 그 인형을 선반에서 내려, 모래상자로 가서 그것을 아래로 던지곤 했다. 조니는 그 인형을 의자 뒤에 두거나 베개 아래에 숨기기도 했다. "그는 감옥에 있어."라고 선포하고는, '그 남자'에게 상처를 주기 위해 고릴라, 군인들, 공룡들, 닌자 거북이를 던졌다. "우리는 아직 그를 풀어 줄 수 없어."라고 소곤거리기도 했다. 어떨 때 조니는 그 인형을 다음 주까지 모래 속에 묻어 두곤 했고, 다른 때는 떠나기 전에 그 인형을 다시 선반 위에 올려놓기도 했다. 종종 조니는 물어보았다. "래리도 감옥에 있나요?" 나는 솔직히 알지 못했다. 때때로 조니는 '래리가 나쁘고' 자신이 '정말 작았을 때' 자신에게 래리가 상처를 주었다고 반복해서 말하곤 했다. 래리가 어떻게 상처를 주었는지를 기억하는지 내가 묻자, 조니는 더 이상 기억할 수 없다고 말했다. 조니는 종종 래리가 '악마의 아들'이었고 '신조차도 멈출 수 없는 진정한 힘'을 가졌다고 했다. 조니가 밤에 겁에 질릴 때면, 조니는 대개 래리가 찾아와서는 '누구도 다시는 (그를) 찾을 수 없는 매우 어두운 곳으로 (그를) 납치해 갈 것'이라는 특별한 두려움을 말로 표현하곤 했다.

논의

조니는 반복된 외상의 피해자였고, 과각성, 악몽, 신체적 감각, 두려움과 불안, 침투적인 환각 재현을 포함한 외상 후 스트레스 장애의 증상으로 힘들어했다. 이러한 증상들은 공격성과 성적인 행동, 칭얼거리며 매달리기와 퇴행, 착한 것과 나쁜 것(루시퍼와 신) 사이의 갈등 표출, 원래 나쁜 애였다는 느낌(sense of inherent badness)을 포함한 손상된 자기상과 같은 다양한 행동으로 표출되었다. 첫 강간 피해로 인해 심각한 손상을 입었는데, 이는 12개월 후 동일한 외상이 반복되면서 더욱 악화되었다. 조니의 향상된 행복감과 통제감은 두 번째 강간으로부터 그 자신을 보호할 수 없었기 때문에 크게 줄었다. 그의 과경계는 증가했고, 깊은 우울감과 절망감이 동반되었다.

다행히도 두 번째 강간이 일어났을 때에 치료관계는 잘 수립되어 있었다. 조니는 치료 회기에 올 수 있었고, 나에 대해 신경 쓰지 않고 퇴행할 수 있었다. 이 단계에서는 회복적(reparative) 치료를 하였고, 조니의 신체적·정서적 치유에 중점을 두었다. 첫 강간은 그에게 충격을 주고 그를 겁먹게 했다. 두 번째 강간은 그에게 엄청난 충격을 주었고 다 소용없다는 느낌이 생기게 했다.

조니는 상당 기간 무력감을 느끼고 무력한 모습을 보였다. 그에 대한 반응으로, 나는 자율성을 장려하고, 쉽게 끝낼 수 있는 과제들을 맡겼으며, 조니를 야외 회기에 데려갔다. 이는 걷기, 달리기, 기어오르기를 통해 그가 신체적 힘과 재주를 쌓는 데에 도움이 되었다.

조니가 다른 아이들에게 성적이고 공격적인 행동을 보였던 치료의 다른 국면들이 있었다. 타인들로부터 부정적이고 거부적인 반응들을 이끌어 내는 이러한 헛된 행동을 하지 않도록 그를 돕기 위해, 나는 그의 어머니에게 그를 집단치료에 데려가게 했다. 이 작지만 통제된 환경 속에서 그의 상호작용은 세심하게 모니터되었고, 집단치료자의 개입은 일관되고 적절하였다. 집단 경험은 긍정적인 행동을 가르치고 보상을 주는 데에 초점을 두었고, 조니의 정체성을 공고히 하고 그의 자존감을 북돋았다. 또한 집단 상황 속에서 그 치료자들은 집단 성원에게 성적인 것과 아이들 사이의 적절한 접촉의 종류에 대해 가르쳤다.

끝으로, 조니와 그의 어머니 사이의 관계에서는 피해가 지속되었는데, 그녀 자신이 겪은 성 학대의 발견, 아들에 대한 그녀의 양가적인 마음, 아들을 보호하는 데 실패했다는 죄책감으로 인해 관계가 복잡해졌다.

치료 과정에는 개인치료, 집단치료, 가족치료, 치료를 두 번 쉰 기간이 포함되었다. 첫 휴식은 그 여름 기간[1] 동안 있었다. 두 번째 휴식은 조니의 사회적 행동이 현저히 향상되고 그의 자기감이 이제는 안정되고 향상된 점을 고려하여 취해졌다. 주기적인 퇴보가 있었다. 조니는 맹장염에 걸렸고 수술 후의 회복 동안 무력감을 경험했는데, 이는 강간당한 기억을 촉발했고 그에 따른 신체적 · 정서적 취약감을 그는 느꼈다. 조니의 회복은 느렸지만, 그의 어머니의 세심한 행동에 의해 힘을 받았다. 덧붙여, 강간을 당한 날짜가 되면 그는 이 날짜에 그 일이 일어났다는 것을 때때로 의식하고 있었고, 이날에는 불쾌한 감정과 행동화 문제를 보였다.

---

1) 역자 주: 이는 조니가 어머니의 친구 집을 방문했던 기간을 의미하는 것으로 보인다.

06

안토니:
다중 외상을 겪은 아동

의뢰 정보

안토니는 그의 사회복지사에 의해 치료에 의뢰되었다. 안토니는 신체적·성적으로 학대받고 방임되었다. 법원의 보호 아래, 안토니는 특수 위탁가정에서 지냈다.

사회생활/가족력

안토니는 히스패닉계 아동으로, 의뢰될 때 9세였다. 그는 다섯 아이 중 한 명이었고, 그들 모두 아버지가 달랐다. 세 명의 어린 형제는 입양되었고, 안토니와 15세인 그의 누이 사라는 서로 다른 위탁가정에서 오래 머물렀다.

안토니의 부모는 조세와 루페였는데, 그 둘의 짧은 관계는 조세가 약물 거래 중에 총에 맞으면서 갑작스레 끝났다. 루페는 수많은 짧은 만남을 가졌다. 그녀의 아이들은 그들 각자의 아버지와 결코 만나지 못했다.

루페는 10대 이후로 약물에 의존하고 있었다. 그녀는 그녀의 아버지에게 성 학대를 받았고, 그녀가 이 사실을 드러내자 그녀의 가족으로부터 쫓겨났다. 그녀는 그녀의 어머니와 언니들로부터 매춘부라고 불리고 다시는 집으로 돌아올 수 없다는 이야기를 들었다. 그녀는 사회복지사에게 그 뒤로 그녀가 때때로 여자친구들과 지냈고, 결국에는 자신을 집에 들이고 먹을 것과 옷을 주면서도 답례를 거의 바라지 않는 것 같은 남자를 만났다고 말했다. 불행하게도 그 남자는 포주였고, 루페는 로스앤젤레스 길바닥에서 '벌어먹는 삶(working life)'을 시작하게 되었다. 루페는 그녀에게 빠른 흥분을 느끼게 했던 '매춘상대(trick)'와의 만남에서 처음으로 마리화나를 접했다고 주장했다. 그녀는 몽롱해지면 둔감해진다는 것을 발견했는데, 이는 그녀가 매우 즐기는 감각이었다. 그 이후로 그녀는 매일 마리화나를 피웠고, 최근 2년간은 여러 마약을 복용하였고, 마약을 얻기 위해 성관계를 했다.

약물 의존과 매춘에도 불구하고, 루페는 첫째 아이와 둘째 아이에게는 이따금씩 미미한 돌봄을 제공할 수 있었다. 그녀는 가끔씩 집세를 내고 그녀의 아이들과 지낼 수 있었고, 그녀의 친구들 중 몇몇이 그들을 일시적으로 돌봐 주기도 했다. 그녀는 항상 아이들을 원했고 그녀가 그들 모두를 매우 사랑한다는 자신의 주장을 고수하였다. 루페는 어린아이들을 입양 보낸 것을 자신이 그들에게 할 수 있는 가장 고귀한 선물로 여겼다. 그녀는 가장 최근에 아이를 낳은 후에 난관결찰술을 받았고, 이 막내아이는 루페의 약물 복용 때문에 심각한 뇌손상을 가진 채 태어났다.

루페는 주기적으로 약물치료 프로그램에 들어갔다. 현재는 주(州) 정부의 지원으로 운영되는 거주형 약물재활 프로그램을 받고 있는데, 그녀의 예후는 예측하기 어려웠다. 최근 2년간 그녀가 첫째 아이와 둘째 아이를 만난 것이 각각 세 번이 채 안 되었다. 사라는 최근 4년 동안 같은 위탁가정에 있었는데, 그녀의 위탁부모에게 잘 적응했고 이들은 사라를 입양하는 데에 관심을 보였다. 루페는 자신이 처음 낳은 이 아이를 입양 보내는 것이 내키지 않았다.

위탁가정에서 안토니가 겪은 경험은 불안정했다. 그는 대략 여덟 개의 다른 위탁가정에 있었다. 한번은 입양이 고려되었지만, 여전히 루페는 역시 그를 입양 보내는 것을 주저했다. 친권을 중지시키려는 조치는 전혀 취해지지 않았다. 안토니는 위탁 돌봄을 받는 중에 여러 가지 문제 행동을 보였다. 그가 의뢰된 데는 위탁부모의 요청 또한 일부 작용하였다.

치료가 시작되었을 때, 안토니는 그의 위탁가정에서 돈을 훔친 후에 '특수' 위탁가정으로 옮겨졌다. 사회복지 부서에서는 안토니의 도둑질을 '아동 배치 실패(child failing placement)'로 보았고, 안토니의 '행동화 문제(acting-out behavior)'에 대한 치료를 요구했다.

임상적 인상

안토니는 작고 수줍음을 타는 소년이었고, 움직임이 위축되어 있었고, 감정이 마비되어 보였다. 그는 거의 말하지 않았고, 느리게 움직였으며, 내 사무실에 있는 것을 원하지 않는 것 같았다. 그의 위탁모에 따르면, 그는 회기에 오는 것을 거부하면서 자기 방에 들어가 문을 잠갔다. 결국 안토니는 그의 방에서 나와서 치료에 오는 것을 받아들였는데, 이는 그녀가 그에게 집 가까이에 있는 비디오 게임기에서 쓸 돈을 25센트 동전으로 1달러 정도 주었기 때문이다.

나는 안토니와 만나기 전에 위탁모를 만났다. 그녀는 안토니를 '완전히 마음이 닫혀 있는(totally shut down)' 것 같은 조용하고 수줍은 아이로 묘사했다. 우리가 만난 시점에는 아무 문제가 없었다고 그녀는 보고했지만, 안토니가 새로운 위탁가정에 처음 도착하면 늘 최고의 모습을 보인다고 사회복지사가 그녀에게 경고했다는 말을 덧붙였다. R 부인은 안토니가 식사 시간 동안 안 먹곤 하지만 끊임없이 냉장고를 습격한다고 했다. 그의 수면 패턴은 불규칙했다. 종종 그녀는 밤중에 깨서 그가 라디오에 귀를 기울이거나 그가 가져온 만화책을 보고 있는 것을 발견하곤 했다. 그는 슈퍼히어로들을 특별히 좋아하는 것 같았는데, 이는 그 나이대의 아이들에게 별난 것은 아니었다.

그녀가 언급한 가장 힘든 문제는 안토니의 위생이었다. 그는 열심히 놀고 잔뜩 땀을 흘리고는 샤워하는 것을 거부했다. 그가 그녀와 있었던 2주 동안 그는 샤워를 한 번만 했고, 그것도 그에게 보상을 주었을 때뿐이었다. 그는 빨래 바구니에서 그의 더러운 옷을 꺼냈고, 3일이고 4일이고 내리 같은 옷을 입기를 원했다. R 부인은 그에게 갈아입으라고 강요하지는 않았으며, 이 행동에 관한 조언을 부탁했다. 나는 그녀에게 안토니가 씻거나 옷을 갈아입도록 강요하지 않는 것은 그녀가 잘하고 있는 것이고, 내가 그를 만나서 그에 대해 약간 알게 되면 그녀에게 어떤 조언을 할 수 있을 것이라고 말했다.

그녀는 4년간 특수 위탁부모로 일했고, 그녀의 집에서 특별한 주의가 필요한 아이들 네 명을 돌볼 수 있다는 허가를 받았다. 안토니가 그녀와 함께 살게 되었을 때, 집에는 두 명의 더 어린 소녀들이 있었다. 전하는 바에 따르면, 안토니는 다른 환경에서는 소년들에게 다소 공격성을 보였지만 소녀들은 보호하는 것 같았다.

치료의 시작 단계

안토니는 초기에는 어떤 행동화 문제도 보이지 않았다. 사회복지사는 안토니가 항상 처음에는 매우 좋은 인상을 남기지만 이후 곤란한 행동을 보인다며 그녀가 관찰한 것을 나에게 거듭 강조했다.

처음에 안토니는 조용했고 활력이 없었다. 그는 놀이치료실에 들어갔지만 흥미나 열정을 거의 보이지 않았다. 그는 아무것도 묻지 않은 채 읽을 책을 한 권 집어 들었다. 회기 내내 계속해서 책을 읽었고, 나와는 거의 상호작용하지 않았다. 그는 거의 말을 하지 않았고, 나와 시선 접촉을 하지 않았으며, 손이 닿는 곳에 있는 장난감이든 선반 위에 있는 것이든 그 어떤 것도 가지고 놀겠다고 요구하지 않았다. 그에 대한 나의 유일한 언급은, "나는 아이들이 함께 이야기할 수 있고, 생각과 감정을 나눌 수 있는 사람이란다." 였다. 나는 "많은 아이가 처음에는 이곳에 오고 싶어 하지 않아." 라고 덧붙였다. 나는 그가 떠날 시간이 되면 타이머의 벨이 울릴 것이라고 설명했다. 벨이 울렸을 때 그 소리가 안중에도 없는 것 같았고, 그는 여기에 머무르거나 떠나는 것에 대해 초연했다.

나는 안토니에 대해 비지시적인 태도를 취하기로 결정했다. 그는 거주 이전을 많이 경험했고, 여러 가지 새로운 환경과 보호자들을 접했다. 사회복지사에 따르면, 그는 경찰이나 아동보호기관 직원들과 무수히 많은 면담을 했다. 그의 위탁부모 중 어떤 이는 안토니에 대해 "골칫거리를 빼고는 어떤 것도 돌려주지 않아요." 라고 경멸을 담아 이야기했다. 그에게는 '비협조적이고, 변덕스럽고, 이기적이라는' 딱지가 붙었다. 그의 보호자들은 상호적인 관계를 기대했던 것으로 보이나, 안토니는 그들과 어울리려는 동기를 가지고 있지 않았다.

나는 비지시적인 접근을 통해 안토니의 애착장애를 존중하려고 했다. 나는 그가 나를 신뢰하거나 그저 또 하나의 단기간의 관계에 관심을 가질 것이라고 기대하지 않았다. 나의 과제는 그의 삶에서 신뢰할 수 있고 일관된 사람이 되는 것이었다.

처음 세 달 동안은 매주 별다른 게 없었다. 안토니는 혼자 읽을 책들을 가져왔고, 조그만 차들을 서로 충돌시키면서 조용하게 놀앉고, 워크맨에서 나오는 음악에 귀를 기울였고, 대체로 나를 못 본 척했다. 나는 바닥에 가까이 앉아 병행놀이[1]를 했다. 때때로 나는 책을 읽거나, 색칠을 하거나, 선반에서 조그만 차를 꺼내 살펴보았다. 나는 그가 회기 내내 상황을 통제하는 위치를 유지한다는 것에 주목했다. 보호자들이 그의 심드렁하지만 도발적인 행동을 얼마나 힘들어했을지 이해할 수 있었다.

치료가 4개월째로 접어들었을 때, R 부인은 응급 수술을 받기 위해 입원했고, 그녀의 언니가 임시 보호자로 집에 들어왔다. 이 사건은 치료에서 첫 번째 변화를 불러일으켰다. 안토니는 긴박감을 띤 채 놀이치료실로 들어왔다. 그는 커다란 베개들 옆에 앉아 팔짱을 꼈다. 그는 "나는 그녀가 싫어요."라고 알렸다. 나는 "네가 누굴 싫어한다고?"라고 물었다. "로사 부인이요. 그녀는 자기가 나를 맡고 있다고 생각하지만, 그렇지 않아요. 누구도 나를 맡고 있지 않아요. 젠장 할 년 같으니라고." 나는 안토니가 이렇게 많은 감정을 담아 이렇게 많은 말을 하는 것을 들어 본 적이 없었다. 나는 매우 기뻤다.

"너는 로사 부인이 너에게 무엇을 하라고 말하는 것을 좋아하지 않는구나."

"끔찍하게 싫지요. 그녀가 계속 그러면, 뭐가 뭔지 내가 그녀에게 보여 줄 거예요."

"지금 당장은 어떤 기분이 드니, 안토니?"

"열 받아요."

---

1) 역자 주: 병행놀이란 같은 장소에서 비슷한 장난감을 가지고 놀지만 각자 놀이를 하는 것이다.

"뭐에 열 받니?"

"로사 부인이요. 그녀는 내가 내 일을 잘하게 할 수 있다고 생각해요."

"네가 열 받게 그녀가 무슨 말이나 행동을 했니?"

"그녀는 제가 학교에 가기 위해 깨끗한 셔츠를 입어야 한다고 말해요. 저는 그러기가 싫어요. 제가 아주 깨끗할 때면 쫄보가 된 느낌이 들어요."

"R 부인이 집에 있을 때, 너는 대개 무엇을 하고 지내니?"

"그녀는 내가 결정하게 해 줘요."

"아마도 로사 부인은 잘 모를 거야."

"로사 부인은 내 말에 귀를 기울이지 않을 거예요. 그녀는 자기가 매우 똑똑하다고 생각해요."

나는 커다란 모험을 했다. "안토니, 로사 부인을 딱 몇 분간만 여기로 들어오게 해서, 이 일이 잘 풀릴 수 있는지를 보자."

"절대 안 돼요. 그녀가 들어오면 나는 밖으로 나갈 거예요."

"안토니. 너는 뭘 하거나 말할 필요가 없어. 그녀가 이해하도록 내가 도울 수 있는지를 그냥 살펴보면 돼."

"그녀는 이해하지 않을 거예요."

"좋아. 내가 한번 시도해 볼게."

나는 놀이치료실 밖으로 걸어 나가 로사 부인에게 말했다. 나는 그녀에게 한편으로는 그녀의 여동생 걱정을 하고, 다른 한편으로는 여동생을 그리워할 이 아이들을 돌보는 것이 얼마나 힘들지 이해한다고 말했다. 그녀는 눈물이 핑 돌면서 힘에 부친다는 생각이 든다고 했다. 나는 그녀가 내일 이 아이들을 맡길 데를 찾을 수 있다면, 내일 만나자고 제안했다. 안토니가 화가 나 있는 것을 그녀가 아는지 물었지만, 그녀는 몰랐다고 했다. 그가 무언가에 매우 뚱해 있었지만, 그녀는 왜 그러는지 몰랐다. 내가 셔츠에 대해 설명하자, 그녀는 아침에 있었던 사건을 기억했지만 그 사건이 그에게 가지는 의미에 대해서는 알지 못했다. 나는 로사 부인과 안토니 사이에 긍정적인 상호작용이 촉진되도록 애썼다.

우리는 모두 앉았고, 나는 "안토니는 학교에 무엇을 입고 갈 것인지를 스스로 결정하기 원했기 때문에 화가 났어요."라고 말했다. 로사 부인은 자발적으로 말했다. "안토니, 미안해. 네가 결정할 수 있다는 걸 나는 몰랐어. …… 그 셔츠는 나에게 약간 더러워 보였어. 나는 네가 학교에서 곤란해지기를 원하지 않았던 거야." 안토니는 앉아서 팔짱을 낀 채 침묵했다. "안토니는 경청하고 주의를 기울이는 걸 정말 잘해요. 그는 자기를 표현하기 위해 항상 단어를 사용하지는 않아요."라고 나는 그녀에게 말했다.

"저는 어떻게 그럴 수 있는지를 알아요." 로사 부인이 덧붙였다. "저는 모르는 사람과 있을 때 낯을 가리거든요."

나는 로사 부인에게 말할 기회를 잡았다. "두 사람 모두에게 R 부인이 병원에 있는 것은 매우 힘든 일일 거예요. 걱정이 되시겠어요." "그녀는 좋아질 거예요."라고 로사 부인은 응답했다. "그것은 너무나 갑작스러운 일이었어요." "저부터가 놀라는 것을 좋아하지 않아요." 나는 말했다. "아이들은 두 배로 힘들 거예요. 왜냐하면 그들의 생활에는 놀랄 일이 너무 많았거든요."

로사 부인은 자리를 떴고, 안토니는 불쑥 말했다. "선생님이 여기 있어서 그 여자가 친절했던 거예요."

"음, 네가 더 이상 학교 갈 때 입는 옷 때문에 화낼 필요가 없어서 다행이야."

"나는 어쨌든 그 옷들을 입지 않을 거예요."

"그 밖에 또 화난 게 있니, 안토니?"

"아니요."

그는 자동차들을 내려서 그것들을 벽에 충돌시켰다. 떠날 시간이 되었을 때 그의 몸의 긴장감은 줄어들었다. 놀랍게도 그는 "다음 주에 만나요."라고 말했다.

아무튼, 그 회기 이후로는 말로 대화를 나눌 수 있었다. R 부인이 3주 동안 밖에 있다가 집으로 돌아왔을 때 입주 간호사가 도움을 주었다. R 부인이 집에 왔을 때, 그녀는 아이들에게 작은 선물들을 가져왔다. 안토니는 자신이 받은 선물을 들고 왔다. 그것은 다이아몬드 게임(chinese checker)이었다. 신상품이었는데, 보아하니 그가 처음으로 가져 본 신상품 장난감이었다. 안토니는 나에게 선물이 비닐 포장이 되어 있었고 자신이 그 포장을 뜯었다는 이야기를 하면서 크게 기뻐했다. 그는 그 게임을 열심히 했고, 움직임 하나하나에 집중했다. 그는 이겼을 때는 자랑스러워했고, 졌을 때는 한 판을 더 하려고 했다. 그가 지는 경우는 드물었다.

안토니가 그의 분노에 대해 나에게 말할 수 있게 되면서 치료에 전환이 일어났지만, 그는 계속해서 자신의 감정 표현을 억제했다. 나는 다양한 감정을 보여 주는 얼굴 그림이 그려진 카드 세트를 사용했다. 나는 안토니가 사람이나 상황에 대해 그가 느끼는 감정을 나타내는 카드를 선택할 수 있을 것이라고 생각했고, 다양한 방식으로 그 카드를 사용하는 그의 능력에 감명을 받았다. 나는 그 카드를 포장으로 싼 채 들고 와서는 안토니에게 내가 우편으로 새로운 것을 막 받았다고 말했다. 그는 흥미가 동했고 상자를 열었다. 처음에 우리는 카드를 집어 그 카드에 그려진 감정을 가졌던 기억에 대해 서로에게 말하는 식으로 놀이를 했다. 이후, 나는 안토니에게 그 카드를 사용하여 의사소통하도록 요청하곤 했다. 예를 들어, "R 부인이 병원에 갔을 때, 너는 어떻게 느꼈니?"라고 내가 물으면, 그는 '화남' '슬픔' '실망'이라는 세 장의 카드를 집었다.

"나는 R 부인이 병원에 간 그 주에 네가 나를 보러 왔을 때 얼마나 네가 화났었는지를 기억하고 있어. 너도 그걸 기억하니?"

"네."

"로사 부인이 그날 너에게 깨끗한 셔츠를 입게 해서 네가 화났었지."

"맞아요."

"네 생각에는 그 밖에 다른 무엇에 대해 화났었니?"

"내 양엄마가 병원에 간 거요." 그가 그녀를 엄마로 부른 것은 처음 있는 일이었다. 그는 R 부인에게 애착이 생겼는데, 이는 아마도 그녀의 부드럽고 비침투적인 접근 방식에 호응한 탓으로 보였다.

"그것에 대해 화가 난 걸 이해해, 안토니." 그는 인내력의 한계에 다다랐고, 다이아몬드 게임을 가져왔다.

치료 계획

1. 일관된 모습을 보이기: 신뢰할 수 있게 행동함. 약속을 취소 하거나 다시 잡는 것을 피함
2. 비지시적이 되기: 안토니에게 자율감을 주기, 침해하지 않기
3. 기저의 우울증에 대해 평가하기
4. 놀이 주제와 놀이의 순서를 기록하기
5. 비지시적인 상호작용을 도입하기, 병행놀이를 사용하기
6. 감정 표현을 지원하기
7. 장기 목표: 원가족, 아버지가 총 맞은 사건, 형제들의 입양에 대한 감정을 논의하기
8. R 부인과 매달 혹은 필요할 때 만나기
9. 위탁 배정, 어머니의 치료 경과, 재결합 계획과 관련하여 사회복지사와 연락을 유지하기

치료의 중기 단계

'감정 카드'는 안토니와 나 사이에 효과적인 의사소통 수단으로 남아 있었고, 다른 기법들도 유용하게 사용되었다. 안토니는 인형들을 가지고 하는 이야기 만들기 기법을 발견했다. 그는 기어가면서 그의 인형들을 자기 앞에 높이 쳐들고, 상징으로 가득 찬 이야기를 말했다. 그가 좋아하는 이야기 중의 하나는 다음과 같다.

토끼: 나의 놀라운 세계에 온 걸 환영해요. 이 세계에서는 많은 일이 일어나요. 하지만 나는 더 이상 말할 수 없어요. 누군가 오고 있어요. 나는 가야 해요.

거미: 아이고, 제가 가게에서 놀라운 물건을 얻었어요. 나는 타란튤라이고, 강력한 독이 있어요. 등 뒤로 다가가 재빨리 공격하지요. 금세 죽여요. 누구도 왜 죽었는지를 몰라요. 나는 그들 모두를 죽음으로 놀라게 해요. 나는 엄청난 죽음의 힘을 가지고 있어요. 나는 빨리 달려서, 아무도 나를 어떻게 잡을지 몰라요. 그저 바라볼 뿐이죠.

테디베어: 아함, 좋은 날이네요. 태양은 밖에 있고, 하늘은 파래요. 꿀은 나무에 있어요. 냠, 냠, 아야! 뭐지? 아이고 아파. (테디베어는 쓰러져 죽는다.)

다람쥐: 아함, 좋은 날이네요. 태양은 밖에 있고, 하늘은 파래요. 땅콩은 나무에 있어요. 냠, 냠, 아야! 뭐지? 아이고 아파. (다람쥐는 쓰러져 죽는다.)

토끼: 이 근처에서는 정말 조심해야 해요. 보이지 않아도, 도처에 위험이 있어요. 나는 아주 조심해야 했어요. 내 근육을 보세요. 나는 나 자신을 강화시켜야 했어요. 나는 거리를 두는데, 그건 떠나야 할 때를 항상 바로 그 순간에 알게 되기 때문이에요. 그리고 이제 때가 됐어요.

이 이야기에는 관련된 여러 주제가 있다. 인식은 되지만 위장된 위험이 도사리고 있다. 거미로 상징화된 위험은 치명적이고, 거미는 재빨리 공격한다. 거미는 죽이는 힘을 즐기고, 취약한 표적(다람쥐와 테디베어로 상징)을 선택하는 것으로 보인다.

안토니의 이야기는 항상 위험한 환경과 언제라도 죽음이 닥칠 수 있다는 가능성을 반영하고 있었지만, 치료의 중기 단계에서 그는 토끼 캐릭터를 만들어 냈고, 이 토끼는 항상 이 이야기를 말하고 늘 가까스로 도망쳤다. 이 토끼는 항상 과경계하고, 늘 수완이 뛰어나고, 신체적으로 강인해지는 데에 열중했다. 이것은 좋은 예후를 예상케 하는 신호였고, 학습된 무기력에서 능력을 증진하는 쪽으로 안토니가 뚜렷이 바뀌고 있음을 나타냈다. 또한 이 이야기는 허무가 아닌 낙관주의를 반영했다.

치료의 중기 단계 내내 토끼는 이런저런 이야기에 계속 등장했고, 지진, 홍수, 다른 재앙에 부딪혔다. 토끼는 항상 도망쳤는데, 때로는 아슬아슬하게 때를 맞추었다. 토끼의 신체적 강인함은 엄청난 거리를 뛰고, 수많은 역경과 싸우고, 가파른 산을 올라갈 수 있게 해 주었다. 이와 일치되게, 안토니는 우승 기록을 가진 축구팀에 소속되어 있었다. 그리고 그는 공을 몰고, 달리고, 공을 다루는 자신의 부동의 능력에 대해 신이 나 있었다. 그의 자존감과 자신감은 그의 동료들이 그의 골 넣는 근성을 알아준다는 점에서 대단히 높아졌으며, 안토니는 승리를 매우 즐겼다. 더구나 R 부인은 안토니가 참여하는 매 경기를 관전했는데, 이는 안토니가 놓치고 지나가지 않는 것이었다.

안토니는 그의 감정들을 언어로 표현하는 것을 계속 피했다. 하지만 그는 다른 방법을 통해 의사소통하는 데에는 매우 수용적이었다. 만화가들이 등장인물의 대화를 표현할 때 하듯이, 나는 종종 남자나 여자 모습을 그린 다음 그들 위에 원을 그려 놓았다. "이게 누구지?"라고 내가 물으면, 그는 자발적으로 그의 위탁모나 그의 선생님 혹은 그가 좋아하는 여자아이의 이름을 말하곤 했다. 그는 때때로 '가라테[2] 복장을 한 소년'과 같은 새로운 인물을 내가 그리게 해서, 이 인물을 통해 말하곤 했다. 하루는 내가 옆에 작은 사람이 있는 한 여자를 그렸다. "이것은 너고, 이것은 너의 엄마 야."라고 나는 말했다. 나는 앉아서 "나는 네가 너의 엄마에게 무얼 말할지, 그리고 너의 엄마가 너에게 어떤 말을 할지 궁금해."라고 언급했다. 그는 만화로 그려진 어머니 그림에 달린 원에 "너는 확실히 강해."라고 썼다. 그리고 그는 자기 그림의 원은 빈 채로 남겨 두었다. 그의 어머니라는 주제는 안토니에게 엄청나게 부담이 되는 것이었다.

기억에 남는 한 회기에서, 나는 엄마 다람쥐와 그녀의 아기 다람쥐에 대한 이야기를 했다. 그 이야기는 엄마 다람쥐가 아기 다람쥐를 매우 사랑하지만 그럼에도 항상 지켜야 하는 업무 책임과 시급한 약속을 언급하며 아기 다람쥐를 두고 떠나는 것으로 되어 있었다. 작은 다람쥐는 매우 혼란스러웠다. 그녀의 아기를 사랑하는 엄마가 어떻게 아기를 혼자 남겨 둘 수 있을까? "방법이 없는 거죠." 안토니는 말했다. "그녀에게는 변명거리들이 가득해요." 안토니는 그의 어머니에 대해 말하는 것을 두려워하면서도 동시에 어머니에 대해 이야기하기를 원했다. 이러한 상징은 그가 원하고 필요로 하는 거리를 둘 수 있게 해 주었다. "나는 이것에 대해 더 이상 이야기하고 싶지 않아요." 그는 말했다. 그러고는 그가 갑

---

2) 역자 주: 가라테(karate)는 과거 류큐 왕국(현 오키나와)의 사람들이 수련한 손과 발을 사용하는 무술로서, 류큐 왕국이 1879년에 일본으로 편입되면서 일본으로 전파되었다. 현재는 검도, 유도와 같이 일본의 주류 무술로서 자리 잡았다.

자기 펀치백을 차기 시작했다. 이렇게 문이 열렸다.

다음 회기에 나는 베개 아래에 아기 다람쥐를 놓았다. "이걸 봐." 나는 안토니에게 말했다. "이 아기의 기분이 정말 가라앉았어. 그는 그의 엄마를 매우 그리워해." "저도 알아요." 그는 말했다. "그녀가 돌아오게 해요." "좋아." 나는 동의했다. (나는 이 주제에 관한 한 그가 어느 쪽으로 가든 그의 리드를 따를 것이다.) 그는 엄마 다람쥐를 집어서 가져왔다. "좋아, 좋아. 공놀이는 여기까지." 엄마 다람쥐를 베개로 가져오면서 안토니는 높은 어조의 목소리로 말했다. "너는 자신을 스스로 돌볼 필요가 있어. 내가 항상 주위에 있지는 않을 거야." 나는 불쑥 끼어들어 아기가 뭐라고 말할지를 안토니에게 물었다. 그는 내가 그 아기에게 해야 할 말을 속삭여 주었다. 나는 그의 메시지를 전달했다. "엄마, 나는 너무 작아서 혼자 있을 수 없어요." 그 엄마는 혹독하게 이야기했다. "아니, 너는 작지 않아. 너는 소년이야. 너는 강인해져야 해. 네가 강인하지 않다면, 다른 녀석들이 너에게 상처를 주고 너를 두들겨 팰 거야." 나는 그에게 이 아이가 어떻게 대꾸할지 물었지만 그는 알지 못했다. 나는 훌쩍이는 소리로 아기 다람쥐가 이렇게 이야기하게 했다. "엄마, 제발 나를 떠나지 말아요. 나는 엄마가 나랑 같이 있었으면 좋겠어요." 안토니는 엄마 다람쥐를 벽으로 던졌고, 이 역할놀이는 갑작스레 중단되었다. 나는 기다렸다. 안토니는 구석으로 가서 거기에 앉은 채 두 손에 얼굴을 파묻었다. 그는 우는 것 같았고, 나는 그가 자신의 어머니를 상실한 것에 대해 느껴 마땅한 슬픔을 처음으로 보이는 것을 방해하는 어떤 행동이나 말도 하지 않으려 했다. 마침내 그는 말했다. "왜 내 엄마는 나를 돌보지 못하지요?"

"이유가 뭐라고 생각하니?" 나는 부드럽게 물었다.

"엄마는 약을 끊을 수 없거든요."

"그렇지." 나는 말했다. "마약을 하고 있기 때문에, 그녀는 너를 돌보는 것은 고사하고 그녀 자신도 거의 돌보지 못할 거야."

"젠장…… 왜 엄마는 그렇게 바보 같죠?"

"엄마에게 화내는 것은 괜찮단다, 안토니. 너는 그녀가 너에게 엄마로서 있어 주기를 바라고 있구나."

"그녀는 정말 바보 같아요." 그는 계속해서 말했다. "엄마는 마약 중독자를 만나 그들을 집에 데려와요. 그들은 엄마와 성관계를 하고는 돈을 지불해요. 역겨워요." 나는 안토니가 그의 어머니의 매춘을 목격했을 거라고 항상 의심해 왔다. 그가 다른 아이들에게 노골적인 성적 언급을 하는 것을 들은 적이 있었다. "너는 엄마가 다칠까 봐 걱정했지, 응?"

안토니는 탄력을 받았다. "한번은 한 남자가 엄마를 마구 때렸어요. 나는 병을 들어 그의 머리를 쳤고, 병이 깨졌어요. 그리고 엄마와 나는 도망쳤어요."

"때로는 네가 엄마를 돌보았구나, 안토니."

"나가도 돼요?" 그가 물었다.

"물론." 나는 대답했다. "너의 엄마에 대해 이야기하는 게 어렵다는 걸 알아. …… 엄마에 대해 많은 감정을 가지고 있구나."

이 회기 이후로는 그의 어머니에 대해 대화하는 것이 안토니에게 더 수월해졌다. 그가 그녀에 대해 무언가를 말하거나 묻거나 또는 요청하려고 할 때, 그는 작은 다람쥐를 붙잡곤 했다. "선생님은 엄마가 나에 대해 생각하고 있다고 봐요?" 그는 진지하게 물었다.

"그녀가 그럴 거라고 나는 확신해."

"내가 엄마와 함께 다시 살 수 있을까요?" 그는 다른 시간에는 이렇게 물었다.

"나는 솔직히 모르겠어." 나는 그에게 말했다. "그건 그녀가 약물에서 손을 떼고 스스로를 돌보는 법을 배울 수 있는지에 달려 있어."

그리고 또 다른 시간에는 "엄마와 같이 살게 되는 것은 내가 몇 살이 되었을 때 가능하다고 생각하세요?"라고 물었다. 나는 그에게 또다시 "모르겠어."라고 답하는 것이 미안했다.

안토니가 문을 열었기 때문에, 나는 우리의 어느 한 회기에 한 가지 아이디어를 가지고 그에게 다가갔다. "너희 엄마에게 편지를 써 보는 것에 대해 어떻게 생각하니?" 내가 무엇을 의미하는지를 그가 물어볼 때에 그는 방어적으로 보였다. 나는 우리가 편지를 함께 쓰는 작업을 할 수 있을 것이고, 그 다음 그가 엄마에게 그 편지를 보내고 싶은지를 선택할 수 있다고 설명했다. 나는 최근 사회복지사와 접촉했고, 안토니의 어머니가 중독치료 프로그램을 받은 후에 들어간 재활 프로그램에서 진전을 보인다는 소식을 전해 들어 알고 있었다. 그 사회복지사는 그의 어머니가 치료 초기에는 대개 진전을 보인다고 재빨리 경고했다. 우리는 그의 어머니가 계속 진전을 보일 경우, 나의 감독하에 안토니와 그의 어머니 사이에 전화나 대면 접촉을 주선해 볼 수 있을 것이라는 점을 논의했다.

안토니가 그의 어머니와 접촉할 가능성은 어느 정도 현실적으로 보였다. 안토니는 그 자신이 커다란 진전을 했다. 그는 자신의 일부 감정을 표현하는 데 있어 보다 원활해졌다. 그는 그의 위탁모에게 애착을 잘 형성했고, 학교에서 축구팀에도 참여했다. 그의 공격적인 행동은 줄어들고 있었고, 개인적인 위생 상태가 향상되었다. 보다 중요한 점으로, 그는 치료에 의지했고 빈번히 질문을 하거나 걱정거리를 가져옴으로써 그에게 이익이 되게 치료를 사용할 수 있었다. 그는 학교에서 친구나 교사들과 있었던 논쟁에 대해 항상 나에게 이야기하곤 했다. 비슷하게, 그는 시험지나 성적표를 가져와서는 향상된 부분을 자랑스럽게 보여 주곤 했다. 안토니는 그의 위탁가정 배치, 그의 치료, 그의 가라테 수업, 그리고 위탁모가 추진한 일요 학교와 같은 여타의 활동들이 주는 연속성에 잘 반응하고 있었다. 그는 친구를 사귀었고, 몸무게가 3.6kg이 줄었고 하루걸러 한 번씩 목욕을 했다. 덧붙여, R 부인의 개가 강아지들을 낳았는데, 안토니는 그가 집에서 보이는 협력심과 남을 도우려는 태도에 대한 보상으로 강아지들 중 하나를 받았다. R 부인과 안토니 사이에는 특별한 유대가 생겨난 것이 분명했는데, 아마도 그들이 공통된 문화적 배경을 가지고 있다는 점이 이를 북돋운 것 같았다.

나는 안토니가 그의 어머니와 접촉할 경우 그의 진전이 혹시 저해되지는 않을까 생각했다. 그의 안녕감은 새롭게 세워진 것이고 부서지기 쉬웠다. 비록 긍정적인 변화가 일어났지만, 시간이 지나도 그것이 지속될지는 불확실했다. 만약 안토니가 앞으로 닥칠 도전, 실망, 어려움에 대해 자신의 새로운 기술들을 사용하고 새로

얻은 자신감을 쓸 수 있다면, 그는 삶의 어려움들에 의해 파괴되기보다는 자신의 힘을 통해 강해질 수 있을 것이다.

안토니는 오래도록 힘들게 생각한 후에야 그의 엄마에게 편지를 쓰기로 결정했다. 그는 눈에 띄는 두려움을 보이며 종이로 다가갔다. 몇 번이고 그는 말했다. "나는 할 말이 아무것도 없어요." 나는 이렇게 그를 격려했다. "어떤 것이 너에게 떠오를 것이라고 나는 확신해." 그의 첫 번째 편지는 극도로 짧았고, 아직 그는 다시 시도하는 것이 불안한 것 같았다. 첫 번째 편지는 이렇다.

"사랑하는 엄마. 어떻게 지내? 오랜만이야. 아마 엄마도 편지를 쓸 수 있을 거야. 안토니가."

두 번째 편지는 이렇다.

"사랑하는 엄마. 어떻게 지내? 나는 엄마 생각을 해. 나는 엄마가 좋은 음식을 먹고 있으면 좋겠어."

그리고 세 번째 편지는 이렇다.

"사랑하는 엄마. 나는 가끔 엄마를 생각해. 어떻게 지내고 있어?"

안토니는 계속하려 하지 않았다. 그는 그의 어머니에게 연락하는 것에 무관심했다. 하지만 그의 어머니는 그녀의 약물 상담자의 격려를 받고, 안토니에게 편지를 쓰기로 결정했다. 안토니는 그 편지를 수령하고 3주 후에 그것을 나에게 가져왔다. "엄마가 나에게 이 편지를 보냈어요."

"어머." 나는 대답했다. "엄마가 뭐라고 하니?"

"나는 그걸 아직 읽지 않았어요."

"알겠어." 나는 대답했다. 그리고 극도로 조심스럽게 말을 이어갔다. "너는 언젠가 그걸 읽을 수 있을 것이라고 생각하니?"

안토니는 망설임 없이 대답했다. "저는 선생님이 이것을 읽어 주었으면 해요."

나는 "너는 내가 그걸 너에게 읽어 주기를 바라는구나."라고 언급했다. 그는 나에게서 몸을 돌린 채 긍정적인 대답을 웅얼거렸다. 나는 그 편지를 뜯고 크게 읽었다.

사랑하는 토니에게

너에게 편지를 쓰고 있다는 게 낯설게 느껴져. 나는 내 눈을 감고, 너를 마지막으로 보았을 때의 네 모습을 생각해. 네가 위탁가정에서 잘 지내고 있다는 얘기를 들어서 기뻐. 나는 사회복지사에게 전화해서 대화를 나눴는데, 너와 사리타가 잘 지내고 있다고 그녀가 말하더구나. 그게 바로 너희 둘에게 내가 바라는 것이었어. 나는 이제 막 나 자신과 과거에 내가 했던 실수들을 어떻게 멈출지를 배워 가고 있어. 나는 너를 사랑하는 걸 멈춘 적이 없고 너의 삶이 더 나아질 수 있기를 희망한다는 걸 네가 알아주었으면 해. 나는 법을 어기지 않고 술을 마시지 않는 것을 계속 지켜 내고 싶어. 그렇게 된 후, 어쩌면 우리가 대화를 나눌 수 있게 되거나 만나서 인사하는 날이 오기를 바란단다. 나는 내가 가야 할 길이 멀다는 걸 알고 있어. 네가 나를 생각할 때 네 마음속에 용서가 있기를 기대할게. 나는 신에게 기도하는 것이 나를 용서하는 데 도움이 된다는 걸 발견했어. 나는 너 역시 신에게 의지하길 희망한단다. 만약 네가 할 수 있다면, 네 사진을 나에게 보내 주렴. 네가 이제 얼마나 컸는지 보고 싶어.

-너의 엄마가-

나는 편지를 접어서 손에 쥔 채, 안토니가 어떤 말을 하거나 뒤돌아보기를 기다렸다. 나는 훌쩍거리는 소리를 들었고, 그는 자기 얼굴에 손을 댔다. 그는 몇 개의 작은 차를 집어서는 경주를 하자며 나에게 하나를 건넸다. 우리는 잠시 동안 차를 가지고 놀았고, 나는 그가 어떤 것을 말하기를 기다렸다. 하지만 그는 말하지 않았다.

이 회기는 천천히 흘러갔다. 그는 분명히 그가 들은 말에 감명을 받은 것 같았지만, 언급하려 하지 않았다. 벨이 울리자, 나는 그에게 다음과 같이 적힌 편지를 건넸다. "그 편지를 여기에 가져와서 내가 그것을 너에게 읽게 해 주어서 고마워, 안토니. 아마도 다음 주에는 너의 엄마로부터 들은 내용을 네가 어떻게 느꼈는지 나에게 말해 줄 수 있을 거야."

다음 회기에 그는 그의 엄마에게 쓴 편지와 편지에 동봉하기를 바라는 학교 사진을 가져왔다. 그의 편지는 짧았고 마음을 뭉클하게 하는 것이었다.

> 사랑하는 엄마에게
>
> 나에게 편지를 써 줘서 고마워. 나도 가끔 엄마를 생각해. 그리고 엄마가 이제는 약물을 사용하지 않는다니 기뻐. 만약 엄마가 약물을 멀리하는 방법을 배운다면—학교에서는 우리에게 그냥 '안 돼'라고 말하라고 가르쳐.—아마도 언젠가 우린 서로를 볼 수 있을지도 몰라. 나는 지금 축구를 매우 잘하고, 사진 속에서 나는 유니폼을 입었어. 나는 가끔씩 밤에 기도를 드려.
>
> —토니가—

그는 내가 그의 맞춤법을 수정해 주기를 원했는데, 단지 몇 개의 작은 실수만 있었다. 그는 그 편지를 새로운 종이 한 장에 복사했고, 우리는 사회복지사에게 전화해서 그의 어머니의 주소를 얻었다. 우리는 모퉁이로 걸어갔고, 안토니가 우체통에 그 편지를 넣었을 때 그는 행복해 보였다.

다음 주에 그는 나에게 인사하면서 말했다. "엄마는 나에게 다시 편지를 쓰지 않았어요."

나는 말했다. "엄마가 편지를 쓴다면 기분이 어떨 것 같니?"

안토니는 대답했다. "좋을 거라고 생각해요."

"엄마가 쓰지 않는다면 기분이 어떨 것 같니?"

안토니는 어깨를 으쓱했다. "엄마는 아마 안 쓸 거예요."

"그래서 엄마가 안 쓴다면 너는 기분이 어떨 것 같니?"

"상관 안 해요." 그는 재빨리 대답했다.

나는 그의 주목을 얻기 위해 그의 손을 잡고 말했다. "안토니, 어떤 일이 일어나기를 바라는 건 괜찮아. 만약 그 일이 일어나지 않는다면, 너는 실망하거나, 화나거나, 슬플지도 몰라. 그렇게 느끼는 건 정상적인 거야. 너는 너의 엄마에게 많이 실망했잖니."

그는 손을 빼지 않고 말했다. "네." 그리고 그는 물었다. "엄마가 약물에서 손을 뗄 거라고 생각해요?"

나는 정직하게 대답했다. "그러기는 매우 어려운 일이야. 그리고 너희 엄마는 매우 오랫동안 약물을 해 왔어. 우리 모두 좋은 방향으로 희망하고 그녀를 위해 기도할 수 있지만, 나는 치료가 될지 안 될지는 모르겠어."

"나도 알아요. 엄마는 전에도 많은 프로그램을 거쳤어요."

안토니는 막 설명한 회기들 이후로 8개월간 치료를 더 받았다. 그는 방과 후에 다른 것들을 하고 싶어 하기 시작했고, 나를 보러 오는 대신에 축구 연습이나 미식축구 연습을 하러 갈 수 있는지 나에게 물었다. 나는 그에게 괜찮다고 말했는데, 이는 그에게 있어 매우 많은 것이 바뀌었고 그가 전에 가졌던 문제들을 더 이상 가지고 있지 않았기 때문이었다.

나는 그에게 그를 기분 나쁘게 하거나, 화나게 하거나, 슬프게 하거나, 나를 다시 보러 와야 할 것 같은 느낌이 드는 어떤 일이 다시 일어날 수 있다고 생각하는지 물었다. 그는 말했다. "제가 다른 누군가에게 가서 살아야 한다면 그렇죠." 그리고 덧붙였다. "내 엄마와 다시 살아야 한다면 그렇겠지요." 그의 어머니는 다시 연락하지 않았고, 안토니는 기대에 따르는 실망을 피하기 위해 어머니에게 어떤 것도 기대하지 않는 것을 감수하는 것 같았다. 그는 이러한 것들을 나에게 말하자마자, 올려다보며 말했다. "만약 돌아와야 한다면 돌아올 수 있지요. 맞죠?" 그는 내가 어디로도 가지 않는다는 것을 확인하기 원하는 것 같았다. "물론." 나는 대답했다. "너에게 내 번호가 있고, 언제든 나에게 전화할 수 있어."

우리는 네 번에 걸쳐 종결 회기들을 가졌고, 그 시간 동안 안토니의 그림들을 살펴보고, 우리가 논의했었던 여러 일과 감정을 함께 나누었던 여러 사안에 대해 모두 이야기했다. 또한 우리는 앞으로의 삶에서 그가 가진 자원들과 어떤 도움이 필요할 때 누구에게 의지할 수 있는지를 이야기했다. 그는 R 부인, 축구 코치, 축구 팀의 친구인 파블로의 이름을 댔다. 안토니는 분명히 몇 개의 긍정적인 애착관계를 형성했다. R 부인 댁은 장기 거주하는 곳으로,

예측하지 못한 어떤 일이 일어나지 않는 한 안토니는 성년이 될 때까지 그녀의 돌봄 속에서 계속 지낼 수 있었다.

논의

안토니는 신체적·성적 학대와 방임의 피해자였다. 치료 기간 동안 그가 겪은 학대에 대한 구체적인 내용은 결코 나오지 않았다. 그는 그에게 번갈아 나타나는 우울하고 공격적인 행동들 때문에 의뢰되었다. 이 아동은 성격 형성기 동안 대단히 불안정한 상황을 겪었고, 긍정적인 애착관계나 일관된 관계를 거의 경험하지 못했다. 그는 다른 사람과 어울리려는 동기가 없는 것 같았고, 그의 위생 불량은 다른 사람으로부터 자신을 고립시키는 방법이었을지도 모른다.

치료 과정 동안 수많은 중요한 사건이 일어났다. 안토니는 위탁모인 R 부인에게 강한 친밀감을 형성했는데, 그녀는 그에게 상냥하고 다정했다. 그녀는 안토니를 학교 축구팀에 등록시켰고, 그녀가 다니는 성당의 주일 학교에 데려갔다. 그는 축구를 잘했고, 자신이 팀의 일원임을 즐겼다. 또한 그는 천주교에 대해 조용한 관심을 보였다.

치료에서 안토니는 그의 감정을 찾아내고 그것을 표현하는 법을 배웠다. 비록 처음에는 언어적으로 감정을 표현할 수 없었지만, 결국 그는 보다 직접적인 방식으로 감정을 나누는 방법을 배울 수 있었다. 안토니와 그의 어머니와의 관계는 계속 갈등이 남아 있었다. 그는 그녀에 대해 극도로 양가적인 감정을 가졌다. 그는 그녀를 원했지만 동시에 그녀를 거부하고 싶어 했다. 그의 최선의 방어는 상처 입는 것을 피하기 위해 그녀에게 무관심한 척하는 것이었다. 그를 향한 그녀의 접근에 대해서는 반응했지만, 그녀에게 접근하는 것에 대해서는 불확실한 모습을 보였다. 방임된 아이들이 일반적으로 그러듯이, 안토니는 적절하고 긍정적인 타인과의 상호작용에는 잘 반응했다.

07

가비: 단일 성적 학대 삽화에 의해 외상성 충격을 받은 아동

의뢰 정보

가비는 3세 반의 여자아이로, 때때로 이 아동을 돌보던 두 명의 남자 청소년에 의해 구강 성교와 손가락 삽입을 당한 후에 그녀의 어머니가 치료를 의뢰했다. 그녀의 어머니는 아동의 성기 외상을 치료한 소아과 의사에게 소개받았다.

사회생활/가족력

가비는 이혼한 부모인 데니스와 구스타보의 둘째 아이였다. 오빠인 매튜는 12세였다. 데니스와 구스타보는 '어렵고 불편한' 관계로 여러 해를 보낸 다음, 가비가 태어나자 곧 이혼했다. 양육권

분쟁 끝에 공동 양육권이 주어졌다. 구스타보는 데니스가 자신과 아이들에게 '차갑고 거리를 두며', 집을 돌보기보다는 그녀의 직업에 더 많은 시간과 돈을 쓴다고 비난했다. 데니스는 구스타보가 자식들에게 사실상 '낯선 사람'이나 마찬가지라고 그를 비난했다. 그녀는 아이들에 대한 그녀의 단독 양육권에 그가 이의를 제기하는 유일한 이유는 그렇게 될 경우 아동 지원에 돈이 더 들 것이라고 그가 생각하기 때문이라고 주장했다. 부모는 그들 사이에 미해결된 쟁점을 가지고 있었고, 이는 그들의 퉁명스럽고 날카로운 의사소통을 통해 나타났다. 나는 가비가 나와 치료받도록 그녀가 요청한 사실과 가비에 대해 그들이 중요히 여기는 점들을 듣기 위해 그들 둘을 개별적으로 만나기 바란다는 점을 구스타보에게 알려 달라고 데니스에게 부탁했다. 구스타보는 가비에게 치료가 필요하다는 것을 납득하지는 않았지만 그가 존중하는 소아과 의사의 의견을 따랐다.

구스타보는 맏이였고, 세 명의 여동생을 두었다. 그는 자신의 아동기가 행복했다고 설명했고, 어머니가 가족들에게 희생적으로 헌신했다는 점을 들며 대단한 숭배심을 가지고 자신의 어머니를 언급했다. 그의 아버지는 엄격한 규율 엄수자이자 학자로서 묘사되었다. 그의 어머니는 구스타보와 밀접한 관계를 유지했으며, 그에 따르면 그녀는 가비를 '제대로' 키우기 위해 어떤 대가라도 치렀을 것이라고 했다.

데니스는 외동이었다. 그녀의 어머니는 가족 내에서 대학 학위를 받고 이혼한 최초의 인물이었다. 데니스는 그녀의 어머니가 가정과 직장 사이의 균형을 극히 잘 맞추었고, 어머니의 이혼이 그녀에게 거의 영향을 주지 않았다고 재빨리 덧붙였다. 그녀는 아버지와의 관계가 좋았다고 말했고, 이혼 후 그녀의 아버지는 동부 해안에 살았고 그녀와 그녀의 어머니는 서부 해안으로 이사했음에도 불구하고 항상 자신이 아버지에게 의지할 수 있었다고 했다. 데니스는 그녀의 어머니가 훌륭하면서도 필요할 때 도움을 주는 할머니였고, 자신의 의견을 내세우지 않고 데니스가 가비에 대해 부모로서 결정을 내릴 수 있게 했다고 덧붙였다.

데니스와 구스타보는 대학에서 만났고 연애관계가 되기 전에는 좋은 친구였다. 데니스는 시어머니의 간섭으로 인해 그들의 결혼이 '절대 가망이 없었다'고 설명했다. 그녀는 구스타보가 그녀를 그의 어머니와 항상 비교했고, 좋은 아내란 어떠해야 한다는 그의 기대를 그녀가 결코 넘어서지 못했다고 말했다.

구스타보는 자신이 결혼생활을 위해 기꺼이 노력하려고 했으나 데니스의 페미니스트 사상 때문에 그녀가 '제대로 된' 어머니와 과학자가 동시에 될 수는 없었을 것이라고 주장했다.

데니스는 대학 기반의 암 연구 프로그램에서 일했고, 구스타보는 도시 계획 위원회에서 건축가로 일했다. 부모는 둘 다 두 아이에 대해 긍정적으로 말했다. 그들은 아들의 학업적 성취와 체조에서 받은 숱한 상들에 대해 크게 기뻐하고 있었다. 아이들이 서로 따뜻하고 편안한 관계를 맺고 있다는 데에 부모 둘 다 동의했지만, 때로는 '정상적인' 형제간 대립을 보인다고 했다. 특히 구스타보가 매튜를 도보 여행이나 낚시를 하는 데 데려갈 때면, 가비는 아빠가 자기를 남겨 놓고 가는 것에 대해 몇 시간 동안 부루퉁했다.

또한 두 부모는 이혼에 대해 아이들이 들었을 때 아이들이 둘 다 슬픔과 두려움을 표현했다는 것을 인정했다. 구스타보는 아이들이 그를 그리워하고 그가 곧 집으로 돌아오기를 바란다는 것을 그에게 호소했다고 말했다.

가비에 대한 성 학대는 부모가 평소 부르는 베이비시터인 근처에 사는 13세 소녀가, 가비의 집에서 그녀의 남자친구와 그의 두 친구를 대접하고 있을 때 일어났다. 이 아이들이 자고 있을 때, 그 베이비시터와 그녀의 남자친구는 거실에서 껴안고 애무하고 있었고, 다른 두 명의 소년은 가비의 침실을 발견하고는 그 안으로 들어가 자고 있는 그녀를 만지작거린 것이 분명했다. 성추행은 다음과 같이 치달았다. 소년 중의 한 명이 구강 성교를 하고 그동안 다른 한 명이 그 작은 소녀의 질 속으로 그의 손가락들을 집어넣었다. 가비의 입 주위에 생긴 멍 자국은 소년 중의 한 명이 학대를 하는 동안 그녀의 입을 막았음을 시사했다. 그 소년들은 경찰에서 자신들이 그 작은 소녀를 겁먹게 했고 그들이 한 짓을 그녀가 누구한테든 말하면 그녀를 죽여 버릴 거라고 말했다고 했다.

데니스는 늦은 모임을 마치고 집에 돌아와서는, 베이비시터에게 돈을 지불하고 자러 갔다. 가비가 아침에 어머니의 침대로 왔을 때, 그 어머니는 즉시 무언가가 잘못되었다는 것을 알았다. 아이의 다리 주위에는 피가 묻어 있었고, 입 주위에는 시퍼렇게 멍이 들어 있었다. 어머니는 급히 아이를 소아과 의사에게 데려갔고, 그 의사는 아동보호기관과 함께 보고서를 제출했다. 어머니는 경찰에게 베이비시터의 이름을 알렸고, 그녀와 만난 경찰은 그 집에 소년들이 있었다는 것을 알아냈다. 그 소년들은 소년법원으로 보내져 보호관찰 처분을 받고 치료가 의뢰되었다.

내가 데니스와 구스타보와 접수 면담을 하는 동안, 그들은 가비가 불안해하고, 두려워하며, 불면증에 시달리고, 빈번히 악몽을 꾸면서 잠에서 깬다는 것에 의견의 일치를 보았다. 그 아이는 그녀의 어머니와 함께 자기를 원했고, 데니스는 아이가 밤새 잘 수 있을 만큼 충분히 안전하다고 느낄 수 있도록 이에 순순히 따랐다. 가비는 오빠와 아버지를 피했고, 그들과 신체적 접촉을 하는 것을 명백히 꺼렸다(그녀는 아버지의 집에서 잘 때는 대개 보챘다). 또한 그녀의 부모는 가비가 무기력한 상태에 빠져 있고 손가락 빨기나 갓난아기 말투(baby talk)와 같은 퇴행 행동을 보인다고 보고했다. 덧붙여, 가비는 더 이상 혼자 화장실을 사용할 수 없었고 사용하려고도 하지 않았으며, 그녀의 어머니나 주간 돌보미가 그녀를 화장실에 데려가고 기저귀를 채워 주어야 한다고 주장했다. 부모 둘 다 매튜를 걱정했는데, 매튜는 여동생이 곤경에 빠졌을 때 자신이 깨어나지 못한 것에 죄책감을 느끼고 있었고, 그녀에게 상처를 준 소년들에게 몹시 화가 나 있었다. 나는 동료에게 매튜에 대한 평가와 단기치료를 의뢰했다.

임상적 인상

나와 가비와의 첫 만남은 짧았다. 그녀는 그녀의 어머니에게서 떨어지려고 하지 않았고, 어머니의 무릎에 얼굴을 파묻었다. 나에게 말하거나 놀이치료실을 둘러보려고 하지 않았다. 나는 데니스에게 이는 예상되는 일임을 납득시켰고, 그녀가 나 없이 아이를 놀이치료실에 데려가서 둘러보게 하면 좋겠다고 말했다. 데니스는 가비가 보통 정도의 관심을 보이면서 둘러보았지만 어떤 것도 만지지 않으려고 했고 방에 들어가자마자 떠나려 했다고 나에게 말했다.

두 번째 만남에서 가비는 계속해서 나와의 시선 접촉을 피했다. 대기실에는 그녀 나이대의 다른 아이들 몇 명이 블록을 쌓으면서 놀고 있었는데, 가비는 다소 흥미를 느끼는 것 같았다. 나는 대기실에서 그녀와 함께 앉아 그녀의 관심을 장려하고 다른 아이들과의 놀이에 참여해 보도록 격려했다. 결국 가비는 다가가 그들 옆에 섰지만, 아이들이 그녀를 환영하자 그녀의 어머니에게 급히 되돌아갔다.

나는 데니스와 구스타보에게 놀이치료실로 들어오도록 요청했고, 내가 가비에게 방에 있는 다양한 사물에 대해 말할 때 그녀는 주위를 둘러보는 것 같았다. 나는 아이들의 생각과 감정에 대해 아이들과 대화하는 사람이라고 전형적인 방식으로 나 자신을 소개했다. 나는 그녀가 가지고 놀고 싶은 장난감을 선택할 수 있다고 설명했고, 타이머의 사용법을 알려 주었다. 나는 어떤 아이들은 색칠놀이책에 색칠을 하는 것을 좋아하고 어떤 아이들은 컵과 받침을 가지고 노는 것을 좋아한다는 등의 이야기를 가비에게 하고는, 그녀가 더 안심할 수 있도록 그녀의 어머니와 대화했다.

내가 가비에게 나를 보러 오는 모든 아이가 누군가에게 상처를 받았다고 이야기했을 때, 그녀는 올려다보았다. "어떤 아이들은 그들의 몸에 상처를 입었고, 어떤 아이들은 감정에 상처를 받았어." 그 아이들이 그들의 상처에 대해 항상 이야기해야 하는 것은 아니고 때로는 그냥 놀기만 한다고 내가 언급했을 때, 그녀는 조금 미소를 지었다. 내가 가비의 어머니와 함께 그녀의 초기 내력에 대해 이야기하면서 책에 색칠을 할 때, 그녀는 자기 손가락을 빨았다. 가비는 그녀의 어머니가 아기 때의 그녀를 설명하고, 그녀가 좋아했던 활동에 대해 이야기할 때 조용히 들었다. 데니스는 가비가 좋아하는 것 중의 하나는 해변과 수영이라고 말했다. 그들은 얼마 전에 하와이로 휴가를 갔는데, 가비는 얼굴에 마스크를 쓴 채 바닷속을 들여다보면서 물고기를 관찰하는 것을 매우 좋아했다. 나는 가비에게 나도 하와이에 있었고 물고기와 해변과 훌라 댄서들을 매우 좋아한다고 말했다(그녀는 다시 미소를 지었다).

3회기에 나는 내 모래상자를 가져왔는데, 가비는 모래놀이에 강한 흥미를 보였다. 나는 가비에게 어머니가 오늘은 놀이치료실 밖에서 기다릴 것이고, 문 바로 바깥에는 어머니가 앉을 의자를 둘 것이며, 문은 열어 둘 것이라고 말했다. 어느 순간 가비는 고개를 들고는 그녀의 어머니를 찾으면서 공황 상태에 빠진 것처럼 보였다. "엄마는 문 바로 바깥에 있어. 가서 봐."라고 나는 말했다. 가비는 그녀의 어머니가 거기에 있는지 확인하기 위해 달려갔다. 그리고 그녀는 스스로 돌아와서 모래상자를 가지고 놀이를 계속했다.

초기 회기들에서 가비는 컵들을 채우고 비우는 활동을 하거나, 모래에 물을 적시고 작은 언덕들을 만든 다음 그 언덕을 쑤셔서 구멍을 만들곤 했다. 그녀는 모래를 평평하게 편 다음 한데 모으는 것을 매우 좋아했다. 그녀는 모래상자 옆에 있는 선반에 작은

미니어처들이 가득 있는 것을 알게 됐다. 그녀는 몇 개의 미니어
처를 집었다가, 그것들을 제자리에 정확히 되돌려 놓았다.

　그녀의 어머니가 앉는 의자는 5회기에도 여전히 문 바로 옆에
있었지만, 이제는 문은 닫아 둘 수 있었다. 가비는 조용히 어머니
와 떨어질 수 있었고, 이러한 분리에 의해 불안해하지 않는 것 같
았으며, 그녀의 어머니가 회기가 끝날 때까지 그녀를 기다릴 것이
라는 점을 보다 확신하는 것 같았다. 결국 나는 그 의자를 원래대
로 다시 대기실에 두었다. 가비는 그녀의 어머니가 계속 거기에
있는지를 한번 확인한 후에는, 다시는 놀이치료실 안이나 가까이
에 엄마가 있어야 한다고 요구하지 않았다.

치료 계획

나는 다음과 같은 치료 계획을 수립했다.

1. 개인놀이치료
   * 비지시적이고 비침투적인 놀이를 허용하기
   * 놀이의 주제를 기록하고 상징을 해석하기
   * 외상 후 놀이를 촉진하기
   * 가비가 꿈을 나눌 수 있도록 촉진하기
2. 부모-아동 회기
   * 부모와 만나서 가비의 행동과 생각나는 반응에 대해 논의
     하기
   * 과보호 반응을 막기

- 수면 계획을 논의하기
3. 형제
    - 형제를 같이 만나기. 매튜는 여동생과 자신의 감정을 나누고 싶어 할 수도 있는데, 이는 적절한 경우에 고려해 볼 수 있다.
    - 특정한 게임을 통해 새로운 방식으로 신체적 접촉을 하도록 격려하기
4. 가족
    - 학대를 과거에 있었던 것으로 상징화하고 가비가 미래에 안전할 수 있는 방법을 논의하기 위한 가족 모임을 가지기

치료의 시작 단계

가비는 무시무시한 외상성 사건을 견뎌 냈는데, 그 사건이 안전해야 할 그녀의 집에서 일어났다는 사실에 의해 공포감은 증폭되었다. 외상이 집 외부에서 일어났을 때, 아동은 근접한 환경에서 안심을 찾고, 안심을 얻으리라는 기대를 가질 수 있다. 그러나 외상이 근접한 환경에서 일어났을 때, 안심을 얻을 가능성은 줄어든다.

가비가 어렸기 때문에, 나는 그 성 학대가 반드시 성적인 사건으로 지각되지는 않았을 것이고 오히려 폭력과 신체적인 침해 행위로 지각되었을 것이라고 상정했다. 또한 그녀는 자신의 입과 코가 뒤덮였다는 것에 대해 공포감에 사로잡혔고, (그녀를 학대한 소

년들이 '짐작했듯이') 심지어는 의식을 잃었던 것 같다.

이 아동은 발달적으로 퇴행되었다. 그녀는 안겨 있으려고 하고, 기저귀를 찾고, 외상 전에는 완전한 문장을 사용했던 데 반해 이제는 자신이 원하는 것을 한 단어로 나타냈다. 그녀는 외상 후 증상을 보였는데, 여기에는 야경중, 침투적인 환각 재현, 과각성, 해리성 삽화, 무감각 등이 포함된다. 또한 가비는 그녀의 가족 안팎에서 남성과 연합하여 특정하게 나타나는 두려움을 가지고 있었다. 그녀의 어머니와 아버지 모두 가비가 남자와 대화하거나 남자가 주위에 있는 것을 견디지 못한다는 것을 관찰하였다. (데니스는 가비가 남자를 쳐다보지 못하고 울음을 터트리곤 한다고 말했다. 구스타보는 남자가 보이면 그녀가 그 주변을 즉시 떠나기를 고집한다고 했다.)

나의 당면 목표는 안전한 환경을 만들고 가비가 그 외상성 사건을 처리하도록 촉진하는 것이었다. 나는 언어적 의사소통을 최소한으로 하였고, 이 아동이 자신이 좋아하는 놀이 소재를 선택하게 했다. 나는 부드럽게 그녀를 놀이치료실로 안내하였고, 필요할 때는 그녀의 어머니가 그녀를 안심시키고 위로하는 것을 허용했다. 서서히 가비는 놀이치료실에 나와 둘이서 있는 것을 받아들이기 시작했다. 나는 그녀에게 그녀가 원하는 만큼 많든 적든 말할 수 있고, 무엇을 가지고 놀지를 선택할 수 있으며, 필요에 따라 방에 들어오거나 나갈 수 있고, 타이머가 울릴 때까지 방에 머물 수 있다고 말했다. 그녀의 어머니가 놀이치료실 밖에 있는지를 확인하도록 그녀에게 허락했고, 그녀는 치료에서 처음 몇 달간은 산발적으로 그것을 확인했다.

가비가 초기에는 색칠하기를 하고, 모래 속에서 컵과 받침을 사용하고, 인형들을 빗질하기도 했지만, 그녀가 치유를 향한 어려운 여정을 시작함에 따라 모래상자가 그녀의 관심의 핵심이 되었다. 항상 처음에는 모래상자를 가지런하게 다듬었다. 그런 다음 가비는 모래상자에 놓을 작은 미니어처들을 고르는 느리지만 목적 있는 과정을 시작했다. 고른 미니어처들은 모래상자 아래에 나와 있는 받침대 위에 조심스럽게 두었다. 그녀는 놀이할 때 붙었던 모래알들을 제거하기 위해, 각각의 작은 피겨를 물이 담긴 컵에 살짝 담그는 일에 공을 들였다. 그녀는 항상 피겨들을 정리했는데, 공룡, 사자와 호랑이, 거미와 벌레, 칼과 총을 가진 군인들을 줄을 세웠다. 그리고 그녀는 녹색, 노란색, 하얀색 울타리를 집었다. 녹색 울타리가 가장 컸고, 하얀색과 노란색 울타리는 보강하는 벽으로서 녹색 울타리 앞에 세웠다. 마지막 단계에서는 나무들을 모았는데, 가비는 크고 작은 나무들을 집어서 울타리 앞에 그것들을 두었다.

가비의 놀이는 처음 3개월 동안 매주 동일했다. 그녀는 모래를 고르고, 각 피겨들을 씻은 다음 말리고, 그것들을 줄을 세우고, 그런 다음에야 모래상자에 넣기 시작했다. 처음에는 작은 피겨인 고양이 가필드를 모래상자의 좌측 구석에 두었다. 그녀는 그것의 절반을 모래로 덮고, 계속해서 가필드 피겨 앞 8cm 정도 되는 곳에 가장 큰 울타리를 두었다. 그녀는 그 울타리를 보강하고는, 울타리들 앞에 나무들을 배치했다. 그러고는 모래상자의 가장 멀리 있는 끝에서부터 시작해서 남아 있는 모래상자의 4분의 3을 공룡, 거미와 벌레, 사자와 호랑이, 군인들을 포함한 위협적인 피겨들로 채웠는데, 후자로 갈수록 울타리에 더욱 가깝게 두었다([그림 7-1] 참조). 가비는 자발적으로 이렇게 언급했다. "그들은 나무에 올라가고 울타리를 뛰어넘어요." 함축하는 바는 분명했다. 즉, 경계는 침투될 수 있었고 공격은 피할 수 없었다. 구석에 혼자 있는 인물은 숨을 수 없었고, 누구도 돕기 위해 오지 않았다.

처음에 이것은 변하지 않는 비역동적인 모래상자였다. 즉, 피겨들은 움직이려 하지 않았다. 가비는 그녀의 회기가 끝나는 시간에 딱 맞추어 모래상자 배치를 마치게 해 주는 체내 시계를 가지고 있는 것 같았다. 가비는 놀이에 몰입하여, 나의 존재나 바깥에서 들리는 소음을 의식하지 않는 것 같았다. 그녀는 모래상자 안에 위협적인 물체들을 모두 배치하고 나면 눈에 띌 정도로 불안해지곤 했다. 그녀는 그것들을 오랫동안 바라보는 것을 감당할 수 없었고, 때때로 어떤 나쁜 일이 일어나기라도 하듯이 '어어, 어허'라고 중얼거리곤 했다.

[그림 7-1] 위협적인 대상으로 가득 찬 가비의 모래상자

치료의 중기 단계

가비의 모래놀이 시나리오에서 변화가 매우 미묘하게 일어나기 시작했다. 울타리는 가필드로부터 멀어지고 있었고, 위협적인 물체들이 있는 공간이 줄었으며, 침입해 오는 위협적인 물체들의 수는 더 적어졌다.

네 달이 끝나 갈 즈음, 모래상자의 절반은 군인들과 일부 임의적인 동물들로 채워졌다. 가필드에게 기린과 곰이 합류했는데, 기린은 울타리보다 훨씬 컸고 곰은 자신감 있어 보였고 어떤 위험에도 동요하지 않았다. 이 단계의 치료를 하는 동안 모래상자 위에서 작업을 할 때, 가비는 때때로 벨이 울리기 전에 또 다른 장난감으로 주의를 돌리곤 했다. 즉, 그녀는 주변 환경에 주의를 돌릴 여지를 가질 수 있게 되었다. 그리고 그녀는 떠날 때 모래상자와 나에게 항상 손을 흔들어 인사했다.

가비의 행동은 집에서 엄청나게 향상되었다. 그녀는 더 자주 밤새 밤을 잤고, 가끔씩만 악몽을 꾸었다. 그녀는 오빠와 같이 핑거페인팅을 하는 개입에 잘 반응했는데, 같은 종이를 함께 사용할 수 있었다. 이는 긍정적인 경험을 함께 하면서 비위협적인 신체적 접촉을 할 수 있는 기회를 오누이에게 주었다. 또한 그들은 피자 도우를 주무르는 작업을 함께 하면서 서로 가깝게 접촉하고 웃고 흥거워했다. 한번은 구스타보도 핑거페인팅을 함께 했는데, 가비는 그것을 좋아하기는 했지만 그녀의 아빠가 왜 그리 우스꽝스럽게 행동하는지를 궁금해했다.

데니스는 가비가 울음을 터트리는 일이 줄었다고 보고했는데, 예전에는 황야를 멍히 바라보는 듯한 눈빛을 하고 울먹이던 때가 있었다. 구스타보는 회복이 일어났다는 것을 인정했고, 치료를 끝마칠 시간이 되었다고 느꼈다. 나는 부모를 둘 다 만나서 가비가 명백한 진전을 보였지만 한동안 그녀가 치료를 계속할 수 있도록 허락해 줄 것을 부탁했다.

마지막 두 달의 치료 동안, 아동의 모래상자는 완전히 바뀌었다 ([그림 7-2] 참조). 모래상자의 4분의 3은 이제 가필드, 기린, 곰이 차지했다. 모래상자의 남은 부분에는 네 명에서 여섯 명 정도 되는 군인들과 호랑이들이 있었고, 가필드와는 하나의 울타리로 분리되었으며, 타고 올라갈 수 있는 나무는 전혀 없었다. "있잖아." 나는 모래상자를 바라보면서 말했다. "내 생각에는 이제 가필드가 더 많이 안전해진 것 같아." "네." 가비는 대답했다. "기린과 곰이 그녀와 함께 있으면서, 그녀에게 주의를 기울이네." 더 이상의 말은 필요 없었다. 모래상자 안에서 치유가 일어났다. 더 이상의 해석은 필요하지 않았다.

나는 종결 작업을 하기 위해 세 번의 회기를 가졌는데, 두 번은 가비와 단독으로 했고 한 번은 그녀의 어머니, 아버지, 오빠가 함께했다. 그녀의 마지막 두 회기 동안 가비는 나의 모든 미니어처를 꺼내 '목욕을 시켰고', 컵들을 모래로 가득 채웠다가 쏟아내는 보다 초기의 놀이로 돌아갔다. 내가 그녀에게 앞으로 두 번만 오게 될 것이라고 말했을 때, 그녀는 별말을 하지 않았다. 나는 그녀가 어머니에게 종결에 대해 뭐라고 말했을지 궁금했는데, 내가 물어보자 데니스는 마지막 만남이 있었던 날 밤, 자러 가기 직전에

가비가 "내가 원할 때 엘리아나 선생님을 보러 갈 수 있어요."라고
말했다고 전했다. 데니스가 그녀에게 그럴 수 있다고 말하자, 가
비는 이렇게 말했다. "아마도 내 머리가 아프게 되면요."

[그림 7-2] 이전보다 안전해진 가비의 모래상자

　마지막 회기에 나는 가비에게 그녀가 처음 나를 만나러 왔을 때
를 이야기하면서, 그녀가 천천히 어머니와 함께 들어왔고 나중에
도 놀이방에서 많은 것을 가지고 놀지 않았다는 것을 상기시켰다.
또한 나는 그녀가 처음에는 그녀의 어머니가 방에 있기를 원했기
때문에 어머니가 문 바로 밖에 있어야 했지만, 나중에는 어머니가
다른 어머니들과 함께 기다리게 되었다는 것도 그녀에게 상기시
켰다. 또한 나는 가비에게, 내가 다친 아이들과 이야기하는 사람
이기 때문에 그녀가 나를 보러 왔다고 말했다.
　"나는 언젠가 다쳤어요."라고 그녀는 말했다. "그 소년들이 나

쁜 짓을 했어요."

"그래. 그들은 나쁜 짓을 했어, 가비. 그리고 나는 네가 다쳤다
는 게 마음이 아파."

"그들은 엉덩이를 맞았어요. 그리고 그들의 엄마는 그들에게
몹시 화가 나서 벌을 주었어요."

"그래, 가비. 분명히 그랬을 거야."

"하지만 몇몇 소년은 착해요. 매튜는 착해요."

"그래. 맞아, 가비. 많은 소년이 착해."

가비는 다트(velcro darts)를 가지고 놀다가 말했다. "엄마는 나
쁜 아이들이 우리 집에 온 걸 몰랐어요."

"그래, 가비. 그리고 너의 베이비시터도 그 소년들이 너를 다치
게 할지 몰랐어."

"그들은 저를 겁먹게 했어요." 그녀는 엄지손가락을 입에 대면
서 말했다.

"그건 무척 겁나는 일이었을 거야, 가비."

"그들은 밤중에도 나를 겁나게 하곤 했어요."

"네가 무서운 꿈들을 꾸곤 한다는 걸 기억하고 있어." 가비는
조용히 앉아 있었고, 나는 그녀가 무서운 감정에 대한 그림을 그
릴 수 있는지를 물었다. 그녀는 색연필을 집어 검은색 낙서로 가
득 찬 그림을 그렸다. 그다음에 나는 그녀에게 행복한 그림을 그
려 보도록 요청했고, 그녀는 태양과 무지개를 그렸다. 나는 그녀
가 떠날 때 각각의 그림을 복사했다. 가비는 그녀의 행복한 그림
은 집으로 가져갔지만, 무서운 그림은 가져가기를 원하지 않았고
나에게 맡아 달라고 했다. 가비는 나에게 말하기 위해 놀이치료실

로 뛰어서 돌아왔다. "그들이 또 나를 아프게 하려고 하면 내 오빠가 그들의 엉덩이를 걷어차 버릴 거예요." 나는 그녀의 오빠가 이렇게 말하는 것을 그녀가 들었을 것이라고 추정했다. 그때 나는 "너의 엄마, 아빠, 오빠, 너를 사랑하는 모든 사람이 너를 잘 보살필 거야."라고 요약했다. 그녀는 "알아요."라고 말했다. "내 상처는 이제 나아졌어요."

이것은 우리가 나누었던 가장 많은 대화였고, 우리의 마지막 가족 모임은 아주 잘 진행되었다. 나는 크게 말했다. "가비를 저에게 데려왔을 때, 그녀는 밤중에 그 소년들에게 상처를 입었어요. 그녀는 매우 두려워했고, 여러분 모두 그녀를 걱정했고, 그 소년들에게 화가 났고, 그녀를 돌보기 위해 그 자리에 있지 못했다는 것을 미안해했어요." 데니스와 구스타보는 반사적으로 무슨 일이 일어났는지를 알았다면 집에 들어와서 그녀를 안전하게 지켜 주었을 것이라는 말을 덧붙였다. 매튜는 그녀를 다시 다치게 하려는 자가 있으면 그 누구든 엉덩이를 걷어차 줄 것이라는 말을 보탰다. 구스타보가 매튜에게 말을 조심하라고 하자 가비는 킥킥대며 웃었다.

나는 가비가 이제는 기분이 더 나아지고 안전해진 것으로 보이지만, 설령 이것이 사실이라 해도 미래에 그 성 학대에 대해 그녀가 기억이 날 때 언제라도 그것에 대해 그녀의 부모에게 이야기할 수 있음을 그녀가 아는 것이 중요하다고 말했다. 부모는 유도하지 않았는데도 다시 끼어들어 그 소년들이 그녀를 어떻게 다치게 했는지에 대해 항상 이야기할 수 있고 그녀가 어떤 질문이든 할 수 있다고 그녀를 안심시켰다.

　마지막으로, 나는 가비에게 일어났던 무서운 일에 대한 그녀의 그림을 그녀와 내가 모두에게 보여 줄 수 있는지 물었다. 그녀는 명백히 이 제안을 반기면서, 내 손에서 그것을 집었다. 그녀는 그것을 그녀의 어머니, 아버지, 매튜에게 전달했다. 나는 이젤에 쓰는 커다란 종이를 가져와서 가비에게 일어났던 나쁜 일에 대한 집단 그림을 그려 보도록 모두에게 요청했다. 그들은 가비의 안내를 따랐고, 상징보다는 색깔을 사용했다. 그런 다음 나는 모두 함께 좋은 시간을 가졌던 순간에 대한 그림을 그려 보도록 그들에게 요청했고, 그들은 하와이 휴가를 그리는 데 동의했다. (하와이로 간 휴가에는 가비의 아버지가 포함되지 않았다는 것을 그녀에게 말함으로써 그녀의 환상을 깨는 사람은 아무도 없었다. 다만, 그들 네 명은 그녀가 태어난 직후에 하와이로 가족 휴가를 간 적은 있다.)

　그 가족은 첫 그림을 그리는 데 대략 5분이 걸렸고, 남은 시간은 그 하와이의 가족화를 함께 완성하는 데 보냈다. 몇몇 열대어도 그렸는데, 이는 가비가 색칠했다.

　회기가 끝나기 전에 나는 가족들에게 가비에게 일어난 무서운 일에 대한 그들의 그림을 구겨서, 내가 방 중앙으로 가져온 쓰레기통에 던져 달라고 요청했다. 그들은 그 그림을 서로에게 돌려가면서 각자 그것을 더욱 구겼다. 그런 다음 매튜는 그 그림을 받아 마이클 조던의 슬램덩크를 흉내 내면서 쓰레기통에 넣었다. 가비는 그녀의 무서운 그림이 어디 있는지를 묻고는, 스스로 그것을 구기고, 오빠 흉내를 내면서 그것을 쓰레기통에 던졌다.

　나는 그 가족들에게 그들을 만나고 도움이 되어서 기뻤다고 말했다. 나는 가비에게 그녀가 돌아와 나를 보고 싶을 때면 언제든 내가 어디 있는지를 알 수 있을 것이라고 말했다. 그녀는 다시 찾아오지 않았지만, 2년간 연달아 밸런타인데이에 나에게 카드를 보냈다.

논의

이 아동의 어린 나이, 특정 증상들, 모래상자치료에 대한 관심은 이 치료를 비지시적이고 비침투적인 놀이치료로 인도했다.

모래상자치료는 본질적으로 자가치유적인데, 이 사례에서는 경이적인 과정이 일어났다. 이 아동은 그녀만의 방식으로, 자신만의 속도에 따라 그녀의 외상을 처리하였고, 그 압도적인 경험을 그녀의 놀이를 통해 조심스럽게 상징화했다.

그녀의 모래상자는 함정에 빠진 느낌과 무방비한 느낌을 분명히 보여 주었다. 그녀는 자신을 공격한 사람들을 싸워서 물리칠 내적·외적 자원이 없이 고립된 느낌을 가졌다. 그녀는 두려움 속에 남겨졌고, 과도하게 각성되어 있었으며, 위험할 가능성이 있는 사람과 상황을 회피하려 했다.

문제가 될 수 있는 특정한 사안이 가족 회기에서 다루어졌다. 가비는 그 소년들이 그녀를 상처 주려고 했다는 것을 그녀의 부모가 알지 못했고, 만약 알았다면 그들을 막았을 것이라는 것을 듣고 이해하는 것 같았다. (그리기와 함께 이루어진) 종결 의식은 과거를 뒤로하고 안전한 미래를 위해 협의할 수 있도록 가족들에게 힘을 실어 주었을 것이다.

가비는 비지시적인 치료에 호의적으로 반응했고 상징적으로 외상을 처리했는데, 모래에서 놀이를 하는 동안 그녀의 두려움과 걱정을 표출하였다. 또한 치료적 제안을 주의 깊게 따랐던 가족들의 적절한 행동 역시 이 아동에게 큰 도움이 되었다.

08
로리: 병원에 입원하는 동안 외상을 겪은 방임된 아동

의뢰 정보

로리는 '재결합' 치료를 위해 그녀의 사회복지사에 의해 나에게 의뢰된 7세 소녀이다. 로리는 방임 피해자로 확인되었는데, 그녀의 부모가 다른 주에서 약물 재활 프로그램을 이수하는 1년 반 동안 위탁 돌봄을 받았다. 로리는 그 사회복지사가 나에게 전화하기 이틀 전에 그녀의 친부모에게 돌아왔다.

사회생활/가족력

그 사회복지사는 친부모에 대한 단편적인 정보들을 알려 주었다. 이 사례는 또 다른 사회복지사를 거쳐 넘어온 것이어서 관련

기록들이 뒤죽박죽이었다. 알려진 사실은 로리가 위탁가정으로 가기 전에 맹장염으로 응급실에 실려 왔다는 점이다. 그녀의 부모를 찾지 못하다가 그 아이가 병원에 머문 지 4일이 지난 후에야 마침내 부모를 확인할 수 있었다. 의사는 로리가 전형적인 방임 피해자라는 사실을 발견했다. 그녀는 영양실조 상태였고, 더러웠고, 가벼운 감염과 피부감염증(impetigo) 및 치료받지 못한 시각 문제로 고통을 겪고 있었다. 부모를 찾을 수 없었기 때문에, 이 아동은 법원의 보호를 받았다.

나는 그 사회복지사로부터 전화를 받은 다음 날 부모를 만났고, 약간의 추가적인 정보를 얻었다. 나는 그들이 경계하면서 다소 논쟁적인 태도를 취한다는 것을 발견했다. 그들은 치료 명령이 내려진 것에 대한 분노를 즉각적으로 전달했다. 그 아버지는 "우리는 아마도 우리 스스로 상담을 받으러 갔을 겁니다."라고 주장했다. 그는 우리 약속의 긴급성을 이해하지 못했다. 또한 그 부모는 치료비를 지불해야 한다는 것과 로리가 여전히 법원의 보호 아래에 있고 적어도 6개월은 사회복지사의 감독을 받는다는 것에 격분하였다.

나는 그들의 모든 불만을 이해한다고 하면서 그 부모를 안심시켰고, 오랫동안 떨어져 지내다 로리와 재결합하는 데 따른 그들의 감정에 재빨리 초점을 맞추었다. 그 부모는 천천히 경계를 늦추었고, 자신들이 두려웠다고 털어놓았다. 그들은 1년 반 동안 약물 없이 지냈고 매일 상담을 받았다. 그들은 자기들이 '완벽에는 못 미치는' 부모라는 사실을 이해하고 있었고, 후회하는 것 같았다. 내가 약물 재활 프로그램 이전의 생활에 대해 물어보자, 그들은 '바닥을 쳤다'고 설명했고, "가장 안 좋았던 것은 우리가 로리를 우리와 함께 아래로 끌고 간 거예요."라고 재빨리 덧붙였다. 나는 이 아이에 대한 그들의 염려가 타당하다고 언급하였고, 그들에게서 더 많은 정보를 얻을수록 내가 이 아이를 더 잘 도울 수 있다고 그들에게 말했다.

그 부모는 그들의 내력을 빠르고 간결하게 말했다. 그 아버지는 다음과 같이 자기 부부에 대해 이야기했다. "우린 둘 다 부모처럼 술주정뱅이로 자랐어요." 그는 그들이 둘 다 어떻게 얻어맞고 내버려졌는지를 설명했다. 어머니인 글렌다는 그녀가 어린 동생들을 돌보았기 때문에 그녀의 가족들에게 유용했다고 덧붙였다. 그녀는 자기 삶의 매 순간을 증오했고, 학교를 그만두었으며, 그녀의 어머니와 자곤 했던 약물을 거래하는 남자친구와 함께 도망쳤다고 말했다. 글렌다는 이렇게 말했다. "나는 거기서부터 쭉 내리막길이었다고 말할 수 있을 것 같아요. 하지만 그 병원에서 집으로 왔을 때도 내내 내리막길이었어요." 글렌다의 음주는 10세에 시작되었는데, 이는 집 근처에서 먹거나 마실 것이 거의 없었기 때문이었다. "내가 술을 마실 때가 나의 어머니가 웃고 행복해 보였던 유일한 시간이었어요."

로리의 아버지인 롭은 비슷한 식으로 음주를 시작했고, 매우 어린 나이에 마리화나를 했다. 그는 그와 친구들이 매일 학교를 빠지고, 정비소에서 일했으며, 마약에 취해 있곤 했다고 말했다. 그의 부모는 그가 학교를 갔는지 안 갔는지 신경 쓰지 않았다. 그는 정비소에서 일해서 돈을 벌었고, 그가 제정신으로 있는 동안 그에게 기회를 주었던 오랜 고용주와 함께 새로운 일자리를 이제 구했다는 것을 매우 자랑스러워했다. 롭은 12세 때 그의 친구들과 함께 버려진 판잣집에서 살기 시작했다. "〈로스트 보이(The Lost Boys)〉[1]라는 영화를 기억해요?"라고 그는 물었다. "그 영화랑 비슷해요."

나는 그들 둘 다 삶이 매우 불행했던 것 같지만, 술을 스스로 안 마시기 위해 회복 프로그램으로 들어가는 중요한 조치를 취한 것은 놀랄 만한 일이라고 언급했다. 어머니는 침울하게 말했다. "불행하게도 우린 그걸 알기 위해 바닥까지 가야 했어요. 나는 그저 로리가 우리가 한 모든 것에 대해 우리를 미워하지 않기를 바랄 뿐이에요."

부모 모두 그들의 친부모와의 어떠한 접촉도 거부했다. 글렌다는 계속 연락하는 여동생이 있었지만 그녀의 어머니나 아버지를 다시 볼지에 대해서는 개의치 않는다고 말했다. 롭은 그의 아버지가 살아 있는 것을 알고 때로는 그를 보게 될 때도 있지만, 역시 연락하려는 동기는 없어 보였다. 글렌다와 롭 모두 그들의 고통스러운 과거로부터 벗어나기 위한 노력으로서 그들 자신의 부모를 진정으로 거부하였다.

---

1) 역자 주: 영화 〈로스트 보이〉는 1987년 조엘 슈마허(Joel Schumacher) 감독에 의해 만들어진 흡혈귀 공포 영화이다. 이 영화에서 이혼한 여성 루시는 두 아들 마이클, 샘과 함께 산타칼라라는 마을로 온다. 이 마을에는 사람을 잡아먹는 흡혈귀 집단이 살고 있었고, 이 가족이 이들의 유혹에 빠져 흡혈귀가 될 위험에 놓인다. 로리의 아버지인 롭은 이 영화를 통해, 영화의 주인공처럼 자신도 가정 환경이 매우 불우했고 비행청소년 집단에 들어가 거의 반사회적인 행동을 할 지경까지 이르렀음을 표현하려 한 것으로 보인다. 〈로스트 보이〉는 제임스 매튜 베리(James Matthew Barrie)가 쓴 소설 『피터팬(Peter Pan)』에 나오는 결코 어른이 되지 않는 아이들을 가리키는 말이기도 하다. 영화 〈로스트 보이〉와 소설 『피터팬』은 아무런 제약 없이 자유롭게 살아가지만 미성숙한 청소년기에 계속 머무는 데 따르는 심리적 불안정감과 따뜻하게 품어 주고 불안정한 마음을 굳건히 붙들어 주는 모성적 대상에 대한 갈망(혹은 의존성)을 잘 보여 주는 작품들이다.

　나는 그 부모에게 로리를 그들로부터 떨어져 지내게 만든 사건을 설명해 달라고 요청했다. 그들은 말을 할 때 눈에 띄게 고통스러워하였고, 두 시간 반의 초기 면담을 견디기 위해 담배를 피며 쉬는 시간을 많이 가져야 했다. 그들은 로리가 태어난 뒤로 자신들이 마약에 깊이 빠졌다고 말했다. 글렌다는 술을 끊으려고 노력했으나 임신 내내 술을 마셨다. 로리는 태어날 때 체중 미달이었고 많이 보챘다. 로리는 출생 후 몇 주간 병원에 있었고, 이미 그때도 로리의 부모가 로리를 돌보는 것에 대한 우려가 있었다. 사회복지사와 공중보건 간호사는 약 4개월 동안 방문했는데, 그 아기는 먹는 데 어려움을 보이고 잠을 많이 자는 것을 제외하고는 꽤 잘 지내는 것처럼 보였다.

　부모 모두 아기를 낳을 계획은 없었지만, 로리가 태어나자마자 아기를 낳기를 잘했다는 생각이 들었다고 했다. 롭은 그가 안정된 직업을 가지고 있어서 아기를 먹이고 기저귀를 살 충분한 돈을 집으로 가져왔다고 강조했다. 그와 글렌다가 그 당시에 그렇게 많이 먹지 않아서, 그 돈은 바로 로리를 위해 썼다고 덧붙였다.

　그 부모는 로리가 나이가 들면서 '조용하면서도 정말 도움이 되었다'고 설명했다. 글렌다는 아이가 다섯 살 때 혼자 밥을 먹고, 가게에서 물건을 사고, 혼자 TV를 보다 잠들 수 있다는 사실에 놀랐다고 했다. 롭은 로리가 집 주위를 서성거리는 것을 좋아했다고 말했다. 비록 그들이 술을 마시러 갈 때 그녀가 그들과 함께 나오는 경우도 있었지만, 그녀는 집에 머무는 것을 선호했다. 나는 이 말을 들었을 때 자연스럽게 물었다. "로리가 집에 혼자 있었나요?" 나의 우려를 알아채고, 글렌다는 "알아요. 이제 돌이켜 생각해 보면, 그것이 얼마나 잘못되었는지 알 것 같아요. 비록 그 당시에는 내가 아이가 원하는 대로 하게 하는 좋은 엄마였다고 생각했지만요."라고 대답했다.

글렌다와 롭은 진정으로 이 아이에 대해 염려하는 것 같았고, 그들의 행동이 끼친 영향에 대해 걱정했다. 그들은 그들이 했던 것 중 최악의 것을 나에게 말하기를 원했다. 그들은 잦은 술 파티에 대해 말했는데, 술꾼들이 로리의 침대에서 밤을 지새웠다고 말했다. 글렌다는 사람들이 그녀의 집에서 성관계를 했다고 말하면서 눈에 띄게 심란해했다. 한번은 그녀가 로리의 방으로 걸어 들어갔을 때, 한 커플이 로리의 침대에서 성관계를 하는 동안 로리가 울면서 구석에서 웅크리고 있는 것을 발견했다.

롭은 자기에게 마약을 하는 몇 명의 친구가 있는데, 주사 바늘을 사용하고 코카인을 코로 흡입하는 것을 로리가 목격했다고 말했다. 때로는 사람들이―글렌다와 롭을 포함하여―약을 한 뒤에 의식을 잃었다. 사람들이 아무 데나 토하곤 했기 때문에 그 집은 매우 더러웠다. 그녀의 부모 말로는 로리가 그곳을 깨끗이 유지하려 애썼지만, 그것은 정말 소용없는 일이었다.

글렌다와 롭은 로리가 맹장염에 걸렸을 때 술을 마시러 나가 있었다. 로리는 위층으로 올라가서 이웃에게 아스피린을 부탁했다. 이웃 사람들은 아이의 발열을 알아채고 그녀를 병원에 데려갔다. 로리는 정기적으로 소아과 의사를 만나지는 않았지만, 보건소와 학교에서 예방 접종을 받았다. 부모는 로리의 맹장염에 대해 말할 때, 모두 눈물을 흘렸다. 롭은 '그 일이 (그들에게) 일어난 일 중에 최선'이었다고 덧붙였다.

나는 로리가 입원해 있는 동안 롭과 글렌다가 얼마나 자주 로리와 연락했는지를 물었다. 그들은 연락이 아주 적었다고 말했다. 그들은 로리를 위해 사회복지사에게 몇 통의 편지를 보냈지만, 그녀가 그것을 받았는지는 확신하지 못했다.

지난 2일 동안 로리가 어땠는지를 그들에게 물어보자, 그들은 그녀가 정말 조용했고 별로 웃지 않았다고 말했다. "그 애는 처음에는 약간 우리를 두려워했어요."라고 롭이 말했다. "하지만 몸이 천천히 풀리기 시작했어요." 그 부모는 로리가 밤에 침대에서 울고 있어서, 그녀를 그들의 침대에 있게 했다고 말했다. 로리가 자기 방에 익숙해지도록 하는 것이 좋을 것이라고 내가 언급하자, 글렌다는 일시적으로 그렇게 하는 데에 동의했다.

나는 나를 만나러 오는 것에 대해 로리에게 어떻게 말할지를 그 부모와 검토했다. 역할 모델이나 기술도 거의 없이 사실상 하나의 가족을 재구성하고 있기 때문에, 요즘이 그들 모두에게 어려운 시기일 것이라고 나는 말했다. 그들은 둘 다 금주 모임에 매일 참석 중이고, 육아에 대해 논의하는 학부모 모임에도 참석하고 있다는 사실을 알렸다. 글렌다는 수업을 들을 수 있는 곳을 내가 아는지 물었고, 나는 지역사회에서 도움을 받을 수 있는 곳을 그들에게 알렸다. 그러나 그들은 연락하기를 주저했다. 또한 나는 그들에게 앞으로 몇 달 동안 나타날 수 있는 여러 가지 사안을 논의하기 위해 부부치료를 받는 것이 도움이 될 것이라고 생각한다고 말했다. 나는 아동과 함께하는 가족치료로 끝을 맺는 단기치료를 받을 수 있도록 동료에게 그들을 의뢰했다.

부모가 떠나기 전에, 나는 로리의 위탁가정에 대해 그들이 알고 있는 것과 위탁가정으로부터의 분리가 어떻게 일어났는지를 그들에게 물었다. 이 부분은 그 부모가 거의 모르는 영역이었고, 또한 그들은 방어적으로 보였다. 롭은 "나는 모르겠어요. 그리고 알고 싶지 않아요."라고 말했다. "사회복지사는 로리가 그들을 그리워할지 모른다고 과장해서 생각하는 것 같은데, 나는 그 애가 집에 있게 된 것을 기쁘게 생각한다고 확신해요." 나는 아이들이 집에 가게 될 때 때로는 동시에 두 가지 감정, 즉 부모를 보게 되어 기쁘지만, 자기를 돌보아 준 사람들을 떠나게 되어 슬퍼한다고 말했다(나는 이 시점에서 '위탁부모'라는 단어를 사용하지 않도록 주의를 기울였는데, 이것은 분명 민감한 주제였기 때문이다). 글렌다는 이를 이해하는 것처럼 보였지만, 롭은 작은 소리로 무언가를 중얼거렸다.

임상적 인상

로리는 매우 수줍어하고, 느리게 움직이고, 말을 잘 하지 않고, 순응적인 아동이었다. 그녀는 신체적으로 작았고, 마치 쉽게 부서질 것같이 보였으며, 매우 깔끔하고, 단정했다. 그녀의 예쁘고, 밝고, 다채로운 의상(치마 끝단을 따라 그녀의 머리에 달린 것과 어울리는 리본을 달고 있음)과 그녀의 눈과 조용한 태도에 담긴 침울하고 조심스러운 모습 사이에는 극명한 대조가 있었다.

그녀의 어머니가 로리의 손을 잡고 있었다. 글렌다가 무언가를 하기 위해 손을 떼었을 때, 로리의 팔은 기운 없이 옆구리로 축 처졌다. 그들이 대기실에 앉았을 때 어머니는 로리의 손을 다시 잡았다. 나는 나와서 그 어린 소녀에게 나를 소개한 다음, 우리가 어디에 있을 것이고 그녀의 어머니는 어디에 있을 것인지를 가리키면서 놀이치료실을 둘러볼 수 있도록 그녀를 데려갔다. 그녀의 어머니가 그녀에게 나와 함께 가게 했을 때, 그녀는 아무런 저항도 하지 않았다.

로리는 입에 엄지손가락을 집어넣은 채 놀이치료실을 둘러보았다. 나는 그녀에게 어떤 것들을 가지고 놀 수 있는지에 대해 조금 이야기했다. 그녀는 색칠을 하고 싶어 했고, 작은 책상에 앉아 어떤 책의 페이지에 색칠을 했다. "이제 갈 시간이에요?"가 표준 질문이 되었다. 처음에 나는 이것이 나와 단독으로 있는 것에 대한 불안감을 나타낸다고 생각했다. 하지만 이것은 이 조용하고 안전한 작은 장소에 더 오래 머무르고 싶은 그녀의 바람을 나타낸다는 것을 나중에야 깨달았다.

나는 이 아동에 대해 매우 비지시적인 태도를 취하기로 결정했다. 부모는 그들이 마지막으로 함께 있었던 때 이후로 그녀에게 일어난 모든 것을 부모에게 말하게 하기 위해 얼마나 애썼는지를 나에게 말했다. 나는 어떤 식으로든 압박을 가하기보다는 로리가 나서도록 허용하는 것이 최선이라고 느꼈다. 나는 그녀 옆에 앉아서 나도 색칠을 하기로 결정했다. 내가 내 활동에 열중하자, 로리는 더 편하게 숨을 쉬는 것 같았다.

처음 4~5회기는 선례를 따랐다. 로리는 놀이치료실에 조용히 들어와 색칠하거나 독서활동에 열중하곤 했다. 그녀가 독서에 대한 욕구를 표현했기 때문에, 나는 위탁가정의 어린이들을 위해 쓰인 『단 하나의 올리버(Only One Oliver)』(Rutter, 1978)라는 책을 잘 보이게 두었다. 이 책은 두 쌍의 부모에 대해 온정을 가진 아이가 느끼는 충성심 문제에 대해 이야기한다. 로리는 혼자 조용히 여러 번 읽었다. 그때 나는 물었다. "너는 위탁 돌봄을 받았지, 로리?"

"어, 네."라고 그녀는 말했다.

"너는 누구와 같이 살았니?"

"잭과 레오나와 스테피와 해리요."

"그들은 누구니?"

"나의 엄마요. ······ 위탁 엄마와 아빠 그리고 나의······ 거기에 살았던 다른 아이들이에요."

"그들에 대해 때때로 생각하니?"

"어, 흠."

"그러면 기분이 어떠니? 그리워?"

"모르겠어요."라고 그녀는 돌아서면서 말했다. 우리는 첫발을 내딛었다.

치료의 시작 단계

일단 로리가 이 환경과 구조에 익숙해지고 나와 대화하는 것을 받아들일 수 있게 되자, 그녀는 긴장을 푸는 것 같았다. 또한 대기실에서의 그녀의 자세와 융통성을 감안할 때, 분명히 그녀는 내가 처음 만났을 때보다 어머니와 있는 것을 더 편안해했다.

로리는 서서히 인형집으로 다가가서 어머니, 아버지, 세 자녀를 포함한 놀이를 시작했다. 나의 가설은 그녀가 현재의 가정이 아

닌 위탁가정을 재연하고 있다는 것이었다. 그녀는 어머니로 하여
금 아침 식사를 만들고 아이들이 깨끗한 옷을 입었는지를 확인하
게 했다. 아버지는 직장에서 집에 돌아왔을 때 TV를 보았다. 아버
지가 농담을 하면 가족들은 웃었다. 그들은 종종 피크닉 바구니
를 준비해서 공놀이를 하러 야외로 나갔다. 로리는 자기가 훌륭
한 '캐처(catcher)'라고 말했다. 내가 그녀에게 놀이치료실에 공이
있다고 하자, 그녀는 자기에게 공을 던져 달라고 부탁하고 그것을
잡곤 했다. 그녀는 이 활동을 매우 즐기면서, 분명히 더 행복했던
시간을 상기하는 것 같았다. "잭은 최고의 캐처예요. 어떻게 공을
잡는지 저에게 가르쳐 주었어요."라고 그녀는 큰 소리로 말했다.

　나는 부모의 치료사와 연락했다. 그녀는 위탁부모에 대한 아동
의 감정을 그들이 계속해서 이해하지 못하는 데에 낙심하고 있었
다. 글렌다와 롭은 로리가 위탁부모의 이름을 언급하는 것을 금지
했고, 로리가 무심코 위탁모를 '엄마'라고 부를 때 매우 힘들어했
다. 그들은 거의 2년간 그들의 아이를 보지 못한 데 대해 어떤 식
으로든 위탁부모에게 책임을 돌렸으며, 이러한 비논리적인 견해
때문에 다른 지각을 받아들이지 못한다고 부모의 치료사는 생각
했다. 첫 한 달간 치료를 한 후에 나는 위탁부모와 약속을 잡았고,
그 부모에게 참석해 달라고 요청했다. 롭과 글렌다는 '그 인간들'
과 대화하는 것이 필요하다고 내가 생각한다는 점에 대해 몹시 화
가 났지만 그들이 그 모임에 참석해야 한다고 느꼈다.

　그 만남은 처음 30분간은 긴장되고 어색했다. 글렌다와 롭은
15분 늦었고, 나는 그들 없이 시작하게 될까 걱정했다. 그들이 도
착했을 때 나는 그들을 보게 된 것에 대한 기쁨을 나타냈고 회의

의 목적에 관해 이야기를 시작했다. "로리의 부모님께 말했듯이, 저는 레오나와 잭, 여러분을 만나고 싶었습니다. 로리가 여러분의 집에 있는 동안 어떻게 지냈는지를 우리에게 말해 주세요." 분명히 진정한 전문가인 레오나와 잭은 즉시 로리의 부모님을 안심시켰다. "우리는 여러분을 만나서 너무 기뻐요. 로리는 정말 기쁨을 주었어요. 그 애는 정말 행실이 단정하고 상냥했어요. 아이가 그렇다는 것은 좋은 부모를 두었기 때문이라는 것을 아시잖아요." 글렌다와 롭은 충격을 받은 것 같았고, 대꾸할 말을 찾지 못했다. 그들은 서로를 쳐다보고 손을 잡았다. 평소처럼 롭이 먼저 말했다. "당신네 집에서 아이가 어떤 문제를 보이지는 않았나요?" 레오나와 잭은 수동적이고, 잘 따르고, 도움이 되는 아이의 모습을 설명했다. 그들은 이것을 긍정적인 행동으로 묘사했지만, 그럼에도 나는 그들이 이 아동의 약점에 대해서도 전달하고 있다는 것을 알았다. "가끔은 그 애가 거기에 있는지도 거의 알 수 없었어요. 그 애는 사라지곤 했어요." 나는 종종 이러한 구절이 가만히 있는 방식으로 안전히 지내는 법을 배운 학대받거나 방임된 아동들을 설명하기 위해 사용되는 것을 들었다.

잭과 레오나는 그들이 활동적인 가족이라고 말했다. 그들은 공원, 호수, 캠프장을 자주 방문했다. 그들은 로리가 야외 활동을 좋아했고, 하이킹, 달리기, 수영, 공놀이를 잘했다고 전했다. 글렌다는 조용히 말했다. "나는 그 애가 수영을 할 수 있는지 몰랐어요." 로리의 위탁부모는 그녀의 수술 후 의사가 그녀에게 정상적인 활동을 재개하라고 제안했기 때문에 그녀에게 수영을 가르쳤다고 말했다. 그들은 그녀가 무엇을 좋아하는지 몰랐기 때문에 수영을

시켜 보면 좋겠다고 생각했다.

롭은 그녀가 자기나 글렌다에 대해 물어본 적이 있는지 알고 싶어 했다. 위탁부모는 재빨리 시선을 교환했고, 잭이 대답했다. "그 애는 두 분 모두에 대해 종종 이야기하곤 했는데, 여러분이 큰 파티를 열곤 했고 많은 친구가 있다고 말했어요." 잭은 덧붙여 말했다. "여러분의 문제에 대해 여러분이 도움을 얻고 있다는 것이 얼마나 잘된 일인지를 그 애가 알 수 있도록, 우리는 또한 그 애의 엄마와 아빠에 대해 그 애와 이야기했어요." 잭 자신이 회복 중인 알코올 중독자였는데, 그는 놀라운 이야기를 했다. "롭, 그것이 어떤 것인지를 직접 체험해서 알고 있어요. 나는 15년간 회복 중이에요. 나 자신을 끌어올릴 수 있게 되기까지 얼마나 내가 저 까마득한 아래에 있었는지를 매일 나 자신에게 상기시켜요."

적대감, 질투, 전치된 분노, 그 무엇이 이전에 존재했든, 이 모임을 갖는 동안 그것들은 사라졌다. 두 쌍의 부모는 커피를 마시러 나갔고, 기적과도 같이 롭과 글렌다는 잭과 레오나를 저녁 식사에 초대했다. 로리는 다음 주에 흥분해서 들어와서는 잭과 레오나가 그녀를 보러 왔다고 나에게 말했다. 그녀는 숨김없이 흥분해 있었고, 다행스럽게도 그녀의 흥분을 감춰야 한다고 더 이상 느끼지 않았다.

치료 계획

첫 달을 보낸 후에 나는 개인치료와 공동 가족치료로 구성된 치료 계획을 만들었다.

1. 개인치료
   - 굳건한 치료 동맹을 구축하기 위해 비지시적인 놀이치료 회기를 사용하기
   - 놀이의 주제를 기록하기(예를 들어, 위탁돌봄 분리)
   - 그녀가 친부모와의 생활에 대해 때때로 이야기하도록 하는 데 있어서는 지시적이 되기
   - 그녀의 수술에 대해 논의하기

2. 공동 가족치료
   - 경계, 프라이버시, 한계와 같은 구조적 주제들을 논의하기
   - 훈육, 지도, 즐거운 활동과 같은 양육의 주제를 논의하기
   - 재결합에 대해 가족 성원들이 어떻게 느끼는지와 어떤 문제에 부딪혔는지를 논의하기
   - 아동이 확실히 정기적인 의학적 돌봄을 받고, 예방 접종을 제때 받고, 가족들이 영양 상담을 받도록 하기

3. 조정
   - 위탁부모와의 접촉에 대한 계획을 논의하기
   - 로리의 학교 수행과 행동에 대해 학교 직원과 대화하기
   - 약물 의존 문제에 대해 사회복지사와 접촉하기

치료의 중기 단계

나는 로리에게 자신에 대한 그림을 그려 보게 했다. 그녀는 손과 발이 없고, 중간에 구멍이 뚫려 있는 매우 작고 매우 약한 소녀

를 그렸다([그림 8-1] 참조). 내가 그녀에게 그녀의 가족 그림을 그려 보도록 요청하자, 그녀는 여러 번 시도를 했지만 그것을 지웠고, 매우 불만스러운 것 같았다. 그녀의 당혹스러움을 느끼고, 나는 물었다. "너는 어떤 가족을 먼저 그리고 싶니?" 그녀는 "몰라요."라고 대꾸했다. "나는 그림을 잘 그리지 못해요." 나는 "내 생각에는 네가 멋지게 그리는 것 같구나."라고 말하고 선수를 쳤다. "글렌다와 롭이 너의 첫 번째 가족이라는 것을 알고 있어. 그들을 먼저 그려 보렴."

[그림 8-1] 로리의 첫 자화상

[그림 8-2]에서 보이는 것과 같이, 로리는 그녀의 엄마가 누워 있고, 그녀의 아빠는 TV를 보고 있는 모습을 그렸다. 이 그림에는 어떤 구조나 토대도 없었고, 그래서 마치 인물들이 떠 있는 것 같았다. 이 그림과 잭과 레오나를 그린 [그림 8-3]의 차이가 눈에 띈

다. 후자의 그림은 보다 상세할 뿐만 아니라 정서적인 내용과 가
족 성원들 사이의 접촉을 담고 있다. 위탁가정은 분명히 이 아이
에게 정서적으로 만족스럽고 양육적인 환경임이 분명했다.

[그림 8-2] 친부모를 그린 가족화

[그림 8-3] 위탁부모를 그린 가족화

로리는 치료 시간에 편안해졌다(부모의 보고로 볼 때, 가정 내에
서도 보다 편안해졌다). 그녀는 보다 말이 많아졌고, 그녀의 놀이를

잘 이끌었다. 그녀는 그녀의 '이상적인' 가정을 보여 주기 위해 빈번히 인형집을 선택하였다. 그녀는 나에게 공을 던져 달라고 부탁하곤 했다. 공을 잡는 기술이 향상됨에 따라 그녀는 만족스러워하고 자랑스러워했다. 그녀가 공을 농구대에 던지기 시작했을 때, 그녀는 자신이 배운 것을 위탁부에게 보여 주고 싶어 안달했다. 그녀의 부모에 대해 방어적인 태도로 이야기했음에도 불구하고, 로리에게 있어 즐거움이나 오락과 결부된 모든 것은 위탁부모와 관련이 있는 것으로 나타났다(나는 주말 피크닉이나 여행 계획을 세우도록 그녀의 부모를 돕는 문제에 대해 그 부모의 치료사와 이야기를 나누었고, 그들은 반응을 보였다).

곧 로리의 자화상은 변화하기 시작했는데([그림 8-4] 참조), 크기와 정확성이 나아졌다. 그녀의 학업 수행은 좋아지고 있었고, 그녀는 항상 어머니가 숙제를 도와주었다는 말을 나에게 했다. 나는 이것이 사실이고, 그녀의 충족되지 못한 소망은 아니라는 것을 확인했다.

어느 날 로리가 그린 자화상의 중간 부분이 달라 보인다는 것을 내가 알아채면서 치료에 변화가 일어났다. 그녀는 "점점 나아지고 있어요."라고 말하고는 재빨리 이렇게 덧붙였다. "나는 더 이상 그것을 거의 느끼지 않아요." 그녀는 그녀의 수술에 대해 언급하고 있었고, 나는 이 기회를 잡았다. 나는 선반에서 병원 장난감들을 가져와서 그녀에게 보여 주었다. 그것들은 다음 여섯 회기 동안 그녀의 주된 놀이재료가 되었다. 매주 로리는 종종걸음을 치며 들어와서는 병원 장난감이 든 박스를 달라고 하고 정교한 시나리오를 상연했다. 여기에는 앰불런스 탑승, 병원 수술실, 회복실이 포함되어 있었다. 그녀는 소녀 인형을 병원에 데려와서 그 인형이 수술을 받게 했고, 회복실에서 그 인형에게 젤리와 수프를 주었다. 수술 직후 그녀는 인형을 휴지로 감싸고 빨간 사인펜으로 그 휴지 위에 빨간 점들을 몇 개 그렸다. "피가 나고 있어요. ……그녀는 아직 좋아지지 않았어요."라고 그녀는 설명했다.

[그림 8-4] 변화된 로리의 자화상

로리는 이 놀이를 하는 동안 정서적으로 위축되었고 로봇 같은 모습을 보였다. 놀이를 통해 수술을 진행하는 동안 그녀는 미동도 하지 않았고 걱정스럽고 두려운 듯이 보였다. 회복실에서 그녀는 슬프고 외로워 보였고, 마침내 그 놀이가 끝나면 그녀는 나와 캐치볼을 하곤 했는데, 이는 분명히 자기 기분을 더 나아지게 하려는 노력으로 보였다.

글렌다와 롭은 로리가 악몽을 꾸고 엄지손가락을 다시 빤다고 전화를 했다. 나는 그녀가 잘하고 있고 우리가 일부 고통스러운 기억에 대해 작업하고 있다며 그들을 안심시켰다. "우리에 대한 것이요?" 그 부모는 그들 특유의 방어적인 태도를 가지고 이렇게 물었다. "아니에요." 나는 대답했다. "그건 그녀의 수술에 대한 거예요." 그들이 어떤 다른 이상한 행동을 발견했는지 내가 물었을 때, 그들은 그녀가 식욕을 잃었고 복통을 호소하고 있다고 말했다.

　로리의 외상 후 놀이는 많은 퇴행 행동을 불러일으켰다. 그 놀이는 반복적이었고, 로리의 불안은 변함없이 유지되었다. 아홉 번째 회기에 나는 개입을 결심했는데, 왜냐하면 그 놀이에서 생기는 불안이 아동에게 다소 부정적인 영향을 끼치고 있었기 때문이었다. 나의 첫 번째 개입은 놀이에서 일어나는 사건들에 대해 논평을 하는 것이었다. 이에 로리는 처음에는 거의 충격을 받은 것처럼 보였지만 점차 내가 각 순서를 기술할 기회를 가질 수 있도록 놀이의 속도를 조절하는 것 같았다. "이 작은 소녀는 앰뷸런스에 있고, 그 앰뷸런스는 빨리 가는 게 분명해. 사이렌도 있고." "아니에요." 그녀는 말했다. "그날은 그들의 사이렌이 고장 났어요." "아." 나는 계속했다. "고장 난 사이렌을 가진 앰뷸런스는 매우 빠르게 가고 있구나. 이 작은 소녀는 복통이 있고……." "그리고 두통도요." 로리는 자기 의견을 덧붙였다. 나는 로리의 의견을 반영하면서 그 사건을 계속해서 이야기했다. 나는 "이 작은 소녀는 이제 자기 방에 있고, 수프과 젤리를 먹으면서 매일 강해지고 있어."라고 이야기를 끝냈다. "그래요."라고 로리는 덧붙였다. "이 작은 소녀가 자신의 젤리와 수프를 먹으면서 어떻게 느끼는지 궁금하구나."라고 내가 말했을 때, 로리는 반응하지 않았다.

그녀는 이 놀이를 다음 주에 반복했다. 눈에 띄는 내용이 덧붙여졌다. 로리는 작은 소녀의 감정에 대한 마지막 질문에 대해 "내 생각에는 그녀가 겁먹고 외로운 것 같아요."라고 응답했다. "아." 나는 말했다. "이 작은 소녀는 자기 몸이 강해지고 치유되고 있을 때 두렵고 외로웠구나." 로리가 끄덕이자 나는 계속했다. "나는 그녀가 왜 두려움을 느꼈는지 궁금해." 로리는 부드럽게 덧붙였다. "그녀는 자기 엄마와 아빠가 어디에 있는지 몰라요." "오." 나는 동의했다. "너의 엄마와 아빠가 어디에 있는지 모르는 것은 정말 겁나는 일이었을 거야."

다음 주에, 로리는 이 기본적인 접근법을 사용하여 그녀가 병원에서 회복되고 있을 때 가졌던 감정에 대해 이야기할 수 있었다. 그녀의 부모에 대해, 그녀가 돌보는 길고양이에게 누가 먹을 것을 줄 것인지에 대해, 주사와 그녀 팔에 있는 튜브와 밖으로 드러날 봉합 자국과 병원을 나왔을 때 어디로 가게 될지 모른다는 것에 대해 그녀는 걱정했다. "오." 나는 말했다. "걱정할 게 많았구나. 네가 말할 수 있는 사람이 있었니?" "아니요. …… 기다려 봐요. 네. 멋진 여자분이 저를 보러 왔어요." 나는 병원 기록을 살펴보았는데, 병원 상담자가 하루걸러 로리를 보러 왔다는 것을 확인했다. 한번은 그녀가 사회복지사와 함께, 부모님이 어디에 있는지 알 때까지 로리가 머물 수 있는 새로운 가정을 찾았다고 로리에게 말해 주러 왔다. 로리는 갑자기 기억난 듯이 말했다. "그 여자분은 그들이 엄마와 아빠를 찾았을 때 나에게 말해 주러 왔어요. 그리고 그녀는 부모님이 음주 문제를 개선하기 위해 병원에 갈 거라고 나에게 말했어요."

두 번째 단계의 개입은 로리의 놀이 시나리오에 있는 사건들의 순서를 돌아보고, 그 과정에서 감정을 표출할 수 있는 어떤 기제를 집어넣는 것이었다. 예를 들어, 소녀 인형이 앰뷸런스에 있을 때, 나는 로리에게 "이 작은 소녀의 감정을 말로 해 봐."라고 요청했다. 내가 "그녀는 지금 무엇을 느끼고 있니?"라고 물으면, 로리는 "그녀는 정말 두려워요."라고 대답했다. "조금이 아니었어요." 로리는 자신이 잘못을 저질렀고 그 때문에 벌로 끌려 가게 됐다고 그녀가 생각했다는 것을 이 방법을 통해 알 수 있었다.

내가 이 소녀 인형을 '작은 소녀'가 아닌 '로리'라고 불렀을 때, 세 번째 단계가 찾아왔다. 로리는 이러한 변화에 대해 움찔하거나 의문을 제기하지 않았다.

그런 다음, 그녀의 놀이의 마지막 정교화 작업으로서 나는 로리로 하여금 앰뷸런스 사람들, 의사들, '멋진 여자분' 상담자, 사회복지사, 그녀의 부모에게 말을 하게 했다. 내가 처음에 그녀로 하여금 그녀의 부모에게 말하게 했을 때, 그녀는 얼었다. 그녀는 "할 수 없어요."라고 말했다.

"만약 네가 한다면 무슨 일이 일어날 것 같니?"

"아마도 부모님은 화를 낼 거예요."

"부모님이 화가 나면 무엇을 말하거나 하니?"

"몰라요."

"부모님이 화난 걸 본 적이 있니?"

"아니요."라고 그녀는 대답했다. 이는 그 부모가 자신들을 '부드럽게 잠드는 술꾼'으로 묘사한 것을 감안할 때 사실일 것 같았다.

나는 그녀가 로리 역할을 맡아서 말하면, 내가 그녀의 부모 역할을 맡아서 대답할 것이라고 했다. 그녀는 이를 좋아하는 것 같았지만, 내가 역할놀이에서 내 부분을 하게 될 때 수동적 입장을 취한 채 그녀에게 방향을 요청하리라는 것은 몰랐을 것이다. 때때로 그녀는 말할 수 없었다. 그럴 때 나는 그녀에게 깊게 숨을 쉬게 하고, 팔을 움직이고, 펄쩍펄쩍 뛰도록 지시하였고, 그런 뒤에야 나는 다시 질문을 했다.

그녀가 처음으로 로리로서 말하기 시작했을 때, 그녀는 울며 손가락을 빨았다. "왜 가 버렸어요?" 그녀는 흐느꼈다. "내가 무언가 나쁜 짓을 해서 그렇지요?" 그리고 마지막으로 "내가 죽기를 바라나요?"라고 물었다. 나는 그녀가 오랫동안 울게 두었고 그녀 옆에 조용히 앉아 있었다. 로리는 그녀의 큰 바니 인형을 꽉 안은 채 제자리에서 몸을 약간 흔들었다. 그녀의 질문에는 진심이 담겨 있었고 근본적인 것을 묻고 있었다. 내가 부모의 역할을 맡아 어떻게 응답해야 할지를 물었지만, 그녀는 알지 못했다. 즉시 문제를 해결하는 것은 자제해야 한다고 느끼면서 나는 이렇게 말했다. "있잖아, 로리. 나는 네 엄마와 아빠가 이 질문들에 대답하고 싶어 할 것이라고 장담해. 한번 너와 함께 부모님을 안으로 들어오게 하면 어떠니? 그러면 우리는 그들에게 설명할 기회를 줄 수 있을 거야." 로리는 주저하는 것 같았지만 그럼에도 반대하지는 않았다. "그들이 오면 나는 울 수 없어요." 그녀는 말했다. "어째서?" 나는 물었다. "네가 울면 무슨 일이 일어날까?" "그들은 기분이 나쁠 거예요." 그녀는 자신의 특징적인 돌봄자 역할을 반영하는 대답을 했다. "때로는, 로리." 나는 이렇게 설명했다. "우리가 했던 실수에 대해 기분이 상하는 건 괜찮아. 누구나 실수를 하고 나중에 속상한 기분을 느껴."

우리는 잠시 캐치볼을 하고는, 치료 시간이 끝날 때 즈음 대기실에 갔다. 나는 로리의 어머니에게 로리와 나는 그녀와 롭을 초대하여 함께하는 시간을 가지고 싶다고 말했다. 글렌다는 이러한 일이 결국에는 일어나리라는 것을 알았다는 듯이 체념하듯 받아들였지만 초조해 보였다. 우리는 다음 주에 시도해 보기로 했다.

그 부모의 치료자는 이 모임을 위해 그들을 준비시켰다. 글렌다와 롭은 로리가 사랑받지 못했다고 느꼈을 수도 있는 그 어떤 우려사항이든 명확하게 밝히려 하는 것 같았다. 모임을 가지는 동안 그들은 이례적일 정도로 개방적이었고, 아이를 안심시키고, 로리 앞에서 눈물을 흘리면서도 로리가 부모를 돌보는 반응을 해야 할 필요성을 덜어 주었다. 수년간의 상담이 성과를 보였다. 그들은 적절하게 행동했고 매우 양육적이었다. 부모는 그들의 포옹과 키스에 아이가 신체적 반응을 보이지 않는다고 불평해 왔는데, 그들이 그녀를 따뜻하게 끌어안았을 때 로리가 그 둘에게 매달린 건 이번이 처음이었다.

이 작업은 필요하면서도 위로를 주는 것이었는데, 나는 더 나아가 여전히 어려운 또 다른 감정을 끌어냈다. 그건 분노였다. "로리." 나는 말했다. "나는 너의 엄마와 아빠가 너의 질문에 대답을 해 주어 정말 기뻐." 나는 그녀에게 추가 질문을 하고 그녀가 원했던 다른 말을 할 수 있는 많은 기회를 주었다. "여러분이 생각했으면 하는 것이 하나 더 있습니다. 그건 이런 일이 일어나면, 설령 그럴 만한 이유가 있다고 해도, 혼자 남겨져 두려움이나 외로움을 느꼈던 사람은 떠난 사람들에 대해 분노감 또한 느낄 수 있다는 점입니다." 로리는 그녀의 머리를 아빠의 어깨에 파묻었다. 롭은 내가 말한 것을 즉각 알아채고 이렇게 말했다. "맞아, 아가야. 우리가 너를 집에 혼자 둔 채 떠났을 때 네가 아팠던 것뿐만 아니라 우리가 병원에 입원하면서 네가 레오나와 잭의 집에 가게 되어 우리가 헤어진 것에 대해 너는 우리에게 화낼 권리를 가지고 있어. 네가 그것에 대해 화내는 건 괜찮아. 내가 너였어도 그랬을 것 같아." 로리는 그녀의 아빠가 그녀를 조금 간질이자 웃었다. 하지만 나는 치료의 마지막 단계에서는 보다 어려운 이 감정을 집중적으로 다루게 되리라는 것을 알았다.

남은 작업은 참으로 어렵고 힘들었다. 내가 로리와 그녀의 분노감에 대해 작업하는 동안 글렌다는 임신 기간에 술을 마신 것에 대한 엄청난 죄책감을 작업하고 있었다고 부모의 치료사가 전해주었다. 아버지는 그의 아이를 마약상이나 '변태 성욕자들'이 있는 위험한 환경에 둔 것에 대한 죄책감을 처리하고 있었다.

그동안 이 가족은 위탁부모와 좋은 관계를 발전시켰다. 처음에는 너무 유연한 경계 때문에, 롭과 글렌다는 위탁가정과 너무 많은 시간을 보냈다. 그들 치료자의 제안에 따라, 그들은 한 달에 한 번 이상 모이지 않기로 했다. 이러한 식으로 로리는 과도기를 보다 쉽게 보낼 수 있었다.

6개월간의 심의 끝에 로리를 법원의 피보호자[2] 상태로 두는 것

---

2) 역자 주: 아동이 법원의 피보호자(dependent of the court)가 된다는 것은 법원이 아동을 보호하기 위해 부모, 아동, 아동 관련 보호자(사회복지사, 경찰 등)에게 아동에 관한 명령을 발부하는 것을 의미한다. 아동이 법원의 피보호자로 있을 때 아동에 대한 부모의 감독권이 제한되고, 이후 아동 사건에 대한 심리(審理)를 통해 아동을 부

을 종결시켰는데, 부모치료자와 아동치료자 모두 이 조치를 추천
했다.

총 9개월 후 치료가 종결되었을 때, 나는 장난감은 놀이치료실
에 두어야 한다는 나의 규칙에 예외를 두고, 작은 소녀 인형을 로
리에게 주었다. 나는 그녀가 매우 어려운 시기를 겪는 동안 가졌
던 생각과 감정에 대해 우리가 했던 모든 작업을 이 작은 인형이
상기시켜 줄 것이라고 말했다.[3] 그 부모는 나중에 그 작은 소녀
인형이 로리의 방에서 눈에 띄는 곳에 놓았고, 로리가 그 인형과
자신의 감정을 이야기하는 것을 빈번히 목격했다고 나에게 말했
다. 치료가 끝난 직후, 나는 로리에게 그녀가 인사를 하거나 대화
를 원할 때 전화를 할 수 있다고 말했다. 그녀는 그저 인사를 하기
위해 몇 번 전화를 했고, 나는 그녀로부터 크리스마스와 부활절에
카드를 받았다.

그 부모는 종결한 지 2년 후에 그들 관계에 생긴 성 문제에 대
해 도움을 청하기 위해 나에게 연락했다. 나는 그들에게 성 치료

모와 재결합시킬지 아니면 자녀에 대한 양육권을 박탈하고 입양할지와 같은 영구
계획을 결정한다. 여기서는 부모와의 시험적인 재결합 기간을 거친 끝에, 로리에 대
한 법원의 피보호자 상태가 종결되고 부모와 재결합하는 법적 조치가 내려진 것으
로 보인다.
3) 역자 주: 일반적으로 상담자는 아동이 원하는 경우에도 놀이치료실에 있는 장난감이
나 물건을 아동이 가져가지 못하게 한다. 실용적인 이유('원할 때마다 주다 보면 장
난감이 남아날 리 없다')에서뿐만 아니라 치료적 측면에서도 이러한 제한은 필요하
다. 심리치료는 마음의 작업이고, 치료가 종결된 후에도 치료 작업의 결과물은 마
음속에 기억된다. 그럼에도 저자는 리로이와 로리의 사례에서 아동에게 치료와 치
료실을 기념하는 물건(keepsake)을 주고, 그것이 치료 시간을 기억하는 전이대상
(transference object)으로 사용되기를 기대한다. 저자가 이러한 행동을 한 것은 방임
된 아동이 특정한 애착 문제로 인해 중요한 애착 대상을 내면화하는 마음의 기능이
취약하다는 점을 고려했기 때문으로 보인다. 또한 심하게 방임되고 버려진 리로이
와 로리의 삶이 치료자의 마음 한구석을 움직였기 때문일 것이라는 추측을 해 본다.

자를 소개하고 로리에 대해 물었다. 그녀는 수영팀의 일원이 되었고, 학교에서 매우 잘 지내고 있었으며, 새로운 형제자매의 소식에 대해서는 양가적으로 반응했다.

논의

로리는 심각하게 방임하는 부모와 최근에 재결합한 7세 아동이었다. 그녀가 1년 반을 위탁가정에서 사는 동안, 그녀의 부모는 약물 재활 프로그램에 성공적으로 참여했다. 로리는 무리해서 성숙한 모습을 보이고 그녀의 부모를 돌봄으로써 방임하는 그녀의 가정에서 생존했다. 그녀가 부모를 찾을 수 없었을 때 처음에는 매우 걱정했고, 부모 없이 수술을 받았을 때는 심한 외로움을 겪었다.

로리는 퇴행했고, 애착을 갖는 데 어려움을 겪었으며, 무기력해 보였고, 우울해 보이고, 반응이 없었다. 치료를 하는 동안 그녀와 위탁가정 사이의 강한 애착이 명확해졌기 때문에, 위탁부모와의 적절한 분리를 위한 개입이 이루어졌다. 그녀는 가족 외출과 이전에는 몰랐던 신체활동 참여를 즐기는 등 명백히 위탁부모에게 긍정적인 애착을 형성했다. 그녀는 위탁부모와 친부모 사이에서 극심한 충성심 갈등을 느꼈으며, 위탁가정에 대한 구체적인 긍정적 기억과 그녀 자신의 가정에 대한 추상적인 부정적 기억을 가지고 있었다.

치료 과정에서 로리는 내 사무실에 있는 병원 장난감을 접하게 되자, 외상 후 놀이에 열중했다. 그녀는 하나의 의례를 치르듯이 자신의 두려움, 걱정, 외로움을 상연했다. 그녀는 자신의 입원 기간 동안 그녀의 부모가 없었던 것을 자신에 대한 완전한 거부이자 자신이 저지른 잘못된 행위에 대한 처벌로 해석했다. 그녀는 부모와 재회한 후에 그들이 그녀를 버린 것에 대한 그녀의 모든 질문에 대한 답을 그들의 입을 통해 직접 들을 때까지 그들과의 신체적 접촉을 유보했다.

로리의 외상 후 놀이는 커다란 불안을 유발했는데, 이는 그녀의 힘든 동작, 거북한 호흡, 경직된 얼굴을 통해 나타났다. 그녀는 그 놀이를 하는 동안 몇 차례 몸을 떨며 땀을 흘렸다. 나는 각 장면을 말로 묘사함으로써 외상 후 놀이에 개입하였고, 로리로 하여금 나의 언급을 고칠 수 있게 했다. 이러한 개입은 그녀가 그 상황을 관찰하게 하는 효과를 냈을 뿐만 아니라 그 외상성 사건과 연합된 힘들고 두려운 감정들을 경험하고 처리할 수 있게 해 주었던 것 같다. 동시에, 그녀는 안전한 상황에 있을 때에도 불안한 감정을 가지고 있었는데, 이제는 과거와 현재를 구분하는 것이 그녀에게 보다 쉬워졌다. 로리가 구급차에 있는 '그 작은 소녀'에게 무엇이 일어났는지를 관찰하고 그녀가 나로 하여금 그것을 말로 묘사할 수 있게 해 준 뒤에는, 나는 그 작은 소녀가 아닌 그녀의 감정과 생각에 대해 묻는 것으로 방향을 전환했다. 그녀는 이에 즉각 반응했고, 자신의 입원에 대해 기억하고 있는 몇 가지 사항을 공유했다. 그녀는 소품들의 세부사항들을 세밀히 살핌으로써, 그러지 않았다면 잊어버렸을 많은 것을 기억할 수 있었다(수술실의 불빛이 얼마나 밝았고, 병원 가운이 얼마나 하얬는지와 같은 것을 말이다).

　놀이를 통해 로리는 울 수 있었고, 그녀가 느낀 외로움을 되살리는 것 같았다. 이러한 감정은 그녀가 병원에서 가졌던 자신이 나쁘고, 가치 없고, 거부당했다는 걱정을 분명히 말로 표현하는 것으로 이어졌다. 가족 회기는 이 아동에게 중요했다. 놀이를 하는 동안 그녀의 질문에 대답하고픈 유혹에 넘어가지 않고, 나는 로리가 그녀의 감정을 부모와 직접 나누도록 돕겠다고 그녀에게 말했다.

　이 아이는 그녀를 다른 사람들로부터 학대받을 커다란 위험에 놓이게 한 극히 태만한 부모로 인해 상당한 피해를 입었다. 그녀는 성인들의 노골적인 성적 행동에 노출되었고, 혼자 힘으로 살아가도록 자주 내버려졌다. 그 부모는 부부치료와 가족치료를 계속했다. 약물치료 프로그램을 1년 반 동안 받았던 것은 매우 유용했다. 그들은 고통스러운 죄책감과 수치심에 직면했고, 그들의 아이가 입은 손상을 복구하는 것을 돕기 위해 많은 노력을 기울였다.

09
샬렌: 심한 성 학대에 의해 외상성 충격을 받은 아동

의뢰 정보

샬렌은 8세 소녀로, 사회복지사의 조언에 따라 치료에 의뢰되었다. 샬렌은 5세 때 그녀의 친아버지에게서 분리되어 위탁가정으로 왔다. 위탁부모는 다소 '기괴한' 행동들을 발견하였고, 이 아동을 전문가에게 보이기를 원했다. 예전에 샬렌은 1년 반 동안 상담을 받았는데, 그녀의 상담자는 이후 사망했다.

사회생활/가족력

경찰 보고서와 법정 문서에 샬렌의 인생에 대한 희미한 그림이 그려져 있었다. 그녀의 어머니는 아이가 두 살 때 약물 과다복용으로 사망했다. 샬렌의 어머니에 대한 정보는 전혀 없었고, 그녀가 아이를 어떻게 돌보았는지에 대해서도 어떤 것도 알려지지 않았다. 친아버지인 월터는 마약 소지 혐의로 수없이 유죄 판결을 받고 투옥된 흉악범이었다. 또한 그는 더 젊었을 때 가중 폭행으로 기소되었다.

그 아이는 동네 카메라 가게에서 현상된 음란 사진을 통해 5세 때 발견되었다. 아동학대가 의심될 경우 신고해야 하기 때문에, 카메라 가게 주인은 샬렌이 다양한 남자와 여러 가지 섹스 자세를 취하고 있는 사진을 경찰에 넘겼다.

월터는 그 자신이 아동 성추행범은 아니었지만, 4세인 딸의 포주 비슷한 역할을 했다. 그는 그의 아이가 성인들과 섹스를 하는 사진을 팔아서 많은 돈을 벌었다. 그는 아이를 잘 먹여 사진이 잘 나오게 하는 것 말고는 샬렌의 행복에 대해 별로 신경 쓰지 않았다. 이 사진들 외에도, 경찰은 마약에 취한 것처럼 보이는 이 아이가 사춘기 소년들에 의해 성기 삽입이 되어 있는 비디오테이프들을 찾아냈다. 몇몇 비디오테이프는 그녀가 사춘기 소년들에게 오랄섹스를 하거나, 옷을 벗은 채 카우보이 스타일로 소년들 위에 타고 있거나, 그녀의 질에서 나오는 체리와 사탕을 빨아먹는 것을 보여 주었다.

말할 것도 없이, 이 아동은 심한 성 학대를 받았다. 그녀의 초기 치료는 그녀에게 생겨난 증상으로서의 성적 행동에 초점을 맞추었는데, 여기에는 과도한 자위 행위가 포함되었다. 덧붙여, 거주지가 옮겨졌을 때, 샬렌은 악몽, 몽유병, 이유 없는 분노나 감정 폭발에 시달렸다. 그녀는 사실상 말을 하지 않았고 발달적으로 지체되어 있었다. 그녀에게는 사회적 기술이 거의 없었고, 공중 장소에서조차 자주 옷을 벗었다.

위탁부모인 앤과 필립은 이 아동에게 관심을 보였고, 기꺼이 아동을 입양했다. 그들에게는 친자식이 없었고, 나중에는 두 아이를 더 입양하기를 원했다.

내가 앤과 필립을 만났을 때, 나는 이 의뢰가 필요함을 확인할 수 있었다. 샬렌은 여러모로 잘하고 있었지만, 그럼에도 그들은 그녀의 기이한 행동들을 목격했는데, 이는 다음과 같이 요약된다.

- 최면과 유사한 상태
- 건망증과 목격된 행동의 부인
- 학대에 대한 산발적인 기억 상실
- 능력의 기복을 보임
- 자해
- 동물을 해침
- 다른 이름을 사용함
- 행동의 기복과 양극화를 보임

치료의 시작 단계

샬렌은 8세인 그녀의 나이보다 더 나이 들어 보이는 과체중의 매력적인 아동이었다. 그녀는 도발적으로 옷을 입었는데, 잠재기 아동보다는 오히려 10대와 비슷했다.

샬렌은 마치 치료를 손꼽아 기다렸다는 듯이 쉽게 치료를 시작했다. 그녀는 나의 놀이치료실이 어디에 있는지 물었지만, 그녀의 위탁모가 어디에서 기다릴지에 대해서는 무관심한 것 같았다. 그녀는 물건을 열어 보고, 서랍에 담긴 것들을 꺼냈다가 그것들을 버리고 원하는 것을 다시 찾으려 하는 등 적극적으로 놀이치료실을 살폈다. 평상시와 다르게, 나는 놀이치료실의 규칙을 즉시 읊었다. "좋아요." 그녀는 방을 계속 탐색하며 말했다. 그녀에게는 엄청난 에너지가 있었고, 그녀는 거의 멈추지 않고 말했다.

"너의 엄마가 너를 상담에 데리고 온 이유를 아니?" 나는 물었다.

"그녀는 내 엄마가 아니에요. 그녀는 나를 입양한 엄마예요."라고 그녀는 주장했다. 내가 그녀의 위탁모에게 어떤 호칭이 집에서 사용되는지 묻자, 위탁모가 거의 즉시 샬렌이 그들을 '엄마'와 '아빠'라고 부른다고 나에게 말했다는 점을 생각해 볼 때, 샬렌의 말은 흥미로웠다.

"너는 대개 그녀를 뭐라고 부르니?" 나는 물었다.

"애니."라고 그녀는 대답했다. "필은 그녀를 그렇게 불러요."

"아~" 나는 인내심을 가졌다. "필과 애니는 상담에 오는 것에 대해 너에게 뭐라고 했니?"

그녀는 크게 숨을 쉬었다. "그들은 내가 잘 잊어 먹기 때문에 걱정이 되어서 내가 여기에 와야 한다고 말했어요."

"너는 어떻게 생각하니?" 나는 물었다.

"그게 저는 알아야 하고 당신은 찾아내야 할 거라고 생각해요."

나는 미소 지으며 말했다. "좋아. 너는 이제 막 나를 만났어. 네가 나를 더욱 잘 알게 된다면 네가 더 이야기하고 싶을 거라고 생각해." 나는 내가 무엇을 말하든 샬렌은 거기에 동의하지 않을 것이라는 것을 재빨리 깨달았다.

"아니요. 문제없어요. 저에게는 시간이 더 필요하지 않아요. 저는 많은 걸 잊어버려요. 때로는 내가 뭔가를 말했다고 사람들이 이야기하는데 저는 말하지 않았어요."

"예를 들어 보렴." 나는 방향을 지시했다.

"글쎄요. 어제 같은 경우, 내가 학교에서 새 책을 얻지 못했다고 말해서 애니는 속상해했어요. 근데 나는 내가 그렇게 말하지 않았다는 것을 알고 있어요. 왜냐하면 새해 시작이라 나는 새 책을 받아야 하거든요."

"네가 말한 것들을 대개 잊어버리니?"

"모르겠어요. 잊어버렸어요."라고 그녀는 말하고 내 면전에서 배꼽을 잡고 웃었다.

"유머감각이 있구나."라고 나는 언급했다.

그러자 그녀는 "필은 내가 자전거를 타고 나가서 타이어를 펑크 냈다고 말했어요. …… 그건 제가 아니었어요. 나는 거지 같은 내 낡은 자전거를 타는 걸 좋아하지 않아요."라고 응답했다.

샬렌은 다이아몬드 게임(Chinese checker)을 발견하고는 그것을 바닥에 내려놓았다. "나는 내 예전 의사에게 늘 이기곤 했어요. 돈을 걸고 할래요?" 나는 대답했다. "아니. 나에게는 돈이 없어. 하지만 그걸 봐 보자. 내가 파란색을 할게." 내가 그렇게 말하자, 그녀는 자기가 파란색 말을 집고 나에게는 빨간색 말을 주었다. "너무 늦네요, 너무 늦어. 내가 이미 파란색을 집었어요."라고 그녀는 말했다. 샬렌은 전진할 때마다 매번 내가 뒤처졌다고 놀렸다. 그녀는 새로운 대리석 말을 삼각형 안으로 집어넣을 때마다, "내가 너를 참패시켜 주지. 너를 참패시킬 거야."라고 말하며 춤을 추며 방을 돌았다.

그녀가 사무실을 떠나며 내 팬티를 벗겨 먹을 정도로 철저히 이겼다고 선언했을 때, 이는 흥미로운 단어의 선택이었다. 나의 피로는 누가 봐도 알 수 있는 그녀의 솟구치는 열정만큼 올라갔다. 그들이 첫 번째 회기를 떠날 때, 앤은 샬렌이 항상 그렇게 시끄럽지는 않다고 말했다.

다음 회기에 나는 눈에 띄게 변한 아이를 보았다. 샬렌의 옷은 수수했고, 그녀의 태도는 절제되고 부드러웠다. 일주일 전에는 무슨 일이 있었느냐고 묻는 등 놀이치료실에 대해 많은 것을 기억하지 못하는 것 같았다. 이전 회기에 대해 그녀가 기억하는 것을 내가 물어보자, 그녀는 내가 약간 뚱뚱하고 바닥에서 게임한 것이 기억난다고 말했다. 그녀는 그 게임의 이름을 기억하지 못했고, 내가 그녀에게 상기시켜 주자 그녀는 다이아몬드 게임을 하는 법을 모르며 색칠하기를 좋아한다고 말했다. 그녀는 나무와 꽃들을 그리려고 시도했는데, 예술적이지 않다며 자책했다. 그녀가 색칠하기를 하는 동안, 나는 내가 약간 뚱뚱한 것에 대해 그녀가 어떻게 생각하는지 물었다.

"어, 선생님 감정을 상하게 할 생각은 없었어요."

"너는 그렇지 않았어." 나는 말했다. "나는 다만 네가 이것에 대해 어떻게 생각하는지 궁금해."

"학교에 있는 어떤 애들은 선생님을 비웃을지 몰라요."

"어째서?"

"선생님이 조금 뚱뚱하니까요."

"음." 나는 말했다. "학교에서 좀 뚱뚱한 아이들에게 그런 일이 일어나니?"

"네." 그녀는 조용히 말했다. "그들이 나를 비웃을 때면 제 기분이 상해요."

"네 기분이 상하는 걸 이해해." 나는 잠시 멈추고 물었다. "네 기분이 상할 때는 어떤 느낌이 드니?"

"많이 울고 싶어요. 하지만 그러지는 않아요." 그녀는 단정적인 목소리로 말했다.

"네가 울면 무슨 일이 일어날까?" 나는 물었다.

샬렌은 나를 올려다보며 말했다. "내가 울기 시작하면, 울음을 결코 멈추지 못할 것 같아 두려워요."

"아." 나는 말했다. "그건 흥미로운 생각이구나."

"알아요. 나에게 웃긴(funny) 생각들이 많이 있어요."

나는 흥미로운(interesting)이라는 단어를 사용한 것이 샬렌에게는 이상하게 들렸을지도 모른다는 것을 깨달았다. 나는 이렇게 말함으로써 그 의미를 부연하려고 했다. "나는 다른 아이들이 때때로 그렇게 자신이 영원히 울게 될까 봐 걱정한다고 말하는 걸 들었어."

그녀는 충격 속에서 올려다보았다. "다른 사람도 그렇게 말한다고요?" 그녀는 강렬한 관심을 가지고 물었다.

"그래."

"그 여자애에게 무슨 일이 일어났죠?"

"음." 나는 서두르지 않고 대답했다. "그 여자애에게는 울 일이 많았어. 그리고 한 번에 조금씩 울 수 있다는 것을 발견했어."

샬렌은 작은 잔에 눈물이 담긴 소녀에 대한 그림을 그리기 시작했다. "보세요." 그녀는 말했다. "그녀는 한 번에 조금씩 울었어요." "응." 나는 말했다. "너는 네 마음속에 이 그림을 간직했었는데, 이제는 그것을 그렸구나. 너는 아주 똑똑해." 그녀는 일어서서 주위를 둘러보기 시작하면서 "엄마도 그렇게 말해요."라고 알렸다. 그녀는 아기 인형들을 발견했고, 그들의 옷을 갈아입히고, 그들을 목욕시키고, 그들의 머리를 빗질했다. "나는 여기가 좋아요."라고 그녀는 언급했지만, 타이머의 벨이 회기의 끝을 알리자 실망한 것 같았다. 나는 몇 분 동안 당황한 채 앉아 있었으며, 그 부모의 염려가 이해가 되었다.

샬렌은 3회기와 4회기에 오직 인형만 가지고 놀았는데, 인형의 옷을 입히고 벗기고, 인형에게 기저귀를 채워 주고, 인형을 목욕시키고, 인형에게 먹을 것을 주고, 인형의 머리를 빗질하기를 반복했다. 나의 치료 계획은 이때까지는 치료가 주로 탐색에 머물렀음을 보여 준다.

1. 개인 놀이치료
   - 행동의 기복을 관찰하기
   - 집에서 보이는 아동의 행동에 관해 부모와 매주 연락하기
   - 비지시적으로 진행하기
   - 예술 재료를 제공하기: 아동은 그것들을 잘 활용한다.
2. 공동 작업
   - 학교에서의 그녀의 행동에 대해 교사들과 상의하기

- 경찰 보고서의 복사본을 얻기
- 월터의 법적 상황을 확인하기
3. 가설 작업
- 해리성 장애에 대해 평가하기
- 다중인격장애(Multiple Personality Disorder: MPD)에 대해 평가하기

5회기와 6회기는 급격하게 변했다. 샬렌은 혼란스러운 방식으로 놀고, 많은 게임을 시작했다가 끝내지 않았고, 시끄럽게 제멋대로 하는 등 첫 번째 방문 때와 똑같이 행동했다. 이 회기들은 그녀 내부의 혼란을 반영했다. 나는 샬렌의 위탁부모에게 한 주 동안 어땠는지를 물었고, 집에서 그녀가 보인 다루기 힘든 행동은 혼란스러운 치료 회기 내용과 일관된다는 것을 알게 되었다(또한 나는 그녀가 차분하고 부드럽게 말했던 세 번의 회기 동안에는 집에서도 괜찮게 지냈다는 것을 알게 되었다).

나의 계획은 더 조용한 샬렌으로 하여금 그녀가 자화상을 그리는 것이 가능할 때에 그것을 그리게 하는 것이었다. 다음 회기에 나는 그 기회를 잡았고, 샬렌은 종이의 중앙에 침대 위에 있는 연약한 작은 사람을 그렸다. 그런 다음 그녀는 그 그림을 접고는 그것이 그녀가 오늘 그리고 싶은 그림의 전부라고 말했다. 다음 3주 동안 그녀는 회기에 올 때마다 그녀의 종이를 펼치고 거기에 다른 그림을 더했다([그림 9-1] 참조). 그녀가 그림을 그릴 때 나는 "이건 누구니?"와 "그녀 또는 그는 뭘 하고 있니?"라고 묻곤 했다. 그녀는 처음 그린 그림(중앙의 침대에 있는 아이)에 대해서는 이야기하

[그림 9-1] 내면의 여러 분신을 표현한 샬렌의 자화상

지 않으려고 했다. 두 번째 인물(창문에 있는 큰 눈을 가진 아이)에 대해 그녀가 말하기를, "척인데, 나쁜 사람은 누구도 들어오지 않도록 확실하게 지켜보고 있는 소년"이라고 했다. 세 번째 인물(벽장에 있는 작은 사람)은 마샤였다("그녀는 작고 죽은 척하고 있어요."). 네 번째 인물(침대 아래 있는 사람)은 '린다'였는데, "린다는 정말 화가 나서 아빠를 죽이려 했어요."라고 샬렌은 설명했다. 다른 인물은 더 이상 그림에 추가되지 않았기 때문에 나는 다시 그 첫 번째 인물에 대해 물었는데, 이번에 샬렌은 이렇게 말했다. "그건 조시인데 그녀는 나쁜 남자들이 그녀에게 하는 짓을 좋아해요." 샬렌은 항상 이 그림을 조심스럽게 접어 놀이치료실의 구석에 있는 선반 위에 올려둔 상자 안에 보관해서 누구도 그것을 볼 수 없게 했다. 이는 눈에 띄는 것에 대한 아동의 양가적인 마음을 반영했다.

다음 번에 시끄러운 샬렌이 왔을 때, 나는 그녀를 환영했고 다이아몬드 게임을 가져왔다. 우리는 앉아서 놀이를 했고, 나는 이렇게 말했다. "너는 지난주에 치료에 왔니?"

"아니요. …… 나는 할 일들이 있었어요."

"대신 온 게 누군지 궁금하구나."

"뭐라고요, 제정신이에요?" 그녀는 대답했다. "그건 샬렌이었잖아요." "아, 샬렌……. 알겠어." 나는 잠시 기다렸다가 매우 정중하게 물었다. "당신의 이름은 어떻게 되나요?"

"내 이름은 찰리예요." 그녀는 대답했다. "아는 게 뭐예요?"

"그래. 너를 정식으로 만나 기쁘구나, 찰리." 나중에 게임에서 나는 그녀가 샬렌을 좋아하는지 물었다.

"그녀는 지루해요. 그녀는 사람들이 자기를 함부로 대하도록 내버려 둬요. 학교에서 사람들이 그녀를 약골이라고 불러요."

"그들은 너를 뭐라고 부르니?" 나는 물었다.

"그들은 나를 함부로 부르지 않아요. 그러면 제가 가만두지 않죠." 그녀는 나에게 말했다.

내가 보기에 이 아이는 심각하고, 만성적이며, 압도적인 학대에 대한 반응으로 다중인격(multiplicity)이 생겨난 것 같았다. 샬렌이 살이 찌고 학교에서 놀림받기 시작하면서 다중인격의 징후는 더욱 분명해졌다. 사람들은 그녀를 손가락질하고, 비웃고, 그녀의 감정을 상하게 했다. 이러한 경험들로 인해 발생한 스트레스는 그녀의 인격이 파편화된 조각들이나 '분신들(alters)'로 나누어지게 하거나 그렇게 되도록 자극하기에 충분했다. 샬렌의 자화상은 그녀가 자기 자신을 여러 다른 성격을 가진 인격들로 그려 내고 있음을 보여 주었다. 쪼개진 인격의 조각들은 나이가 어린 것 같았는데, 이는 샬렌이 어린 시절 학대를 받는 동안 그것들이 생겨난

탓이라고 나는 짐작했다.

열쇠는 그 자화상 속에 있는 것 같았다. 샬렌의 다음 회기에서 우리는 그것에 대해 좀 더 이야기할 수 있는 기회를 가졌다. 샬렌은 마치 습관이 된 것처럼 선반에 있는 상자로 가서 그 그림을 꺼내어 펼치고는, 나와 그것을 검토하고 싶어 하는 것 같았다. 이전 회기들에서 나는 그녀에게 그 그림에 대해 질문을 하곤 했지만, 이번에는 그녀가 나에게 그녀 자신의 다른 조각들('분신들')에 대해 말했는데, 나는 그들의 나이와 그들이 사용하는 다른 이름이 있는지를 물었다. 척에 대해 말할 때, 샬렌은 척이 가끔 스스로를 찰리라고 부른다고 태연히 말했다. 그녀가 찰리에 대해 무엇을 알고 있는지 묻자, 샬렌은 그가 '거칠고 강하며' 사람들을 돌보기를 좋아한다고 했다. 이 회기를 하는 동안, 나는 기회를 잡아 샬렌에게 다음과 같이 말했다. "샬렌, 이것은 너에 대한 그림이니?" 그녀는 조용히 그 그림을 접고, 그것을 보관해 둔 뒤, 회기가 끝나기를 기다렸다. 찰리는 다음 두 회기에 나타났다. 샬렌이 돌아왔을 때, 그녀는 다시 한 번 그림을 꺼냈다. 나는 다시 물었다. "샬렌, 이것은 너에 대한 그림이니?"

"그렇게 생각해요."라고 그녀는 말했다.

"어떤 아이들은 매우 심하게 상처를 입고, 그들의 존재를 이루는 많은 다른 조각들을 가지게 돼."

"나에게 일어난 나쁜 일들을 알고 있어요?" 그녀는 당황한 듯 물었다.

"그래, 샬렌. 너를 돌봐 주는 엄마가 나에게 말해 주었어."

"아⋯⋯." 그녀는 말했다. "나는 사람들이 그걸 아는 걸 좋아하지 않아요."

"그들이 어떻게 생각할까?"

"내가 나쁘다고 생각할 거예요."

나는 그녀를 안심시키려는 내 본능을 억제하며 반응했다. "사람들이 네가 나쁘다고 생각하리라 여기는 건 정말 힘들 거야. 네가 상처를 입었을 때 너는 작은 아이였고, 나쁜 짓을 한 건 네가 아닌 어른들이었다는 걸 너는 기억해야 해."

눈물이 조금 보였다. "그 말이 조금 마음에 들어요." 그녀는 말했다.

"괜찮아." 나는 그녀에게 정보를 좀 주어야 했다. "때때로 성적으로 상처 입은 아이들은 몸이 얼마나 괜찮은 느낌을 경험했는지 말하거나 그 게임들 중 일부가 재미있었다고 말하기도 해."

"마티는 내가 가장 그걸 잘했다고 나에게 말했어요."

"무엇을 했다고?"

"아시잖아요."

"무엇을 의미하는지 모르겠어."

샬렌은 작고 달콤한 목소리로 말했다. "남자 거시기를 빨아먹는 거요."

그녀는 시선을 외면했고, 나는 그녀가 그렇게 말하고 창피해하는지, 두려워하는지, 기뻐하는지 알 수 없었다.

"샬렌, 모든 사람은 그들이 다른 사람들보다 어떤 걸 잘한다는 말을 듣는 것을 좋아해. 네가 잘하는 것을 좋아했다고 해서 네가 나쁜 건 아니야." 그녀는 충분히 이야기하고 들은 후에 타이머를 쳐다보았다. "네게 일어났던 일에 대해 이야기하는 게 어땠니?"

"뭐, 괜찮았던 것 같아요."

나는 샬렌에게 내 일은 아이들의 생각과 감정에 대해 아이들과 대화하는 것이고, 샬렌이 어떤 말을 하든지 간에 내가 두려워하거나 그녀를 안 좋게 여기지는 않을 것이라고 말했다. 찰리가 다음 회기에 싸울 기세로 들어와 온갖 안 좋은 이름으로 나를 부르며 내 모든 한계를 시험하는 것을 보면서 그렇게 말했던 것이 잘못되었다는 생각이 들었다. 이 회기 동안 한번은 그/그녀가 내 다리 사이에 손을 뻗어 내 음부를 꽉 쥐었다. "찰리, 네가 내 몸의 은밀한 부분을 만지는 건 괜찮지 않아. 나는 네 몸의 은밀한 부분들을 만지지 않을 거야. 네가 아는 다른 어른들이 너에게 만져 달라고 하거나 너를 만졌기 때문에, 너는 틀림없이 이것이 괜찮은지 알아보려고 하는 걸 거야. 나에게는 이걸 하는 것은 괜찮지 않아. 질문 있니?" 찰리는 중얼거렸다. "그래. 그래. 이 내숭쟁이야." 하지만 나는 내가 목적을 달성했다는 것을 알았다. 나는 신속하고도 비처벌적으로 반응했고 분명한 제한을 설정했다. 샬렌은 나에게 자기 인격의 '나쁜' 조각을 보여 주고 있었고, 나는 그녀를 거부하거나 처벌하지 않았다.

샬렌은 다음 3개월 동안의 치료에서는 자신이 받은 학대에 대해 보다 수월하게 이야기했고, 3개월 넘게 지속될 외상 후 놀이를 시작했다.

나는 이제 훨씬 지시적인 치료 단계를 이행했다. 샬렌은 자신의 감정을 인정하고 표현하는 데 있어 수용, 능동적인 참여, 정보, 지지를 필요로 하는 것 같았다. 그녀는 반짝이는 표면을 가진 사용하지 않은 실크 베개를 찾아서는, 그 베개의 중앙에 바비 인형을 놓고 그 인형이 다양한 선정적인 포즈를 취하게 했다. 그리고 바비 인형이 켄 인형이나 다른 남자 인형들과 노골적인 성적 놀이를 하게 했다.

그녀는 토이 카메라를 사용해서 사진을 찍는 감독의 역할을 맡았다. 이런 식으로 샬렌은 그녀의 아버지인 월터의 역할을 실연했고, 그녀 자신을 표현하기 위해서는 바비 인형을 선택했다.

이 놀이를 하는 동안 샬렌은 항상 그릇과 숟가락을 손에 쥐고 있었고, 바비 인형에게 알약을 녹여 강제로 먹이는 것과 비슷한 일을 하곤 했다. 때때로 바비 인형은 그 알약을 삼키기를 거부했지만, 대부분은 이에 응했다. 월터는 위협을 하기도 했고 친절하기도 했다. 그는 바비가 들은 대로 행할 때는 밀크셰이크와 캔디를 주었지만, 그녀가 협조하지 않을 때는 '이쁘장한 작은 궁둥이'를 매질하겠다고 위협했다.

그 바비 인형은 섹스를 즐기는 성인 여성의 목소리를 닮은 소리를 냈다. 이처럼 샬렌은 선정적인 성인의 말을 하면서, 이 인형의 골반을 위아래로 움직였다. 그렇게 하는 것을 어떻게 알았는지 내가 그녀에게 묻자, 그녀는 월터가 여자들이 섹스를 하는 영화를 많이 보여 주었다고 말했다. 성적인 장난감과 체위에 대한 그녀의 지식은 끝이 없어 보였고, 가장 노골적으로 묘사하는 용어들을 기억하고 있었다. 이 회기들을 하는 동안 샬렌은 분명히 각성되어 있었고, 이러한 부정적인 성적 경험에 대한 각성의 강화가 우려되었다. 많은 사람이 그녀에 대한 성적 착취를 목격했던 것으로 보이는데, 나 역시 관찰자 역할을 하는 것에 대해 걱정이 되었다.

그래서 나는 이 의례적인 놀이에 개입하기로 결심했다. "샬렌,

너의 다른 조각은 어디에 있어?" 그녀는 대답했다. "좋은 생각이
에요. 내가 그들을 꺼내 볼게요." 그녀는 자기 인격의 다른 조각
들을 나타내는 인형들을 선택했고, 그것들을 이 놀이의 중심 장
면 근처에 두었다. "척키가 카메라맨과 얘기하게 하자."라고 내가
말했다. 샬렌은 내가 그녀의 놀이에 끼어든 것에 짜증이 난 것 같
았지만, 이에 동의하고 자기 손에 척을 쥐었다. "이봐, 월터. 이봐,
멍청아."라고 그녀가 고함쳤다. "네가 이걸 그렇게 감추려 하는
건 정말 잘못된 거야. 나는 네가 나를 망이나 보게 하는 데에 지쳤
어. 나는 네 경비원이 되는 데 지쳤다고." 그녀는 직감적으로 즉
시, 이전에 벽장에 있는 작은 소녀로 그렸던 마샤의 인격을 맡아
서는, 약하고 비참한 작은 목소리로 말했다. "월터, 내 말이 안 들
려? …… 나는 여기서 죽어 가고 있어. 나는 더 이상 네 영화를 찍
지 않을 거야. 나는 여기서 죽어 가고 있다고. 내 말 안 들려?" 샬
렌은 그 인형을 던져 버리고, 방 밖으로 나갔다. 나는 그녀를 따라
갔지만, 그녀는 떠나고 싶어 했다. 그녀는 할 수 있는 것 이상을
했다. 나는 그녀와 함께 밖에 잠시 앉은 채 꽃과 거미줄을 보았고,
그녀는 자신이 줄넘기를 하는 것을 나에게 보여 주었다.

나는 나 자신에게 속도 조절에 대해 상기시켰다. 이 아이는 지
금 그 외상 속으로 들어가고 있었고, 그것과 관련된 절망, 두려움,
무력감의 감정이 치료 시간으로 스며들고 있었다. 그녀는 보아하
니 다음 주에 치료에 오고 싶어 하지 않는 것 같았고, 그녀의 위탁
모는 그녀가 아프다고 알리기 위해 전화했다. 나는 그녀에게 짧게
전화로, 우리가 지금 정말로 힘든 기억들에 대해 이야기하고 있고
그녀가 잠시 쉬어도 괜찮다고 말했다. 그녀가 돌아왔을 때, 나는

그녀에게 우리가 그것에 대해 한 번에 조금씩 다룰 것이라고 장담했다.

그 놀이는 이 시점에서 자연스럽게 중단되었지만, 샬렌은 자신의 그림을 사용하여 자기 인격의 여러 조각을 실연해 보이려 했다. 결국, 나는 찰리에게 몇몇 분신과 대화해 보도록 부탁했고, 이 분신들이 상호작용하도록 격려했다. 나는 또한 이 분신들에게 그들이 가진 감정들에 대해 물었고, 이것을 할 때 그들의 이름을 불러 가면서 물었다. 아무 반응 없이 굳어 있는 분신(catatonic alter; 그 그림에서 죽은 체하고 있는 아이)만이 나와 직접 대화하는 것을 거부했다. 샬렌이 그녀 인격의 이 조각을 역할연기하려고 시도했음에도 불구하고 이 분신은 말을 못한다는 것을 나는 뒤늦게 깨달았다.

나는 치료 과정에서 찰리를 덜 보게 되었다. 나는 그 자화상을 찰리에게 보여 줄 수 있는지 샬렌에게 물었고, 그녀는 이를 승낙했다. "그는 이걸 좋아하지 않을 거예요." 그녀는 말했다. "그는 내가 하는 어떤 것도 좋아하지 않아요."

"너는 이유가 뭐라고 생각하니?" 나는 물었다.

"왜냐하면…… 그는 내가 겁쟁이라고 생각해요."

"내 생각에 그는 너에 대해 걱정하고 있고, 네가 자신을 더 잘 돌보기를 바라는 것 같아. 그는 아무도 너를 해치지 못하게 하려는 거야. 그는 단지 너를 돕기 위해 있어."

샬렌은 이 생각이 마음에 드는 것 같았고, 이렇게 말했다. "네. 내 보디가드처럼요."

"그래." 나는 반복했다. "바로 보디가드처럼. 하지만 그는 네가 누군가에게 의지하지 않았으면 해."

"알았어요." 그녀는 말했다.

나는 찰리에게 그 자화상을 보여 주었고, 그/그녀는 대단치 않게 생각했다. "걔는 그림을 잘 못 그리네."

"내가 보기에는 그녀가 그림을 잘 그리는 것 같아. 이 사람들이 누구인지 너는 아니?"

"응. 난잡한 년(slut)이랑, 바보(goonie)랑, 다이크(dyke)야." 찰리는 매우 아리송하게 말했다. 나는 더 물어보았고, 그의 생각에 죽고 싶어 하는 작은 소녀가 겁쟁이는 아니기 때문에 '바보'라고 부른다는 것을 알게 되었다. 그는 성애화된 소녀를 '난잡한 년'이라고 불렀지만, "그녀는 더 이상은 몰랐어요. …… 여자들은 멍청해요."라고 말했다. 그는 공격적인 분신을 '다이크(dyke)'라고 불렀는데, 이는 강한 여성을 지칭하는 그의 방식이었다. 나는 그가 이런 식으로 판단하는 것을 월터에게서 배웠다고 추정했다. "너는 자신을 뭐라고 부르니?"라고 나는 물었다. "그들은 나를 척이라고 불러요."라고 그는 대답했다. "그래." 나는 계속 물었다. "그런데 너는 자신을 뭐라고 부르니?" 그는 간결하게 '람보'라고 말했는데, 이번처럼 그가 가면을 벗는 것을 본 적이 없었다. 이 분신은 람보가 군대와 싸우듯이 자신의 힘으로는 이겨 낼 수 없는 역경과 맞서 싸우기 위해 만들어졌다. "너와 나는 샬렌에게 보다 단호하게 자기주장을 하는 방법과 사람들에게 감정이 크게 상처 받지 는 방법을 가르쳐 줘야 할 거야." "네."라고 그는 동의했다. "그녀는 엉덩이를 걷어차는 법을 배워야 해요." 나는 척의 아이디어에 감사했고, 그에게 샬렌을 돕기 위해 싸움 말고 다른 방법들을 생각해 보라고 격려했다.

　나는 샬렌 내부의 인격 시스템을 외부로 끄집어내는 작업을 했다. 그리고 이제는 그 시스템을 다시 내면화하여, 이미 장착되어 있는 지원체계의 가치 있는 측면들을 강화하도록 돕는 동시에 분신들 간의 내부 협력과 지원을 장려하는 것이 효과적이라고 여겼다. 나는 샬렌으로 하여금 그녀 자신의 상이한 조각들이 한데 모여 '내부 미팅'을 가지도록 요청했는데, 이는 그녀의 감정이 크게 상처받지 않도록 돕기 위해 그들이 얼마나 많은 아이디어를 찾아낼 수 있는지 보기 위함이었다. 마찬가지로 나는 샬렌으로 하여금 앤과 필립에게 입양되기를 원하는지, 월터가 교도소에 있는 것에 대해 어떻게 생각하는지, 그들이 어른이 되었을 때 무엇이 되기를 바라는지를 두고 '그룹 미팅'을 가져 보라고 권했다. 시간이 흐르자, 샬렌은 와서 이렇게 보고했다. "우리도 당신처럼 치료자가 되기로 결정했어요." "앤과 필립이 우리의 엄마와 아빠가 되었으면 좋겠다고 결정했어요." 그리고 마침내 "우리는 더 이상 상담을 받을 필요가 없다고 생각해요."라고 말했다.

　샬렌의 위탁부모는 외상 후 놀이가 최고조에 이른 몇 주일 동안 그녀의 걱정스러운 행동이 극에 달했다고 보고했다. 그런 다음 그녀의 행동은 보다 일관되었고, 한바탕씩 행동의 기복을 보이거나 말 또는 행동을 잊어버리는 일이 더 적어졌다.

　나는 그 가족과 서너 번의 회기를 가지고 다중인격, 그것이 생겨난 이유, 그것이 의미하는 것, 그 분신들에 대응하는 법에 대해 설명했다. 우리는 함께 다중인격에 대한 책(Gil, 1990)을 샬렌에게 읽어 주었다. 그 부모는 매우 잘 대응하였는데, 샬렌에게 그녀는 좋은 아이이고 어른들이 나쁜 사람이었다는 것을 확인시켜 주었다. 그들은 그녀를 사랑하고 그들의 여생 동안 그녀가 그들의 특별한 첫 번째 딸로 남아 있기를 바란다고 분명히 단언했다. 그들은 그녀를 얼마나 사랑하는지를 말했고, 그녀를 딸로 둔 것이 얼마나 행운인지 모른다고 했다. 우리의 마지막 만남의 마지막 말은 샬렌이 그녀의 부모에게 한 것이었다. "우리도 엄마 아빠를 사랑해요."

논의

샬렌은 인격이 형성되는 시기에 심각하고 잔혹한 학대의 피해를 겪었다. 그 악랄한 학대의 결과, 그녀에게는 정신적으로 그 학대에서 벗어날 수 있도록 해리하는 능력이 생겼다. 샬렌에게는 해리성 장애와 보통 연관되어 있는 많은 증상이 생겨났는데, 여기에는 건망증, 이전의 학대에 대한 기억 상실, 행동의 기복, 자신과 타인에 대한 파괴적인 행동이 포함되어 있었다.

해리는 연속선상에서 일어나며, 가장 극단적인 형태의 경우 구분되는 성격 유형으로 분열된다. 이러한 종류의 해리는 다중인격장애로 알려져 있으며, 이는 압도적인 현실에 대한 적응적인 대응으로 여겨진다. 다중인격장애에 대해 알려진 사실은 그것이 대개 압도적이고 극심한 학대를 겪은 아이들에게 생겨난다는 점이다. 대체로 그것은 성인기까지는 진단이 내려지지 않지만, 이 주제에 대한 문헌이 최근 나오고 있다는 점을 감안할 때 미래에는 진단이 늦게 내려지는 일이 덜할 것이다.

　다중인격장애를 가진 개인에 대해 선택할 수 있는 치료로는 언어적 심리치료, 최면을 통해 분신들(alters)에게 접촉해서 분신들 사이에 공통적인 의식과 협력을 할 수 있도록 고취하고 결국에는 쪼개진 조각들을 개인이 통합할 수 있도록 하는 시도, 외상의 처리를 들 수 있다(Putnam, 1989). 다른 치료 원리로 환자와 그 진단을 공유하는 방법이 있다. 그녀가 그녀의 모든 분신이 그녀의 자기(self)를 이룬다는 것을 이해하도록 돕기 위해 샬렌과 나는 한 장의 종이에 네 개의 독립된 분신을 그린 그림을 사용했다.

　샬렌은 치료에 참여하는 두 개의 주요한 인격이 있을 정도로 분열되어 있었다. 내가 다중인격을 가진 다른 내담자와 했던 작업에서는 분신들이 이렇게 깨끗이 구분되어 있지 않았고 만날 수도 없었다. 분신들이 이렇게 출현한 것은 아마도 샬렌이 일상생활에서 겪었던 극심한 스트레스 때문일 것이다. 그녀는 뚱뚱해서 학교에서 조롱받고 배척당했다. 보고에 따르면, 학교에 있는 아이들이 자주 그녀를 손가락질하고 떼를 지어 그녀를 비웃었다. 이러한 경험과 주시받는다는 느낌은 샬렌의 방어를 꿰뚫었고, 이는 그녀가 초기 아동기 동안 강요된 성적 활동을 할 때 주시받았던 무의식 속의 기억을 촉발했다.

　예술작업, 역할놀이, 치료에 오는 두 개의 분신과의 접촉은 이 아동을 위한 치료 과정을 촉진시켰다. 그러나 이 아동의 외상 후 놀이는 성적 각성을 더욱 심해지게 하고 그에 따라 학대받은 기억에 대한 조건 형성이 생겨날 수 있다는 점에서 위험 요소들을 가지고 있었다. 분신들로 하여금 외상 후 놀이로 들어가 그들이 직접 말하게 하는 개입을 통해 샬렌의 에너지를 보다 적절한 경로로 방향을 전환시켰는데, 이는 치료에 오는 분신들 사이를 연결시키려는 나의 방식을 입증하는 것이었다.

가족 회기를 통해 다중인격과 입양에 대해 논의했다. 다행스럽게도 위탁부모는 다중인격의 개념을 창조적인 생존 전략으로 잘 받아들였고, 샬렌과 그녀의 분신들에게 반응하는 방법을 열심히 배우려고 했다. 샬렌의 다중인격이 분명해진 이후, 가족 회기를 하는 동안 가족들은 서로 사랑하고 헌신할 것을 맹세했다. 이러한 회기의 내용과 타이밍은 샬렌을 안심하게 했고 그녀에게 유익했다.

샬렌의 치료는 9개월 동안 지속되었다. 그녀의 위탁부모는 아이가 더 행복해지고, 덜 침울해지고, 친구를 사귀었고, 농구팀에 들어갔고, 학교에 더 잘 다닌다고 보고했다. 그녀는 악몽을 꾸고 그녀의 방에 혼자 머무는 시간이 있기는 했지만, 훨씬 자신감이 늘어났고 속상한 감정을 느꼈을 때 보다 막힘없이 소통할 수 있게 된 것 같았다.

10
특별한 사안

역전이

나는 책 전체를 통해 역전이 문제를 언급해 왔지만, 학대받은 아동과의 작업에 역전이가 관련되어 있다는 점을 강조하기 위해 여기서 이 문제를 충분히 다룰 것이다. 폭풍과도 같은 학대, 방임, 박탈의 내력을 가지고 있는 이 아동들은 매우 취약하다. 그 결과, 이들은 치료자에게서 다양한 반응을 이끌어 내는데, 여기에는 강렬한 적대감, 슬픔, 보호 충동, 절망감이 포함된다.

치료 과정을 거치는 동안 아동은 아동보호기관, 법원, 부모, 위탁부모, 보호자와 같은 외부 지원처에 대해 여러 가지 실망스러운 일과 스트레스를 겪을 수 있다. 특히 학대받은 아동은 경찰 및 사회복지사와 대화를 해야 하고, 신체검사를 받아야 하고, 법정 증언과 관련하여 지역 변호사와 협의해야 하고, 타인에게 자기 미래의 안녕을 완전히 의존해야 하는 상황에 놓일 수도 있다.

임상가는 관계 당국의 요청에 따라 개입하게 될 수도 있는데, 그 결과가 기대에 어긋날 때 아동이 느끼는 좌절감과 실망감을 임상가도 공유하게 될 수 있다. 아동의 역경에는 특별한 관심이 요구되기 때문에, 때로 높은 자질을 갖춘 전문가들도 그들 자신이 기대치 않은 방식으로 행동하고 있음을 발견하게 될 수 있다. 예를 들어, 학대받은 어떤 아동을 치료하는 한 임상가는 그녀 자신이 위탁부모 자격을 획득해서 그 아동과 이중관계로 들어갔다. 구원하고 싶은 충동이 강하게 촉발되었던 또 다른 임상가는 아동을 입양했다. 이것들은 극단적인 경우일 수 있지만, 임상가는 엄격한 치료관계의 경계를 넘어설 위험이 있는 개인적 품행을 조심스럽게 평가해야 한다.

임상가의 자기돌봄

이러한 종류의 작업은 보람되면서도 동시에 부담이 크다. 임상가가 자기가 보는 아동학대 내담자의 수나 매일 혹은 일주일에 보는 사례의 수, 동일한 어려운 진단을 가진 내담자의 수에 제한을 두는 것은 매우 중요하다. 예를 들어, 다중인격을 가진 개인을 치료하는 일은 매우 많은 시간과 노력을 요구한다. 다중인격을 가진 개인에 한정하여 상담을 하는 것은 내담자와 임상가 모두에게 해가 될 수 있다.

이 작업은 눈을 뗄 수 없게 하기 때문에, 일부 임상가는 말 그대

로 이 주제에 사로잡힐 수 있다. 아동학대에 대한 책만 읽고, 아동
학대에 대한 세미나에만 참석하고, 운전하는 동안에도 아동학대
에 대한 오디오 테이프만 오랜 시간 듣게 될 수 있다.

신체적 활동, 휴가, 잦은 환경 변화 등을 통해 임상가가 스스로
를 재충전할 것을 권한다. 덧붙여, 아동학대 작업과 다른 덜 급
한 문제에 대한 작업 사이에서 균형을 가지는 것이 중요하다. 나
는 소진을 방지하기 위해 이러한 균형이 절대적으로 필수적이라
는 것을 발견했다. 나는 가르치고, 글을 쓰고, 내 임상 작업을 하
는 기회를 가지고 있다는 점에서 운이 좋다. 휴식의 소중함에 대
해 내가 어렵게 얻은 교훈을 생각할 때, 나는 모든 임상가가 이 도
전적인 분야에서 일할 때 불가피하게 뒤따르는 소진을 방지하기
위해 힘쓰기를 권한다.

임상가의 안전

학대받은 아동과의 치료 작업에는 부득이하게 폭력과 충동성
및 반사회적, 의존적, 유아적, 연극성 성격을 포함하여 다양한 범
위의 소란 행동을 보이는 부모와의 작업이 요구된다. 임상가가 학
대하는 부모와 만나는 상황은 빈번히 강제적이고 본의 아닌 만남
인 경우가 자주 있다. 그러므로 직면 작업[1]은 기껏해야 분위기만

---

1) 역자 주: 직면이란 상담에서 내담자가 회피하거나 의식하지 않으려 애쓰는 행동이나
   사안 또는 내담자의 비일관적이고 모순된 행동을 인식할 수 있도록 상담자가 부드
   럽게 도와줌으로써 내담자의 자기이해를 도모하는 상담 기법을 말한다.

어색하게 만들 수 있고, 최악의 경우에는 위험할 수 있다.

다시 시행착오를 통해 내가 배운 것을 감안할 때, 나는 이 집단과 일하는 임상가들이 위기관리에 대한 정보를 갖추고 있어야 한다고 믿는다. 예를 들어, 과도하게 적대적인 부모의 경우에는 다른 동료가 가까이에 있는 동안 만나는 것이 중요하다. 필요한 경우에는 접근 금지 명령을 내리는 것과 관련하여 경찰과 주 검사에게 상의해야 한다. 위험이 임박한 경우에는 동료 치료자와 함께 가족들을 볼 것을 임상가에게 조언한다. 그리고 내담자가 위협적인 경우에는 다른 치료자에게 의뢰할 권리를 남겨 두는 것이 좋다. 덧붙여, 임상가는 자기방어 수업을 듣거나, 호루라기를 가지고 다니거나, 사무실에 경보 장치를 구비해 두기를 원할 수도 있다. 또한 임상가는 폭력적인 사람들과 일하는 방법이나 잠재적으로 폭발하기 쉬운 상황을 완화시키는 방법에 대한 수업을 듣기를 원할 수도 있다.

이러한 기법들이 필요하지 않을 수도 있지만, 바라건대 이 임상 작업의 이러한 측면을 간과하고 후회하기보다는 위험한 상황을 미연에 방지하는 것이 최선이다.

요약

아동학대와 외상의 충격은 장기적일 수 있다. 학대받은 아동과의 작업은 방어기제가 성격으로 굳어져서 부인, 회피, 행동이나 놀이를 통한 재연, 다양한 증상 행동으로 나타나기 전에 그들이 고통스럽고 무서운 사건들을 처리할 수 있도록 돕는 특별한 기회를 가질 수 있게 한다. 학대받고 외상성 충격을 받은 아동과의 작업에 있어 정해진 '규칙'은 많지 않지만, 학대를 겪은 어른 생존자나 다른 외상 피해자에 관한 늘어나는 문헌들에서 추론을 이끌어 낼 수 있다. 최근 20년간은 아동기 외상의 충격에 대한 연구 조사와 치료 가능성을 밝히는 부분에 대한 관심과 활동이 늘어났다. 우리는 이제 학대와 외상을 겪은 아동 피해자에게 선호되는 치료를 상정할 수 있는 위치에 와 있다.

전반적인 아동치료 영역과 함께 특히 학대받은 아동에 대한 치료 영역은 발전 중이다. 이 책에 포함된 자료들은 학대받은 아동과 그들의 가족들을 위해 일하기로 선택한 세심하고 관심을 가진 전문가들의 창의성을 고취하기 위해 선택되었다.

이 책에 실린 사례 연구들을 살펴보면, 개별 사례의 특성에 맞게 놀이치료의 형태와 치료 양식을 선택할 필요가 있음을 알 수 있다. 아동치료자는 주의 깊게 치료 방법과 기법을 선택하고 아동의 놀이를 능동적으로 관찰해야 한다. 아이들은 다양한 방식으로 그들의 숨겨진 두려움과 걱정거리들을 소통하고 표현할 수 있다. 소통하려는 아동의 시도를 알아보고, 안전한 환경을 제공하면서 아동의 언어와 행위를 해독하는 걸 배우는 건 임상가에게 달린 일이다. 의사소통을 위한 아동의 매개체는 구어(口語)가 아니다. 아동은 놀이를 통해 자신을 드러낸다. 임상가는 인내심을 가지고, 작은 뉘앙스에 마음을 쏟고, 목적을 가진 선택을 내릴 수 있어야 한다.

임상가는 또한 아동으로부터 오는 감지하기 힘든 메시지들을 인지하면서 기회를 잡아야 한다. 아동이 치료의 속도를 정할 것이며, 감당할 수 있는 속도로 나아가는 아동의 능력을 치료자는 존중할 수 있어야 한다.

학대 삽화나 외상성 삽화를 처리하려는 아동에게는, 아동 자신의 관점에서 그 사건에 대한 탐색이 이루어지고 난 뒤에 그 사건을 아동이 이해할 수 있도록 돕기 위한 외부의 조언이 필요하다. 치료자는 기법과 아동 사이에 완벽한 조화를 찾아낼 수 있도록 계속해서 노력해야 한다. 도구나 기법은 아동이 자유롭게 의사소통할 수 있도록 도와주는 것이어야 한다.

외상성 충격을 받은 많은 아동이 공포스러운 사건을 다루기 위해 비밀 속으로 후퇴한다. 임상가는 놀이치료실을 믿을 수 있는 타인과 비밀을 나눌 수 있는 안전한 보호 구역으로 만들어야 한다. 아동이 이 작업을 회피한다면, 치료자는 여러 종류의 도구, 이야기, 그림을 제공하면서, 부드럽지만 단호하게 아동의 주의를 자극해야 한다. 그 내용이 일단 처리되고 나면, 아동이 자신의 감정들을 느끼고, 그 감정들을 이완하고, 학대에 대한 그들의 지각과 그들의 과거, 현재, 미래에 있어 그것이 의미하는 바를 재구성할 수 있도록 아동을 지원해야 한다. 아동이 성장을 향해 나아가는 것을 의미 없다고 느끼지 않고 그것에 대해 의욕을 가질 수 있도록, 아동에게 미래를 향한 희망과 비전을 심어 주기 위해 모든 기회를 이용해야 한다. 학대받거나 외상성 충격을 받은 모든 아동은 외상으로 인해 달라진다. 임상가의 중요한 목표는 그런 아동에게 회복적이고 교정적인 경험을 제공하는 것이다.

참고문헌

Adams-Tucker, C. (1981). A socioclinical overview of 28 sex-abused children. *Child Abuse and Neglect, 5*, 361-367.

Adams-Tucker, C. (1982). Proximate effects of sexual abuse in childhood. A report on 28 children. *American Journal of Psychiatry, 139*, 1252-1256.

American Psychiatric Association (1987). *Diagnostic and statistical manual of mental disorders* (3rd ed., rev.). Washington, DC: Author.

Anthony, E. J., & Cohler, B. J. (1987). *The invulnerable child.* New York: Guilford Press.

Axline, V. M. (1964). *Dibbs in search of self.* New York: Ballantine.

Axline, V. M. (1969). *Play therapy.* New York: Ballantine.

Azar, S. T., & Wolfe, D. A. (1989). Child abuse and neglect. In E. J. Mash & R. A. Barkley (Eds.), *Treatment of childhood disorders* (pp. 451-489). New York: Guilford Press.

Barrett, M. J., Sykes, C., & Byrnes, W. (1986). A systemic model for the treatment of intrafamilial child sexual abuse. In T. S. Trapper & M. J. Barrett (Eds.), *Treating incest: A multiple systems perspective* (pp. 67-82). New York: Haworth Press.

Barrios, B. A., & O'Dell, S. L. (1989). Fears and anxieties. In E. J. Mash & R. A. Barkley (Eds.), *Treatment of childhood disorders* (pp. 167–221). New York: Guilford Press.

Beezeley, P., Martin, H. P., & Alexander, H. (1976). Comprehensive family oriented therapy. In R. E. Helfer & C. H. Kempe (Eds.), *Child abuse and neglect: The family and the community* (pp. 169–194). Cambridge, MA: Ballinger.

Bergen, M. (1958). Effect of severe trauma on a 4-year-old child. *The Psychoanalytic Study of the Child, 13*, 407–429. New York: International Universities Press.

Berliner, L., Manaois, O., & Monastersky, C. (1986). Child sexual behavior disturbance: *An assessment and treatment model*. Seattle, WA: Harborview Sexual Assault Center.

Braun, B. G. (1988). The BASK model of dissociation. *Dissociation, 1*(1), 410.

Briere, J. (1989). *Therapy for adults molested as children: Beyond survival*. New York: Springer.

Briquet, P. (1859). *Traite clinique et therapeutique de l'hysterie*. Paris: Balliere.

Burgess, A. W., Holmstrom, L. L., & McCausland, M. P. (1978). Counseling young victims and their families. In A. W. Burgess, A. N. Groth, L. L. Holmstrom, & S. M. Sgroi (Eds.), *Sexual assault of children and adolescents* (pp. 181–204). Lexington MA: Lexington Books.

Caffey, J. (1946). Multiple fractures in the long bones of infants suffering from chronic subdural hematoma. *American Journal of Roentgenology, 56*, 163–173.

Caruso, K. (1986). *Projective story-telling cards*. Redding, CA: Northwest Psychological.

Chethik, M. (1989). *Techniques of child therapy: Psychodynamic strategies*. New York: Guilford Press.

Communication Skillbuilders (1988). *Feeling cards*. Kalispel, MT: Author.

Cooper, S., & Wanerman, L. (1977). *Children in treatment: A primer for beginning psychotherapists*. New York: Brunner/Mazel.

Corder, B. F., Haizlip, T., & DeBoer, P. (1990). A pilot study for a structured, time-limited therapy group for sexually abused pre-adolescent children. *Child Abuse and Neglect, 14*, 243-251.

Courtois, C. A. (1989). *Healing the incest wound*. New York: Norton.

Davis, N. (1990). *Once upon a time....Therapeutic stories to heal abused children*. Oxon Hill, MD: Psychological Associates of Oxon Hill.

Diamond, C. B. (1988). General issues in the clinical assessment of children and adolescents. In C. J. Kestenbaum & D. T. Williams (Eds.), *Handbook of clinical assessment of children and adolescents* (Vol. 1, pp. 43-56). New York: University Press.

Dimock, P. T. (1988). Adult males sexually abused as children: Characteristics and implications for treatment. *Journal of Interpersonal Violence, 3*(2), 203-221.

Emslie, G. J., & Rosenfeld, A. (1983). Incest reported by children and adolescents hospitalized for severe psychiatric problems. *American Journal of Psychiatry, 140*, 708-711.

Erikson, E. H. (1963). *Childhood and society*. New York: Norton.

Esman, A. H. (1983). Psychoanalytic play therapy. In C. Schaefer & K. O'Connor (Eds.), *Handbook of play therapy* (pp. 11-20). New York: Wiley.

Eth, S., & Pynoos, R. S. (1985). Developmental perspective on psychic trauma in childhood. In C. R. Figley (Ed.), *Trauma and its wake* (pp. 36-52). New York: Brunner/Mazel.

Figley, C. R. (1985). *Trauma and its wake*. New York: Brunner/Mazel.

Finch, S. (1973). Adult seduction of the child: Effects on the child. *Medical Aspects of Human Sexuality, 7*, 170-187.

Finkelhor, D. (1984). *Child sexual abuse: New theory and research*.

New York: The Free Press.

Finkelhor, D. (1986). *A sourcebook on child sexual abuse*. Newbury Park, CA: Sage.

Finkelhor, D., & Browne, A. (1985). The traumatic impact of child sexual abuse: A conceptualization. *American Journal of Orthopsychiatry, 55*, 530-541.

Freiberg, S. (1965). A comparison of the analytic method in two stages of child analysis. *Journal of the American Academy of Child Psychiatry, 4*, 387-400.

Freud, A. (1926). *The psychoanalytic treatment of children*. London: Imago Press.

Freud, A. (1945). Indications for child analysis. *The Psychoanalytic Study of the Child, 1*, 127-149. New York: International Universities Press.

Freud, S. (1895). Analytic Therapy. *Standard Edition, 16*, 448-463. London: Hogarth Press.

Freud, S. (1909). *Analysis of a phobia in a five-year-old boy*. London: Hogarth Press.

Friedrich, W. N. (1988). Behavior problems in sexually abused children: An adaptational perspective. In G. E. Wyatt & G. J. Powell (Eds.), *Lasting effects of child sexual abuse*. Beverly Hills, CA: Sage.

Friedrich, W. N. (1990). *Psychotherapy of sexually abused children and their families*. New York: Norton.

Friedrich, W., Berliner, L., Urquiza, A., & Beilke, R. L. (1988). Brief diagnostic group treatment of sexually abused boys. *Journal of Interpersonal Violence, 3*(3), 331-343.

Fries, M. (1937). Play technique in the analysis of young children. *Psychoanalytic Review, 24*, 233-245.

Garbarino, J., Guttman, E., & Seeley, J. W. (1986). *The psychologically battered child*. San Francisco, CA: Jossey-Bass.

Gardner, R. (1971). *Therapeutic communication with children: The mutual storytelling technique*. New York: Science House.

Giarretto, H., Giarretto, A., & Sgroi, S. (1984). Coordinated community treatment of incest. In A. W. Burgess, A. N. Groth, L. L. Holmstrom, & S. M. Sgroi (Eds.), *Sexual assault of children and adolescents* (pp. 231–240). Lexington, MA: Lexington Books.

Gil, E. (1988). *Treatment of adult survivors of childhood abuse*. Walnut Creek, CA: Launch Press.

Gil, E. (1990). *United we stand: A book for people with multiple personalities*. Walnut Creek, CA: Launch Fress.

Ginott, H. G. (1961). *Group psychotherapy with children*. New York: McGraw-Hill.

Green, A. H. (1983). Dimensions of psychological trauma in abused children. *Journal of the American Association of Child Psychiatry, 22*, 231–237.

Green, A. H. (1988). The abused child and adolescent. In C. J. Kestenbaum & D. T. Williams (Eds.), *Handbook of clinical assessment of children and adolescents* (Vol. 2, pp. 842–863). New York: University Press.

Greenspan, S. I. (1981). *The clinical interview of the child*. New York: McGraw-Hill.

Groth, N. (1984). *Anatomical drawings for use in the investigation and intervention of child sexual abuse*. Dunedin, FL: Forensic Mental Health Associates.

Guerney, L. F. (1980). Client-centered (nondirective) play therapy. In C. Schaefer & K. O'Connor (Eds.), *Handbook of play therapy* (pp. 21–64). New York: Wiley.

Hambidge, G. (1955). Structured play therapy. *American Journal of Orthopsychiatry, 25*, 601–617.

Herman, J. L. (1981). *Father-daughter incest*. Cambridge, MA: Harvard University Press.

Holder, W. M. (Ed.). (1980). *Sexual abuse of children: Implications for treatment*. Denver, CO: American Humane Association.

Hunter, M. (1990). *Abused boys: The neglected victims of sexual abuse.* Lexington, MA: Lexington Books.

Itzkowitz, A. (1989). Children in placement: A place for family therapy. In L. Combrinck-Graham (Ed.), *Children in family contexts: Perspectives on treatment* (pp. 391-434). New York: Guilford Press.

James, B. (1989). *Treating traumatized children: New insights and creative interventions.* Lexington, MA: Lexington Books.

James, B., & Nasjleti, M. (1983). *Treating sexually abused children and their families.* Palo Alto, CA: Consulting Psychologist Press.

Janet, P. (1889). *L'automatisme psychologique.* Paris: Balliere.

Johnson, K. (1989). *Trauma in the lives of children.* Claremont, CA: Hunter House.

Johnson-Cavanaugh, T. (1988). Child perpetrators, children who molest other children: Preliminary findings. *Child Abuse and Neglect, 12,* 219-229.

Julian, V., Mohr, C., & Lapp, J. (1980). Father-daughter incest: A descriptive analysis. In W. M. Holder (Ed.), *Sexual abuse of children: Implications for treatment.* Denver, CO: American Humane Association.

Kalff, D. (1980). *Sandplay.* Santa Monica, CA: Sigo.

Kardiner, A. (1941). *The traumatic neuroses of war.* New York: Hoeber.

Kempe, C. H., & Heifer, R. (Eds.). (1980). *The battered child* (3rd ed.). Chicago: University of Chicago Press.

Kempe, R. S., & Kempe, C. H. (1984). *The common secret: Sexual abuse of children and adolescents.* New York: Freeman.

Kent, J. T. (1980). A follow up study of abused children. In G. J. William & J. Money (Eds.), *Traumatic abuse and neglect of young children at home* (pp. 221-233). Baltimore, MD: Johns Hopkins University Press.

Klein, M. (1937). *The psychoanalysis of children* (2nd ed.). London: Hogarth Press.

Kluft, R. P. (1985). *Childhood antecedents of multiple personality.* Washington, DC: American Psychiatric Press.

Kraft, I. A (1980). Group therapy with children and adolescents. In G. P. Sholevar, R. M. Benon, & B. J. Blinder (Eds.), *Emotional disorders in children and adolescents* (pp. 109–133). New York: Spectrum.

Leaman, K. M. (1980). Sexual abuse: The reactions of child and family. In K. MacFarlane, B. M. Jones, & L. L. Jenstrom (Eds.), *Sexual abuse of children: Selected readings* (DHHS Publication No. OHDS 78–30161) Washington, DC: U.S. Government Printing Office.

Levy, D. (1939). Release therapy. *American Journal of Orthopsychiatry, 9,* 713–736.

Lew, M. (1988). *Victims no longer: Men recovering from incest and other sexual child abuse.* New York: Harper & Row.

Lindemann, E. (1944). Symptomatology and management of acute grief. *American Journal of Psychiatry, 101,* 141–148.

Long, S. (1986). Guidelines for treating young children. In K. MacFarlane, J. Waterman, S. Conerly, L. Damon, M. Durfee, & S. Long (Eds.), *Sexual abuse of young children* (pp. 220–243). New York: Guilford Press.

Lusk, R., & Waterman, J. (1986). Effects of sexual abuse on children. In K. MacFarlane, J. Waterman, S. Conerly, L. Damon, M. Durfee, & S. Long (Eds.), *Sexual abuse of young children* (pp. 101–118). New York: Guilford Press.

MacFarlane, K., & Korbin, J. (1983). Confronting the incest secret long after the fact: A family study of multiple victimization with strategies for intervention. *Child Abuse and Neglect, 7,* 225–240.

MacFarlane, K., Waterman, J., Conerly, S., Damon, L., Durfee, M., & Long, S. (1986). *Sexual abuse of young children.* New York: Guilford Press.

Maclean, G. (1977). Psychic trauma and traumatic neurosis: Play therapy with a four-year-old boy. *Canadian Psychiatric Association Journal, 22,* 71–76.

MacVicar, K. (1979). Psychotherapeutic issues in the treatment of sexually abused girls. *Journal of the American Academy of Child Psychiatry, 18*, 342-353.

Mandell, J. G., Damon, L., Castaldo, P., Tauber, E., Monise, L., & Larsen, N. (1990). *Group treatment for sexually abused children.* New York: Guilford Press.

Mann, E., & McDermott, J. F. (1983). Play therapy for victims of child abuse and neglect. In C. Schaeffer & K. O'Connor (Eds.), *Handbook of play therapy* (pp. 283-307). New York: Wiley.

Martin, H. P. (1976). *The abused child.* Cambridge, MA: Ballinger.

Martin, H. P., & Rodeheffer, M. A. (1980). The psychological impact of abuse on children. In G. J. Williams & J. Money (Eds.), *Traumatic abuse and neglect of children at home* (pp. 205-212). Baltimore, MD: Johns Hopkins University Press.

Moustakas, C. (1966). *The child's discovery of himself.* New York: Ballantine.

Mrazek, P. B. (1980). Sexual abuse of children. *Journal of Child Psychology and Psychiatry and Allied Disciplines, 21*, 91-95.

MTI Film & Video (1989). *Superpuppy.* Deerfield, IL: Coronet Film & Video.

Myers, J. E. B., Bays, J., Becker, J., Berliner, L., Corwin, D. L., & Sayurtz, K. J. (1989). Expert testimony in child sexual abuse litigation. *Nebraska Law Review, 68*(1 & 2).

Nagera, H. (1980). *Child psychoanalysis.* In G. P. Sholevar, R. M. Benon, & B. J. Blinder (Eds.), *Emotional disorder in children and adolescents* (pp. 17-23). New York: Spectrum.

Nasjleti, M. (1980). Suffering in silence: The male incest victim. *Child Welfare, 59*, 5. New York: Child Welfare League.

Nickerson, E. T. (1973). Psychology of play and play therapy in classroom activities. *Educating Children, Spring*, 1-6.

Peterson, G. (1990). Diagnosis of childhood multiple personality disorder. *Dissociation, 3*(1), 3-9.

Piaget, J. (1969). *The mechanisms of perception.* New York: Basic Books.

Polansky, N. A., Chalmers, M. A., Williams, D. P., & Buttenwieser, E. W. (1981). *Damaged parents: An anatomy of child neglect.* Chicago: University of Chicago Press.

Polansky, N., Chalmers, M., Buttenweiser, R., & Williams, D. (1979). The isolation of the neglectful family. *American Journal of Orthopsychiatry, 49*, 149-152.

Porter, E. (1986). *Treating the young male victims of sexual assault: Issues and intervention strategies.* Syracuse, NY: Safer Society Press.

Porter, F. S., Blick, L. C., & Sgroi, S. M. (1982). Treatment of the sexually abused child. In S. Sgroi (Ed.), *Handbook of clinical intervention.* Lexington, MA: Lexington Books.

Putnam, F. W. (1989). *Diagnosis and treatment of multiple personality disorder.* New York: Guilford Press.

Pynoos, R. S., & Eth, S. (1985). Developmental perspective on psychic trauma in childhood. In C. Figley (Ed.), *Trauma and its wake* (pp. 36-52). New York: Brunner/Mazel.

Radbill, S. X. (1980). Children in a world of violence: A history of child abuse. In C. H. Kempe & R. Heifer (Eds.), *The battered child* (3rd ed., pp. 3-20). Chicago: University of Chicago Press.

Reidy, T. J. (1980). The aggressive characteristics of abused and neglected children. In G. J. Williams & J. Money (Eds.), *Traumatic abuse and neglect of children at home* (pp. 213-220). Baltimore, MD: Johns Hopkins University Press.

Risin, L. I., & Koss, M. P. (1987). The sexual abuse of boys: Prevalence and descriptive characteristics of childhood victimizations. *Journal of Interpersonal Violence, 2*(3), 309-323.

Rogers, C. (1951). *Client-centered therapy.* Boston: Houghton-Mifflen.

Ross, C. A. (1989). *Multiple personality disorder: Diagnosis, clinical features and treatment.* New York: Wiley.

Rothenberg, L., & Schiffer, M. (1966). The therapeutic play group: A case study. *Exceptional Children, 32,* 483-486.

Ruch, L. O., & Chandler, S. M. (1982). The crisis impact of sexual assault on three victim groups: Adult rape victims, child rape victims and incest victims. *Journal of Social Service Research, 5,* 83-100.

Rutter, B. (1978). *Only one Oliver.* Honolulu, HI: Salvation Army.

Sandler, J., Kennedy, H., & Tyson, R. (1980). *The technique of child psychoanalysis.* Cambridge, MA: Harvard University Press.

Schaefer, C. E. (1980). Play therapy. In G. P. Sholevar, R. M. Benson, & B. J. Blinder (Eds.), *Emotional disorders in children and adolescents.* New York: Spectrum.

Schaefer, C. E. (1983). Play therapy. In C. Schaefer & K. O'Connor (Eds.), *Handbook of play therapy* (pp. 95-106). New York: Wiley.

Schaefer, C. E., & O'Connor, K. J. (1983). *Handbook of play therapy.* New York: Wiley.

Scharff, D. E., & Scharff, J. S. (1987). *Object relations family therapy,* Northvale, NJ: Aronson.

Scurfield, R. M. (1985). Post-trauma stress assessment and treatment: Overview and formulations. In C. R. Figley (Ed.), *Trauma and its wake* (pp. 219-256). New York: Brunner/Mazel.

Sgroi, S. (1982). *Handbook of clinical intervention in child sexual abuse.* Lexington, MA: Lexington Books.

Sgroi, S. M., Bunk, B. S., & Wabrek, C. J. (1988). A clinical approach to adult survivors of child sexual abuse. In S. M. Sgroi (Ed.), *Vulnerable populations* (pp. 137-186). Lexington, MA: Lexington Books.

Sholevar, G. P., Benon, R. M., & Blinder, B. J. (Eds.) (1980). *Emotional disorders in children and adolescents.* New York: Spectrum.

Simari, C. G., & Baskin, D. (1982). Incestuous experiences within homosexual populations: A preliminary study. *Archives of Sexual*

Behavior, 11, 329-344.

Slavson, S. R. (Ed.). (1947). *The practice of group therapy*. New York: International Universities Press.

Solomon, J. (1938). Active play therapy. *American Journal of Orthopsychiatry*, 8, 479-498.

Sours, J. A. (1980). Preschool-age children. In G. P. Sholevar, R. M. Benson, & B. J. Blinder (Eds.), *Emotional disorders in children and adolescents* (pp. 271-282). New York: Spectrum.

Summit, R. C. (1988). Hidden victims, hidden pains: Societal avoidance of child sexual abuse. In G. E. Wyatt & G. J. Powell (Eds.), *Lasting Effects of child sexual abuse* (pp. 39-60). Newbury Park, CA: Sage.

Summit, R., & Kryso, J. (1978). Sexual abuse of children: A clinical spectrum. *American Journal of Orthopsychiatry, 48*, 237-251.

Terr, L. (1983). Play therapy and psychic trauma: A preliminary report. In C. E. Schaeffer & K. J. O'Connor (Eds.), *Handbook of play therapy* (pp. 308-319). New York: Wiley.

Terr, L. (1990). *Too scared to cry*. New York: Harper & Row.

Tufts New England Medical Center, Division of Child Psychiatry. (1984). *Sexually exploited children: Service and research project* (Final report for the office of Juvenile Justice and Delinquency Prevention). Washington, DC: U.S. Department of Justice.

van der Kolk, B. A. (1987). *Psychological trauma*. Washington, DC: American Psychiatric Press.

Vander Mey, B. J., & Neff, R. L. (1982). Adult-child incest: A review of research and treatment. *Adolescence, 17*, 717-735.

Wallerstein, J. S., & Kelly, J. B. (1975). The effects of parental divorce: Experiences of the preschool child. *Journal of the American Academy of Child Psychiatry, 14*, 600-616.

Waterman, J. (1986). Overview of treatment issues. In K. MacFarlane, J. Waterman, S. Conerly, L. Damon, M. Durfee, & S. Long (Eds.), *Sexual abuse of young children* (pp. 197-203). New York: Guilford

Press.

White, R. W. (1966). *Lives in progress* (2nd ed.). New York: Holt, Rinehart & Winston.

Wolfe, D. A. (1987). *Child abuse implications for child development and psychopathology.* Newbury Park, CA: Sage.

Wolfenstein, M. (1965). Introduction. In M. Wolfenstein & G. Kliman (Eds.), *Children and the death of a president.* Garden City, New York: Doubleday.

Wyatt, G. E., & Powell, G. J. (Eds.). (1988). *Lasting effects of child sexual abuse.* Newburry Park, CA: Sage.

Yalom, I. D. (1975). *The theory and practice of group psychotherapy* (2nd ed.). New York: Basic Books.

찾아보기

내용

저자 소개

Eliana Gil 박사는 미국 버지니아 페어팩스에 있는 외상 회복과 교육을 위한 길 연구소(Gil Institute for Trauma Recovery and Education)의 설립자이며, 스타브라이트 아동·가족놀이치료 연구소(Starbright Training Institute for Child and Family Play Therapy)의 이사이다. 그녀는 1973년 이래로 아동학대 예방과 치료 분야에서 일해 왔다. 그녀는 공인된 부부·가족·아동 상담자이자 공인된 예술치료자이며, 놀이치료·부부 및 가족 치료 슈퍼바이저로 활동하고 있다. 미국아동학대방지전문가협회와 아동성학대방지 국가지원센터의 이사, 국제놀이치료협회의 대표를 역임했고, 국제놀이치료협회로부터 공로상을 받았다. 주요 저서로는 『Helping Abused and Traumatized Children』 『Play in Family Therapy』 등이 있다.

역자 소개

김은정(Kim Eunjung)

서울대학교 영문학과를 졸업하고 동 대학원에서 임상심리학 전공으로 석사학위와 박사학위를 받았다. 서울대학교병원 정신건강의학과에서 임상심리학 수련과정을 수료하였고, 삼성 사회정신건강연구소 선임연구원으로 근무하였으며, 아주심리상담센터장, 한국임상심리학회 부회장, 아주대학교 심리학과 학과장 등을 역임하였다. 임상심리전문가, 정신보건임상심리사, 인지행동치료전문가이며, 현재 아주대학교 심리학과 교수로 재직하고 있다. 주요 저서로는 『심리장애의 인지행동적 접근』(공저, 교육과학사, 2000), 『학대받은 아동·청소년을 위한 인지행동치료』(공저, 학지사, 2015), 『사회불안장애: 남 앞에 나서기가 힘들어요』(학지사, 2016), 『특정공포증: 별것도 아닌데 왜 이렇게 두려울까』(공저, 학지사, 2016) 등이 있으며, 주요 역서로는 『놀이치료 사례집』(공역, 학지사, 2006), 『모래놀이치료 핸드북』(공역, 학지사, 2009), 『인지행동치료 핸드북』(공역, 학지사, 2014), 『임상심리학』(공역, 센게이지러닝코리아, 2014), 『건강심리학』(공역, 시그마프레스, 2015), 『놀이치료의 기초』(제2판, 시그마프레스, 2015) 등이 있다.

김성준(Kim Sungjun)

고려대학교 컴퓨터학과를 졸업하고, 아주대학교 대학원에서 임상심리학 전공으로 석사학위를 받고 박사과정을 수료하였다. 서울대학교병원 정신건강의학과에서 임상심리학 수련과정을 수료하였고, 아주심리상담센터와 코르착 심리상담연구소에서 상담원으로 근무하였다. 임상심리전문가, 정신보건임상심리사이며, 현재 마음과배움 상담원으로 재직하고 있다. 저서로는 『학대받은 아동·청소년을 위한 인지행동치료』(공저, 학지사, 2015), 역서로는 『우울증이 주는 선물』(공역, 시그마프레스, 2008), 『조금 다른 내 아이 특별하게 키우기: 현명한 부모의 자녀코칭』(공역, 학지사, 2009)이 있다.

놀이의 치유하는 힘:
학대받은 아동과의 치료 작업
The Healing Power of Play: Working with Abused Children

2020년 3월 20일 1판 1쇄 인쇄
2020년 3월 30일 1판 1쇄 발행

지은이 • Eliana Gil
옮긴이 • 김은정 · 김성준
펴낸이 • 김진환
펴낸곳 • (주)**학지사**
　　　　　04031 서울특별시 마포구 양화로 15길 20 마인드월드빌딩
대표전화 • 02)330-5114　　　팩스 • 02)324-2345
등록번호 • 제313-2006-000265호

홈페이지 • http://www.hakjisa.co.kr
페이스북 • https://www.facebook.com/hakjisa

ISBN 978-89-997-2086-4 93180

정가 15,000원

이 도서의 국립중앙도서관 출판시도서목록(CIP)은 서지정보유통지
원시스템 홈페이지(http://seoji.nl.go.kr)와 국가자료공동목록시스템
(http://www.nl.go.kr/kolisnet)에서 이용하실 수 있습니다.
(CIP 제어번호: CIP2020009217)

출판 · 교육 · 미디어기업 학지사

간호보건의학출판 **학지사메디컬** www.hakjisamd.co.kr
심리검사연구소 **인싸이트** www.inpsyt.co.kr
학술논문서비스 **뉴논문** www.newnonmun.com
원격교육연수원 **카운피아** www.counpia.com